Andreas Fritzsche und Manfred Kwiran (Hrsg.)

Kirche(n) und Gesellschaft

Bernward
bei Don Bosco

Schriftenreihe: Ökumenische Sozialethik,
Band 3

Herausgegeben von: Evangelische Akademie
der Ev.-lut. Landeskirche
Braunschweig und
St. Jakobushaus, Akademie
der Diözese Hildesheim

Die Deutsche Bibliothek – CIP-Einheitsaufnahme

Ein Titeldatensatz für diese Publikation ist bei
Der Deutschen Bibliothek erhältlich.

1. Auflage 2000/ISBN 3-7698-1214-X

Umschlaggestaltung: Barbara König - Warneboldt, Schellerten
Herstellung: Sofort Druck Schwitalla, Hildesheim

Inhalt

Manfred Kwiran

Sehr geehrter Herr Bischof Homeyer,
sehr geehrter Herr Landesbischof Krause,
liebe Kolleginnen und Kollegen!

Ich begrüße Sie ganz herzlich zu diesem 4. Symposium zur ökumenischen Sozialethik. Wir haben diesmal den Schwerpunkt auf „Kirche(n) und Gesellschaft" gelegt. Die Fragen der Herausforderungen bedrängen uns. Wo früher nach möglichen Lösungen und geeigneten Strategien Ausschau gehalten wurde, wissen wir, dass es heute in einer ständigen Prozess-Kultur und Gesellschaft, die im Globalisierungsbann eingebunden ist, nicht um einfache Antworten gehen kann, sondern eher um einen Versuch, ständige Versuche, der Komplexität der sich rasant verändernden Bedingungen auf der Spur zu bleiben und zu versuchen, zum Wohle aller Menschen, in Verantwortung zu agieren und zu leben. Für eine globale Verantwortungsgemeinschaft steht es außer Frage, dass gerade die Kirchen, auch auf globaler UND regionaler Ebene, einen besonderen Beitrag leisten können und müssen.

Wolfgang Sachs schreibt in seinem Aufsatz „Globalisierung und Nachhaltigkeit" (epd Entwicklungs-Politik 1/99, S. 32): „Die biophysischen Grenzen des Wachstums sind bereits erreicht, obwohl nur eine Minderheit die Früchte des wirtschaftlichen Fortschritts genießt...es genügt nicht mehr, wie im herkömmlichen Entwicklungsdiskurs, im Namen der Gerechtigkeit das Lebensniveau der Armen anzuheben, sondern es wird ebenso notwendig, den Lebensstandard der Reichen umzuformen oder gar herunterzubringen."

Bernard Cassen stellt in seinem Aufsatz die neuen Zehn Gebote der Welt-Bürger-Gemeinschaft auf. Er sagt u.a.: „Angesichts der selbstmörderisch entfesselten Allmacht von Geld und Markt ist es dringend notwendig, das wachsende Defizit an Menschlichkeit in unserer heutigen Gesellschaft auszugleichen und also den Menschen wieder in den Mittelpunkt unserer Anliegen, Strategien und politischen Perspektiven zu stellen. Nicht den Menschen als Aktionär, Rentner, Konsumenten oder Steuerzahler, für den sich alles ‚im Hier und Jetzt' auszahlen und berechnen lassen muss. Nein, vielmehr den solidarischen Mitbürger, der sich nicht nur seiner lokalen und nationalen Gemeinschaft, sondern auch der Weltgemeinschaft und darüber hinaus den kommenden Generationen solidarisch verbunden fühlt. " (Bernard Cassen, „Die zehn Gebote der Welt-Bürgergesellschaft. Nachdenken über eine andere Welt", in: epd-Entwicklungspolitik 19/98, S. 31; Le Monde diplomatique, Mai 1998)

In einer kritischen Würdigung von Richard Münchs Publikation „Globale Dynamik, globale Lebenswelten. Der schwierige Weg in die Weltgesellschaft" (Frankfurt a.M., Suhrkamp TB Wissenschaft; 1342, 1998) vermerkt Martin Schuck (wissenschaftlicher Referent am Konfessionskundlichen Institut des Evangelischen Bundes in Bensheim), „dass auch die Weltgesellschaft der Dritten Moderne durch menschliches Handeln gestaltet werden kann; dabei muss der Gestaltungsspielraum nicht zwangsläufig durch ökonomische Gesetzlichkeiten begrenzt werden. Um diese Begrenzung zu verhindern, bedarf es funktionierender Institutionen, die jene in den anderen gesellschaftlichen Bereichen geltenden Eigengesetzlichkeiten kultivieren und innerhalb der Gesellschaft ins Gespräch bringen. In der Kirche sollte man sich der damit gegebenen Chance zur Mitgestaltung der Gesellschaft der Zukunft bewusst werden."

(„Die Rolle der Kirchen in der Gesellschaft der Zukunft. Eine Anregung aus der Soziologie," in: Deutsches Pfarrerblatt 2 1999, S. 68–71, hier S. 69)

Der Herausforderungen sind viele, wir werden in dieser Woche versuchen eine Orientierung zu gewinnen, die einer Verantwortungsgesellschaft dienlich sein kann.

Andreas Fritzsche

Kirche(n) und Gesellschaft

Am Anfang diesen Jahres nahm Joachim Kardinal Meisner Stellung zur Abtreibungspille RU 486. Ehe er „wider die Freiheit zum Töten" moraltheologisch argumentierte, legitimierte er sein öffentliches Auftreten, legitimierte er das kirchliche Sich-Einmischen in die gesellschaftliche Werte- und Normendebatte. Die ersten Abschnitte des Artikels „Den ungeborenen Kindern eine hörbare Stimme verleihen" in der F.A.Z. vom 16. Januar 1999 möchte ich Ihnen nicht vorenthalten.

„Die Diskussion um die Abtreibungspille RU 486 hat einige grundsätzliche Fragen aufgeworfen: Handelt es sich dabei um eine rein medizinische Methodenfrage? Was hat die Kirche, was hat der Staat zu derlei Fragen beizutragen? Wie steht die Kirche zur Emanzipation der Frau in unserer Gesellschaft? Wie geht diese Gesellschaft mit ihrer Vergangenheit um? Und endlich: Wie ist der Stand der Wertedebatte in unserem Lande?

All diese Fragen gewinnen vor dem Hintergrund eines Regierungswechsels in Deutschland, vor allem aber im Angesicht der Jahrtausendwende eine besondere Färbung. Sie sind freilich auch Anlass zur Selbstbesinnung der Kirche auf ihr Eigentliches.

Die Kirche ist der weiterlebende Christus in dieser Welt. Sie hat die Aufgabe, die Liebe des Mensch gewordenen Gottes zu allen Menschen zu verkünden und die Menschen da, wo sie aus Schwäche oder Verblendung vom Weg der Liebe und Wahrheit abirren, zur Umkehr zu rufen. Sie hat dabei auch eigene Schuld einzugestehen, aber nicht im bequemen Sündenbekenntnis stecken zu bleiben, sondern aus begangener Schuld die Konsequenz zu ziehen, dass Unrecht beim Namen genannt wird, damit ihm mit Wort und Tat begegnet werden kann, sodass die Wertmaßstäbe in dieser Gesellschaft für alle deutlich bleiben.

Die Kirche erhebt dabei freilich keinen Monopolanspruch. Wenn sie auch die Wahrheit verkündet, die in Jesus Christus für alle Menschen erschienen ist, so respektiert sie, dass sie, von der pluralistischen Gesellschaft aus gesehen, nur einer der „Ethos bildenden Verbände“ ist, dessen Bedeutung in unserem Staate in den letzten Jahren in vieler Hinsicht zurückgegangen ist, für den es aber dennoch keinen relevanten Ersatz gibt. Die Anerkennung der Grundwerte, die ein Rechtsstaat voraussetzen muss, weil er sie nicht selbst zu produzieren imstande ist, kann zwar nicht einfachhin von der ‚pluralistischen Gesellschaft‘, aber theoretisch durchaus auch von vergleichbaren ‚Ethos bildenden Verbänden‘ außerhalb der Kirche gesichert werden. [...]

Die Kirche ist zwar nicht von dieser Welt, aber mitten in dieser Welt zu den Menschen gesandt. Sie nimmt das Recht in Anspruch, ‚auch politische Angelegenheiten einer sittlichen Beurteilung zu unterstellen, wenn die Grundrechte der menschlichen Person oder das Heil der Seelen es verlangen‘, wie das Zweite Vatikanische Konzil formuliert. Das heißt aber gerade auch, dass sie aus der christlichen Botschaft sprechen muss und sich nicht zu allem und jedem äußern darf. Andernfalls setzte sie beim ständigen Mitmachen im politischen Tagesgeschäft ihre Reputation und vor allem ihren Auftrag aufs Spiel. Es gibt einen legitimen Respekt der Kirche vor Staat und Politik, der sich in der Zurückhaltung der Kirche bei Fragen zeigt, in denen sie keine eigene Kompetenz hat. [...]

Gewiss, eine selbstbewusste Kirche, die gelegen oder ungelegen an die Grundwerte erinnert, die auch unsere Verfassung fundieren, ist für eine Regierung nicht bequem. ... Die Christen in diesem Staat verstehen sich als engagierte Staatsbürger, die dem Gemeinwohl verpflichtet sind. ... Die Kirche muss sich verstärkt und eindeutiger an der Wertedebatte dieser Gesellschaft beteiligen“, soweit Joachim Kardinal Meisner.

Wir leben nicht nur „jenseits von Eden“, wir leben auch „jenseits des christlichen Abendlandes“. Der Glaube an die Botschaft des Evangeliums hat das „Sinngebungsmonopol“ verloren. Trotzdem – so scheint es – nehmen die beiden großen Kirchen in der bundesdeutschen Gesellschaft eine Sonderrolle ein. Sie sind anders als die anderen zivilgesellschaftlichen Akteure als der Deutsche Turn- und Sportbund, als der ADAC oder als Greenpeace. Christliche Überzeugungen – neben anderen – begründeten und begründen die Grundwerte des Grundgesetzes. Die Kirchen vermittelten diese grundlegenden Überzeugungen von Generation zu Generation. Das ist gegenwärtig anders und der Verweis auf die Geschichte begründet nicht den augenblicklichen Standort.

So stellen sich uns heute folgende Fragen: Mit welchem Anspruch äußern sich die Kirchen zu politischen Fragen? Wer ist das Subjekt kirchlicher sozialethischer Äußerungen? Wie kann das Verhältnis Staat – Gesellschaft – Kirchen jenseits der volkskirchlichen Vergangenheit komponiert werden?

Die Kirche ist – so Bischof Wolfgang Huber – zivilgesellschaftlicher Akteur. „Aufgrund der ihr eigenen Botschaft und unter Inanspruchnahme ihrer spezifischen Kompetenz besteht die gesellschaftliche Aufgabe der Kirche, eine Vermittlungsaufgabe wahrzunehmen. Sie vermittelt zwischen den Einzelnen und ihren gesellschaftlichen Lebenszusammenhängen; sie vermittelt aber vor allem zwischen den Einzelnen und der geglaubten Wirklichkeit Gottes. In diesem doppelten und zugleich spezifischen Sinn ist die Kirche eine intermediäre Institution" (Wolfgang Huber, Kirche in der Zeitenwende, Gütersloh 1998 S. 269).

Es fällt auf, dass beide Bischöfe von Kirche im Singular sprechen und freilich die eigene meinen. Mit welcher Stimme sprechen Christinnen und Christen in unserem Gemeinwesen angesichts zweier großer kirchlicher Organisationen?

Es fällt auf, dass der katholische Kardinal sich eher an den Staat und der evangelische Bischof sich eher an die Gesellschaft wendet. Rührt das aus der Situation der Rede her oder hat das System?

Nach dem Ende der Volkskirchen und jenseits des christlichen Abendlandes bestimmen die Kirchen ihren Ort in der Gesellschaft und ihr Verhältnis zum Staat. Wo müssen die Kirchen als zivilgesellschaftliche Akteure mit der Gesellschaft auf der Ruderbank sitzen? Wo müssen die Kirchen als Partner des Staates auf dem Deck steuern?

Josef Homeyer

Der petrinische Diskurs

Sehr geehrte Damen und Herren,

weil nach meiner Erfahrung Sozialethiker kaum etwas so schwer ertragen wie Begründungslosigkeit, möchte ich Sie nicht nur herzlich begrüßen, sondern einleitend auch – entlastend – einige Gründe dieser Herzlichkeit benennen.

Der erste Grund ist aktueller Natur. Diese Tagung ist drängend, fast überfällig. Denn die großen kontroversen Debatten der letzten Monate und Jahre zeigen überdeutlich, dass Kirchen und Gesellschaft dabei sind, sich neu aufeinander hin auszulegen. Kennzeichnend dafür sind die Diskussion um den Religionsunterricht, um die politische Folgelosigkeit des Gemeinsamen Wortes, zuletzt um die Schwangerschaftskonfliktberatung. Sicherheiten und alte Gewissheiten schwinden, so scheint es. Das gilt für die Debatte um die moralischen Grundlagen der Gesellschaft, das gilt für die Tragfähigkeit institutioneller Arrangements unseres Sozialstaates, das gilt für die ungelösten Herausforderungen europäischer Identität und weltgesellschaftlicher Verständigung. Wer wollen die Kirchen in diesen elementaren Herausforderungen sein und welches Verständnis der Gesellschaft wird darin als verbindlich und zukunftsfähig antizipiert? Entspricht diese Vergewisserung der Kirchen vom Evangelium her und auf die „Zeichen der Zeit" hin dem politischen Selbstverständnis der Gesellschaft, sind die Kirchen also in ihren Vergewisserungen auch anschlussfähig? Ich wünsche der Tagung, dass in diesen perspektivischen Fragen Hinweise zur Orientierung drängender Verständigungsprozesse erarbeitet werden.

Der zweite – gewichtigere – Grund meiner herzlichen Begrüßung liegt in einer historischen Beunruhigung. – Unser 20. Jahrhundert begann verspätet, also nicht 1900, sondern 1914 – und es endete verfrüht, nämlich 1989. Damals, nur wenige Jahre nach dem Ersten Weltkrieg, veröffentlichte *Carl Schmitt* ein erstaunliches Büchlein: *Römischer Katholizismus und Politische Form*. Man wird die dort entworfene politische Gestalt des Katholizismus nicht unterschreiben können, nicht in seinen schroffen Entgegensetzungen einer bürgerkriegsähnlichen Rhetorik, schon gar nicht von den späteren Schriften *Schmitts* her. Dass *Schmitt* letztlich keinen Weg fand, seine Visionen demokratieverträglich zu übersetzen, verschärfte die tragische Entwicklung der Weimarer Republik nicht unerheblich und wird bis heute zu Recht scharf kritisiert. Dennoch, so glaube ich, hat der Staatsrechtler früh für unser chronologisch unordentliches Saeculum die Jahrhundertfrage gestellt: die Frage nach der *politischen Form*. Würde es gelingen, die Ergebnisse der metaphysischen und anthropologischen Aufklärung, also die Traditionen des 18. und 19. Jahrhunderts, in eine politische Aufklärung zu übersetzen, würde es gelingen, die Anerkennungsressourcen einer christlichen Ethik, ihre Empfindlichkeit für den Anderen in seiner Andersheit und den Schwachen unter den Anderen, im System des Parlamentarismus institutionell zu übersetzen?

Es ist, wie wir wissen, zumindest in Deutschland zunächst gründlich misslungen. Das 20. Jahrhundert als Jahrhundert der deutschen Katastrophe führte Europa an einen Abgrund, der dem Widerruf einer 2000-jährigen Tradition gleichkam. Die Ursache aber lag nicht an einem Mangel an metaphysischer Aufklärung, sondern an einem Mangel an politischer Aufklärung, an dem Ausfall politischer Form. Die Generation Adenauer-Gerstenmaier wusste das und hat mit kluger Zielstrebigkeit eine europäisch verträgliche und produktive Verfassung entworfen – das Grundgesetz.

1989 am verfrühten Ende des Jahrhunderts bleibt eine ähnliche Herausforderung, nicht so sehr nationalstaatlich, sondern europäisch und weltgesellschaftlich. Es geht nach dem Fall des Eisernen Vorhangs nicht nur um eine Neudefinition Europas als Idee und Ideal, es geht im Zeitalter der Globalisierung nicht nur um eine Verständigung der Menschenrechte – es geht als zentrale Herausforderung des 21. Jahrhunderts auch um die politische Form Europas und um die institutionelle Formierung einer Weltgesellschaft. Die europäische Krise im ehemaligen Jugoslawien präsentiert uns die katastrophale Quittung, dass wir diese politische Formierung gefährlich unterschätzt haben?

Was folgt daraus für den sozialethischen Diskurs? Zunächst doch wohl, dass eine Sozialethik ohne politische Philosophie ebenso blind ist, wie eine politische Philosophie ohne Sozialethik leer ist. Eine Sozialethik ohne rechts-, demokratie-, parlamentarismustheoretische Aufmerksamkeit steht in Gefahr dauerhafter Folgenlosigkeit. Es reicht nicht aus, eine abstrakte Institutionenethik zu formulieren, wenn wir aus ihr nicht fähig sind zum Dialog mit der politischen Philosophie und der Rechtstheorie. Es reicht nicht aus, mit *Rousseau* die Zivilgesellschaft zu begreifen, wenn wir nicht auch mit *Hobbes* die Frage „*Quis judicabit?*" beantworten. Auch moralisch anspruchsvollste Begriffe wie „Zivilgesellschaft" brauchen institutionelle Arrangements, brauchen die Einfügung in das Rechtsgefüge unserer Gesellschaft für die Effektivität der Moral. – Es ärgert mich im Übrigen zusehends, wenn in genauer Entsprechung zur pastoralen Innerlichkeit der letzten beiden Jahrzehnte in den Kirchen nun eine sozialethische Romantik in genau jenem Abschied von politischer Philosophie (oder von politischer Diakonie) auf dem Fuße folgt. Zu viele träumen sich aus der politisch relevanten Identität der Kirchen fort in eine abstrakte Identität der Katakomben.

Wenn Sie also auf dieser Tagung die Identität der Kirchen politisch relevant sozialethisch buchstabieren, kann das doch nur bedeuten, dass Sie den Entwurf eines neuen Büchleins konzipieren: *Ökumene und politische Form*. Darin wäre dann nicht ein nachzüglerisches Einverständnis motivational abzusichern, sondern aus dem ökumenischen Zueinander der Kirchen auf politischer Ebene das institutionelle Arrangement eines neuen Europa in der einen Welt zu forcieren. Nach dem paulinischen Diskurs zwischen Katholiken und Protestanten, der mit der Gemeinsamen Erklärung zur Rechtfertigungslehre zu einem gewissen Abschluss kommt, müssen die Kirchen Europas in einen ökumenisch-petrinischen Diskurs eintreten. Gerade im Angesicht der Erosion eines orthodoxen Nationalkirchentums wird zwischen allen Kirchen die Frage eines neuen institutionellen Miteinanders die drängendste sein. Was haben wir zu den autokephalen Nationalkirchen wirklich als glaubwürdige Alternative anzubieten? Diese Frage habe ich vor einigen Tagen mit Kardinal *Pujic* von Sarajewo, der mich in Hildesheim besuchte, erörtert. Die Perspektive war zentral diese: Wir müssen institutionell greifbar und verbindlich in einem Miteinander der Ortskirchen und der Religionsgemeinschaften des Balkan *und* der westlichen Kirchen, beispielsweise der Bischofskonferenzen der EU, die Stabilität der Region, ihre zivilgesellschaftliche und institutionelle Neugründung als Demokratie ineins mit ihrer europäischen Integration wagen. Ein Nebeneinander der Kirchen und Religionsgemeinschaften kann nur vorläufig sein. Denn Ökumene heißt nicht wegsehen, sondern hinsehen.

Die wichtigste politisch-theologische Diskussion wird also die ökumenische Verständigung um die institutionelle Präsenz und Praxis der Kirchen in der europäischen Gesellschaft und in ihrem Zueinander sein: Diese Frage wach zu halten, ist das unvergängliche Verdienst des Papstamtes, des Petrusdienstes für alle Kirchen. Und diese theologische Verständigung muss für irische Katholiken wie für russische Orthodoxe, für holländische Reformierte wie für serbische Orthodoxe institutionell greifbar sein. Wenn uns die Traditionen der Anderen wirklich ebenso bewahrenswert sind wie die eigenen, werden wir zu solchen Arrangements auch finden – oder eben wir betreiben bei aller theologischen Freundlichkeit das Geschäft der institutionellen Selbstausgrenzung.

Von einer solchen institutionellen Ökumene her können die Kirchen *glaubwürdig* für die politischen Schwächen der gegenwärtigen europäischen Integration sensibilisieren. Man muss dann nämlich fragen, wo Europas Grenzen nach 1989 gezogen werden, wer in den Abkommen von Schengen, Maastricht und Dublin mit einer europäischen Staatsbürgerschaft eingeschlossen wird und wer – um den Preis einer schärferen Abgrenzung unter dem Titel europäischer Staatsbürgerschaft – ausgeschlossen wird. Man muss dann fragen, wie es in Europa um kulturelle und wirtschaftliche Partizipation wirklich politisch bestellt ist. Dass die EU-Staatsbürgerschaft den einen eine Altersrente gewährleistet, den anderen draußen in den Nicht-EUländern manchmal höchstens Hilfsflüge; dass wir kulturell diskriminierend immer noch von „Osterweiterung“ sprechen und gar nicht daran denken, die Erfahrungen und Traditionen Osteuropas zu würdigen, zumal Partizipation ein reziprokes Geschehen ist. Dass wir dabei sind, eine Politik der neuen europäischen Abspaltung zu institutionalisieren – das alles wird nicht folgenlos bleiben, es wird uns wie auf dem Balkan sehr bald wieder an den Rand eines europäischen Bürgerkriegs führen. Umso begrüßenswerter sind die Bemühungen der EU, solchen kulturellen und sozialen Spaltungen entgegenzuwirken.

Die kirchliche Sozialethik kann, wenn sie Ökumene zu einer ihrer Basiskategorien erhebt und darin sich selbst eine politische (petrinische) Form verschafft, den Multikulturalismus Europas so in versöhnter Verschiedenheit auslegen, dass darin kulturelle Differenz bis hinein in ethnische Identität lebbar wird. Eine so verstandene politikfähige Ökumene als erste Herausforderung des Themas „Kirche und Gesellschaft" wäre nach meinem Verständnis auch der erste Stabilitätspakt nicht nur für den Balkan, sondern für ganz Europa. Diese vorangehend-beispielgebende politische Funktion sollten wir uns nicht nur zivilgesellschaftlich zutrauen, sondern mehr noch auf der Ebene politisch-institutionellen Handelns. – Dazu also möchte ich Sie herzlich einladen und zu diesem Symposion begrüßen.

Bischof Dr. Christian Krause

Grußwort bei der Eröffnung des Symposiums zur ökumenischen Sozialethik

Lieber Bruder Homeyer, sehr geehrte Veranstalter und Gäste dieses Symposiums, liebe Schwestern und Brüder!

Das Projekt der ökumenischen Sozialethik ist auf einem guten Weg. In der gemeinsamen Verantwortung des St. Jakobushauses und der Evangelischen Akademie kommen wir zum wiederholten Mal zu Grundfragen der sozialen Verantwortung zusammen. Worin haben wir gemeinsame Traditionen? Wo finden wir gemeinsame Argumentations- und Begründungsmuster für das künftige und möglichst ökumenisch orientierte Handeln der Kirchen in der Gesellschaft? Diesen und anderen Fragen gehen Sie diesmal nach. Darin sind Sie für unsere Kirchen in gewisser Weise „Pfadfinder", Wegsucher für notwendige Neupositionierungen des Katholizismus und Protestantismus in der Gesellschaft. Denn dass sich im „Verhältnis von Kirche(n) und Gesellschaft" dramatische Verschiebungen ereignen, ist evident.

Ich danke Ihnen als den Veranstaltern für die gute Vorbereitung und Ihnen, unseren Gästen, für Ihr Kommen und Mitwirken. Seien Sie uns herzlich willkommen!

Gestatten Sie mir einige inhaltliche Bemerkungen zum Thema Ihrer Tagung:

1989 war – das wissen wir heute besser – alles andere als nur eine Wende. 1989 war eine „sanfte" Revolution, durch die in Deutschland, Europa und weltweit die Koordinaten auf allen Feldern des politischen, gesellschaftlichen, kulturellen und religiösen Lebens und Zusammenlebens in Bewegung geraten sind. Daraus ergibt sich für die nationalen und supranationalen Institutionen eine vorrangige Aufgabe, nämlich die Aufgabe der Integration. Es gilt zu verhindern, dass die entfesselten zentrifugalen Kräfte sich aggressiv entladen und den gesellschaftlichen Verfall, wie er bereits in großen Teilen der ehemaligen Sowjetunion stattfindet, ausweiten und beschleunigen. Auf diesem Hintergrund fragen wir neu nach der Position und der Aufgabe der Kirchen. Können wir, und wie können wir an dieser Integrationsaufgabe mitwirken?

Eine demoskopische Untersuchung in England hat jüngst konstatiert, dass der Einfluss der anglikanischen Kirche innerhalb der britischen Gesellschaft rapide sinke. Die High-Church als Hort der Werte sei nicht mehr gefragt, weil die meisten Menschen sich ihre religiösen oder allgemein sinnstiftenden Orientierungen mehr oder weniger selbst konstruierten. – Neben der patch-work-Familie nun auch die patch-work-Weltanschauung. Diese Beobachtung steht pars pro toto, was Europa anbetrifft. Daraus ergibt sich ein Dilemma: Der Einfluss der Kirchen als Institutionen schwindet, aber die Nachfrage nach Integration und Orientierung wächst.

Wir können uns diese Entwicklung an der Caritas und Diakonie verdeutlichen. Beide bewegen sich auf eine völlig neue Situation zu. Die alte Kooperation zwischen Staat und Kirche weicht mehr und mehr dem Marktmodell. Die gesellschaftliche, sprich volkskirchliche Basis für die institutionelle Form kirchlicher Sozialarbeit schwindet. Im Osten lag und liegt sie eh unter 20 Prozent Mitgliedschaft in einer der beiden Kirchen. Im Westen rutscht sie in den Großstädten teilweise auf unter 50 Prozent. Zugleich ergeben sich durch die Altersentwicklung und die Veränderungen der Erwerbsarbeit neue Herausforderungen. Neue Sozialsysteme wie Tauschringe, Freiwilligenbörsen und Seniorengenossenschaften entstehen. „Bürgerarbeit“ taucht in soziologischen Standortbestimmungen und politischen Verlautbarungen immer häufiger auf. Also auch hier sehr konkret das Dilemma: weniger Einfluss über die traditionellen Systeme und zugleich große neue Aufgaben.

In diesem Dilemma taucht ein Begriff auf, den kaum ein Diskurs zum Thema Zukunft auslässt. Nicht nur in Deutschland und Europa, sondern weltweit ist die Debatte über die Kultur entbrannt: Kultur und Globalisierung, Massenkultur und kulturelle Identität, Kulturen und Ethnizität, Sozialkultur, Wohnkultur, politische Kultur etc. – im kirchlichen Kontext sprechen wir von der Kultur der Barmherzigkeit, Kultur des Lebens, Kultur des Gedenkens etc. – Was bedeutet das? Ist der Kulturbegriff etwa eine neue tragfähige Plattform? Bahnt sich darin eine neue Verständigung über gemeinsame Überzeugung an? Ist Kultur der gesuchte Integrationsbegriff? Vom System, von der Institution, von der Struktur zur Kultur?

Interessanterweise endet das Jahrhundert ebenso, wie es begonnen hatte, mit einer offenen Frage: Von welcher Kraft gehen die entscheidenden kulturellen Prägungen der Zukunft aus? Im letzten Drittel des 19. Jahrhunderts führten die Katholiken und Protestanten in Deutschland eine erbitterte Auseinandersetzung um die kulturelle und politische Meinungsführerschaft in der 1871 verspätet gegründeten Deutschen Nation. Dieser „Kulturkampf“ war unentschieden ausgegangen. Die Konfessionen hatten sich in ihre parteipolitischen Lager gespalten. Wer würde zur Jahrhundertwende den neuen politischen Raum in der Mitte Europas kulturell bestimmen?

Nach einem weiteren Jahrhundert haben sich Kirchen und Staat weiter entflochten. Säkularisierung und Pluralismus bestimmen große Teile der Gesellschaft. Auf diesem Hintergrund verliert zwar die Konfessionsfrage an Bedeutung, nicht aber die religiöse Frage. Ihr stehen wir als christliche Kirchen gemeinsam gegenüber. Finden wir in Zukunft auch gemeinsame Antworten?

Ein neuer politischer Raum zeichnet sich ab. Europa weitet sich aus, festigt seine tragenden Institutionen und zahlt mit einer Währung. Damit stoßen unterschiedliche europäische Kulturen aufeinander, durchdringen sich zwangsläufig und müssen sich verständigen. Welche geistigen und kulturellen Konzepte werden den Prozess der europäischen Einigung mitprägen? An dieser Weichenstellung wird sich entscheiden, wohin unsere gemeinsame europäische Reise gehen wird.

Aber längst tun sich größere Räume mit größeren Herausforderungen auf. Die Globalisierung schreitet voran, überholt sich ständig selbst. Die Wände werden dünn zwischen Kulturen, Staaten und Gesellschaften. Die moderne Kommunikation schafft Durchlässigkeit. Bilder, Vorstellungen, Muster aus anderen Kulturen fließen in den eigenen kulturellen Kontext, relativieren diesen und verstärken die Pluralität. Wo sind wir zu Hause in der rasanten Mobilität?

Heinrich Heine schrieb einmal über das Judentum, es sei in keinem Land, sondern in einem Buch zu Hause. Es führe die Thora wie ein „portatives Vaterland" mit sich. Auch im Christentum gibt es eine Ethik der Pilgerschaft, die sozusagen aus einem „Heimatbegriff höherer Ordnung" lebt. Gastfreundschaft heißt ja, dass wir als Fremde willkommen sind und zugleich das Hausrecht, Sitten und Gebräuche der Gastgeber achten. So wird Verschiedenheit lebbar und zugleich Zugehörigkeit erlebbar. Die „portative" Heimat der Christenheit, der Ausgangspunkt, wo wir uns finden, wo alles beginnt und wieder endet, ist die gemeinsame Taufe, jenes Stück Kindheit, das wir nie verlieren, nirgendwo auf der Welt, und das uns gewissermaßen den Sprachspielkontakt mit anderen Kulturen erleichtert.

Dieses Konzept von Heimat könnte zum Ausgangspunkt für neue Bewegungen werden. Die Arbeit, die es dafür zu leisten gäbe, wäre eine intensive Fortsetzung eines Dialogs, so wie jetzt zwischen Lutheranern und Katholiken, der zum Konsens in Grundwahrheiten hinführt. Wir brauchen ein Mindestmaß an Übereinstimmungen, wenn man so will, auch an Regeln des Umgangs mit Differenzen, um die Kultur der Gastfreundschaft zu einem Modell der konfessionellen und – darüber hinaus – religiösen und ethnischen Koexistenz auszubauen. Warum sollten wir nicht für eine Zeit in einem fremden Haus, einer fremden Konfession, Liturgie und Ordnung im besten Sinn gastweise zu Hause sein!

So stellen wir am Ende dieses und am Übergang ins nächste Jahrhundert fest: Die Kulturfrage ist eine Schlüsselfrage. Da aber Kultur in ihrem Kern zugleich Religion ist, gilt Gleiches von der Religionsfrage. Dem „Dialog der Kulturen" muss also zwangsläufig der

„Dialog der Religionen“ folgen, damit aus dem „Kulturkampf“ hundert Jahre später nicht ein „Kampf der Kulturen“ wird.

Entwicklungen wie auf dem Balkan lassen befürchten, dass wir nicht allzu viel Zeit haben, dieses Problem zu lösen. Damit aber ist aus christlicher Perspektive die Aufgabe beschrieben: Wie schaffen wir es, aus der Einheit des Evangeliums eine globale Perspektive für eine gerechte und friedliche Koexistenz der Kirchen, Kulturen und Religionen abzuleiten?

Urs Baumann

Ethos der Kirchen – Ethos der Welt

„Ethos der Kirchen – Ethos der Welt", so lautet der griffige Titel des Impulsreferates, dass Sie von mir zur Einstimmung in dieses Symposion zur ökumenischen Sozialethik erbeten haben. Das Thema, über das ich sprechen soll, ist die Idee und das Projekt der *„Weltethoserklärung"* des Parlaments der Weltreligionen von 1993. Dies stellt uns sofort vor die Frage, ob der Titel nicht insgeheim eine Art Warntafel vor dieses Thema stellt. Meint die Gegenüberstellung vielleicht einen Gegensatz? Hie das (hohe christliche!) Ethos der Kirchen, dort das (für „Kinder dieser Welt" abgespeckte!) Ethos der Welt? Das mögliche Missverständnis nötigt mich, bevor ich auf das eigentliche Thema eingehe, eine erste Begriffsklärung vorzunehmen: *„Weltethos"* meint im Sinne der Erklärung etwas anderes als ein solches ›Weltkinderethos‹. Dies wird sofort klar, wenn wir darauf achten, wie der Begriff in andere Sprachen übersetzt wird: Im Englischen spricht man zum Beispiel von *„Global Ethics"*, im Französischen von einer *„éthique planétaire"*. „Weltethos" ist demnach nicht als binnenchristlicher Gegenbegriff zu einem „Heilsethos" gemeint. Weltethos meint auch nicht etwa das Ethos der *Laien* gegenüber dem ›vollkommenen‹ Ethos der *Kleriker und Mönche*. Gegen eine solche moralische Kirchenspaltung hatte sich schon Martin Luther zu Recht energisch zur Wehr gesetzt. Was sie wollten, haben die Männer und Frauen, welche 1993 die Weltethoserklärung als Erste unterschrieben, klar und deutlich gesagt:

„Wir sind Männer und Frauen, welche sich zu den Geboten und Praktiken der Religionen der Welt bekennen. Wir bekräftigen, dass es bereits einen Konsens unter den Religionen gibt, der die Grundlage für ein Weltethos bilden kann: einen minimalen *Grundkonsens* bezüglich verbindender *Werte*, unverrückbarer *Maßstäbe* und moralischer *Grundhaltungen*."[1]

Das Anliegen der „Weltethoserklärung“ ist es mit anderen Worten, in einer zunehmend multireligiösen und multikulturellen Welt eine gemeinsame ethische Lebensgrundlage zu legen, die ein gemeinsames Handeln der Weltreligionen für den Frieden, für Gerechtigkeit und die Bewahrung der Schöpfung ermöglicht, dies unbeschadet des spezifischen Ethos der einzelnen Religionen. Damit befinden wir uns bereits mitten in der Frage, warum am Ende dieses Jahrhunderts der Dialog und das gemeinsame Handeln der Religionen dieser Welt so wichtig und unverzichtbar geworden ist.

1. Menschheit am Wendepunkt

Es besteht schon lange kein Zweifel mehr darüber: Die Menschheitsgeschichte ist in eine äußerst prekäre Phase eingetreten, die von einem *dramatischen Wandel* der gesamten menschlichen Daseinsbedingungen begleitet wird.[2] Die Folge: Eine umfassende *Krise des menschlichen Lebenssystems*, eine Krise, welche nicht nur das ökonomische und ökologische, sondern auch das spirituelle und religiöse Überleben der Menschheit und die Menschlichkeit infrage stellt, ja weltweit Frieden und Zukunft bedroht.

Die *globale Wende* mag in den unterschiedlichen Weltregionen unterschiedlich erlebt werden. Dennoch: Sie ist ein globales Phänomen und umfasst alle Lebensbereiche vom privaten Beziehungsbereich, Ehe und Familie, über Schule, Arbeit und Freizeit bis hin zu den sozialen Institutionen: Wirtschaft, Gesellschaft, Staat und Religion, Völkerrecht und Weltpolitik. Der Ausgang ist ungewiss und das Ende auf beunruhigende Weise offen. Der *historische Übergang*, in dem sich die Menschheit als Ganze und jeder einzelne Mensch befinden, hat damit Dimensionen angenommen, die sich nur mit den ganz großen epochalen Umbrüchen der Kulturgeschichte vergleichen lassen. Solchen Übergängen war stets eines gemeinsam: Sie erfolgten in Zeiten äußerster Bedrohung, unter der Herausforderung ökonomisch-ökologischer *Überlebenskrisen*, die in letzter Konsequenz nur überwunden werden konnten durch eine neue Einstellung zur Welt und zum Leben, das heißt: durch einen radikalen *Wertewandel*, ein *neues Ethos* und nicht zuletzt eine Reform auch der *religiösen Vorstellungen*.

Insofern haben wir es heute mit einer für solche Situationen typischen Legitimierungskrise auch der Religionen zu tun. Sie stehen vor der (bislang ungelösten!) Aufgabe, einer neuen Zeit neue Werte und den Werten der ›neuen‹ Zeit eine neue, überzeugende theologische und ethische Basis zu geben. Intuitiv werden wir gewahr, dass die veränderte Menschenwelt neue ethische und religiöse Antworten auch auf die *ersten und letzten Fragen* der Existenz fordert. Ohne diese Antworten ist die Menschheit nicht in der Lage, die gemeinsame Zukunft zu gewährleisten. Gleichzeitig muss freilich angemerkt werden, dass die Religionen (das Christentum eingeschlossen) sich der gewaltigen Herausforderung noch keineswegs ausreichend oder entschieden genug gestellt haben. Gerade das moralische Ansehen der Kirchen ist am Ende des 20. christlichen Jahrhunderts angeschlagen. Ich will hier gar nicht auf den Schacher mit Rom und die Beratungsscheine bei Schwangerschaftskonflikten eingehen, der von traditionellen und liberalen Katholiken gleichermaßen fast einhellig als Heuchelei empfunden wird. Tatsache ist ja schon: Das hohe christliche Ethos hat weder im Ersten noch im Zweiten Weltkrieg, weder für das Verhalten gegenüber der Judenverfolgung noch jetzt im Kosovo das Verhalten der christlichen Mehrheit entscheidend beeinflusst. Das eigentliche ethische Problem unserer Epoche ist so gesehen anscheinend nicht die in der Tat schwierig gewordene Frage nach der philosophischen oder theologischen Begründung einer allgemeingültigen Ethik, sondern die *Motivation* der Menschen, nach ihrem Ethos auch tatsächlich zu handeln. Symptomatisch dafür ist, dass nach wie vor zahlreiche Verantwortungsträger in Wirtschaft, Wissenschaft und Politik den Standpunkt vertreten, die Freiheit ökonomischen und zumal außenpolitischen Handelns dürfe nicht durch sozialethische Normen eingeschränkt werden. Sie fürchten, dass solche Normen am Ende Gesetzescharakter erhalten könnten, welche die absolute Freiheit von Handel, Forschung und Diplomatie einschränken.

Fest steht in jedem Fall: Eine positive Entscheidung der gegenwärtigen Krise wird nur möglich sein, wenn es der Gesellschaft gelingt, Wertstellungen und Sinnhorizonte zu entwickeln, welche die Menschen wirksam zu motivieren vermögen, aus persönlicher Überzeugung einen friedlichen Ausgleich der Interessen zwischen den Weltregionen, Kulturen, Nationen und Volkswirtschaften zu suchen. Damit stellt sich die Frage eines *alle Menschen verbinden-*

den planetaren oder globalen Ethos beziehungsweise eines *Weltethos*, welches der Menschheit ein weltweit solidarisches Handeln auf dem gefährlichen Weg in die Zukunft ermöglicht.

2. Individualisierung und Globalisierung

Zwei Entwicklungen prägen die gegenwärtige gesellschaftliche Situation, die beide mit dem Autoritätsverlust der alten gesellschaftstragenden Institutionen: Staat, Kirche, Gemeinde, Ehe und Familie usw. zu tun haben:

- Die erste Entwicklung wird heute mit dem soziologischen Begriff als *Individualisierung* bezeichnet. Damit ist ein gesellschaftlicher Vorgang gemeint, der dahin führt, dass immer mehr Verantwortung und Verantwortlichkeiten von den gesellschaftlichen Institutionen in die Zuständigkeit des einzelnen Menschen entlassen werden. Ich entscheide, was *wahr und gut* ist, nicht die reine Lehre irgendeiner politischen, religiösen, ökonomischen, ökologischen oder moralischen Tradition. Ich entscheide, was ich *glaube*, nicht die Kirche. Mein persönliches *Ethos* trifft die Entscheidung darüber, was gut oder schlecht ist bei meinem Handeln, nicht irgendeine Moral.
- Gleichzeitig findet ein Prozess weiträumiger *Globalisierung* statt. Erstmals erlauben die neuen Kommunikationstechniken einen weltweiten, nahezu zeitgleichen Austausch von wissenschaftlichen, kulturellen, ökonomischen, sozialen und religiösen Informationen jeder Art. Eine wirksame Kontrolle des ungeheuren Datenstroms, der zum Beispiel tagtäglich durch das Internet um die Welt gejagt wird, entzieht sich praktisch jeder wirksamen Zensur und Kontrolle. Erstmals ist dadurch eine wirklich globale Vernetzung und Koordination auf den unterschiedlichsten Handlungsfeldern möglich.

Zwei Konsequenzen daraus:

1. Konsequenz der gesellschaftlichen *Individualisierung* ist ein *uneingeschränkter Pluralismus der religiösen, ethischen und kulturellen Wertvorstellungen*. Er eröffnet uns Möglichkeiten und Freiheiten, wie sie die Menschen noch niemals in der Geschichte hatten, führt aber im selben Zuge zu einer chronischen Übersteigerung der Selbstzuständigkeit des Menschen, der viele moralisch nicht

gewachsen sind: Immer mehr Verantwortung wird auf die Einzelnen abgeschoben. Folge ist eine Autoritätskrise der Institutionen, ein globaler Wertewandel, der viele Menschen orientierungslos macht, der drohende Zusammenbruch des sozialen Konsenses über grundlegende Motivationen, Ziele und Verhaltensweisen, ohne die Gemeinwesen, Staat und Demokratie auf Dauer nicht funktionieren können. *Individualisierung ohne gemeinsame Ziel- und Wertvorstellungen entwickelt sich zur Individualisierungsfalle.* Sie führt im Extrem zu Identitätsverlusten, die ihrerseits wieder fundamentalistische, ideologische und dogmatische Denkformen begünstigen, die sich heute beileibe nicht nur in den Religionen, sondern bevorzugt auch im ökonomischen, ökologischen und politischen Denken wiederfinden – und zu einem gefährlichen *„Reformstau"* führen. Das Wort erreichte in Deutschland als „Unwort des Jahres 1997" Berühmtheit.

2. Der unbeschränkte Wissenstransfer über alle nationalen und ideologischen Grenzen hinweg, die Verdichtung des weltweiten Verkehrsnetzes, der Abbau der Welthandelsgrenzen ermöglichen in ihrer Konsequenz tatsächlich eine Globalisierung des gesamten menschlichen Lebenshorizontes, des Wissens, des politischen Handelns und Wirtschaftens. Damit tritt die Menschheit in eine völlig neue historische Situation ein, für die es weder Erfahrungen noch politische, wirtschaftliche und spirituelle Regeln gibt. Zunehmend wird jetzt sichtbar: *Globalisierung ohne Rückbindung an gemeinsame, übergreifende humane Lebenswerte, ohne weltweiten Interessenausgleich, ohne weltweit geltende ethische Standards und solidarische Rahmenbedingungen führt in eine Globalisierungsfalle,* welche letztlich Demokratie und Wohlstand auf der ganzen Welt bedroht[3]. So wenig wie der einzelne Mensch oder die gesellschaftliche Solidargemeinschaft kann die Weltgemeinschaft überleben, ohne gemeinsame Regeln, Verhaltensnormen und ethisch inspirierte Formen globalen Handelns.

Fazit: Das Zusammenleben in einer planetaren, zwangsläufig multireligiösen und multikulturellen Weltgesellschaft, in der auch das Christentum zunehmend wieder zur gesellschaftlichen Randerscheinung wird, kann auf Dauer nur gelingen, wenn wir über die Grenzen der einzelnen Religionen hinweg einen dieser Situation gewachsenen *ethischen Basiskonsens* finden, der sich über alle

Unterschiede der kulturellen Lebensstile, der sozialen und ökonomischen Unterschiede, die religiösen Welt- und Menschenbilder hinweg an den allen *gemeinsamen vitalen Interessen, Werten und Zielen* neu orientiert.

3. Das „Projekt Weltethos“

Das „Parlament der Weltreligionen“ hat mit seiner *„Weltethos-erklärung“* vom 4. September 1993 einen ersten Versuch in dieser Richtung unternommen, um erstmals die wesentlichen, *allen Religionen gemeinsamen, fundamentalen ethischen Grundlagen wahrhaft menschlichen Verhaltens* festzustellen, die von Gläubigen und Nicht-Gläubigen geteilt werden können und gleichzeitig auch als ökumenisches Kriterium für die Glaubwürdigkeit und Menschenwürdigkeit des eigenen Glaubens gelten sollen.[4] Es ist kein Zufall, dass die Weltethos-Erklärung eine *„Deklaration des Parlaments der Weltreligionen“* ist. Sind doch die Religionen durch die ihnen eigene Ambivalenz seit jeher auf doppelte Weise in die Frage des Ethos verwickelt:

- Unbeschadet aller berechtigten Kritik sind sie von alters her stets einflussreiche *Zentren der Wertevermittlung* gewesen.
- Gleichzeitig spielt *religiöse Intoleranz* bis heute im Hintergrund zahlreicher Konflikte verschärfend mit. Ich erinnere nur an Konflikte wie in Irland, in Algerien, im Nahen Osten, zwischen Indien und Pakistan, auf dem Balkan oder im Kaukasus.

Die religiöse Karte lässt sich freilich nur deshalb politisch immer wieder erfolgreich ausspielen, weil die Religionen selbst – das Christentum nicht ausgenommen – tatsächlich bewusst oder unbewusst bis heute ihren Teil dazu beitragen: durch dogmatischen Eifer, Verketzerung Andersdenkender und Andersgläubiger, Fanatisierung der Anhänger bis hin zu ›Kreuzzügen‹ und ›Heiligen Kriegen‹ gegen vermeintlich Ungläubige. Ja, die Geschichte, wo immer sie aufgeschrieben wurde, lehrt uns die bittere Lektion: *Es gibt keinen Weltfrieden ohne Religionsfrieden*. Friede setzt somit auch voraus, dass die Religionen ihr Konkurrenzverhalten aufgeben und sich im Interesse der Menschen gemeinsam auf die Werte besinnen, die sie zu verkörpern behaupten und die sie verbinden: *Kein Frieden unter den Religionen* also *ohne Dialog zwischen den Religionen*.[5]

Die *Weltethos-Erklärung* ist ein erstes Ergebnis eines solchen wahrhaft interreligiösen Dialogs. Mit der Erklärung haben sich Vertreter unterschiedlichster Religionen über Prinzipien eines gemeinsamen planetaren Ethos verständigt. Soll es nicht zu immer neuen gesellschaftlichen Katastrophen oder gar zu einem allgemeinen Krieg der Kulturen und Religionen kommen – wie ihn Samuel P. Huntington[6] befürchtet –, müssen sie lernen einander anzunehmen und zu verstehen.

Was meint nun aber *„Weltethos"* konkret? Die Autoren und Unterzeichner der Deklaration erklären:

„Mit *Weltethos* meinen wir keine neue Weltideologie, auch *keine einheitliche Weltreligion* jenseits aller bestehenden Religionen, erst recht nicht die Herrschaft einer Religion über alle anderen. Mit Weltethos meinen wir einen *Grundkonsens bezüglich bestehender verbindender Werte, unverrückbarer Maßstäbe und persönlicher Grundhaltungen*."[7]

Die Weltethoserklärung versucht mit anderen Worten grundlegende Einstellungen zu formulieren, die als Gemeingut aller Religionen betrachtet werden können und gleichzeitig eine gemeinsame strategische Grundlage für ein gemeinsames planetares Engagement bilden sollen. Anders als bei der UNO-Menschenrechtserklärung geht es bei diesem ethischen *Konsens* freilich nicht um einklagbare Rechtsansprüche, sondern um *persönliche Grundhaltungen*, um die freiwillige verbindliche Entscheidung, sich im eigenen Gewissen an bestimmte für das Überleben der Menschheit grundlegende Handlungsorientierungen und Wertvorstellungen halten zu *wollen*. Die Hoffnung, die sich mit der Weltethos-Erklärung verbindet, gründet sich darauf, dass, ähnlich wie das ökologische Bewusstsein in den vergangenen zwanzig Jahren, ein neues *ethisches Gewissen in der Weltgemeinschaft* heranwächst, das sein Handeln an diesen allgemeinen ethischen Standards ausrichtet.

*Welt*ethos meint somit *nicht* ein *Schmalspurethos* für ›Weltkinder‹, die eben den ethischen Anforderungen ihrer Religion nicht gewachsen sind, sondern ein *weltweit geltendes* Ethos, das gemeinsame Ziele und Wertmotivationen verkörpert, die unabhängig von den bestehenden kulturellen, religiösen und gesellschaftlichen Unterschieden für alle Menschen *uneingeschränkt* gelten, während ein christliches Ethos ja nur Christen aufgrund ihrer Glaubensentscheidung verpflichten kann; ein muslimisches nur Muslime usw. Die Weltethoserklärung erhebt dennoch keineswegs den Anspruch, eine neue oder gar vollständige Welt-Ethik oder Welt-Moral zu formulieren. Vielmehr ist die Erklärung als Anregung und Anstoß gedacht, als ein erster Versuch, in der Hoffnung, dass spätere Generationen es besser machen. *Ethos* meint hier nicht eine *Theorie* rechten Handelns oder ein religiös beziehungsweise philosophisch begründetes Normensystem, mit dessen Hilfe dann über die gute oder schlechte Qualität einzelner Handlungen geurteilt werden sollte. Ethos wird von den Verfassern der Weltethoserklärung vielmehr im ursprünglichen Sinne von *Einstellung, Sinnesart, Motivation* oder *Grundhaltung* verstanden.

Daraus müsste deutlich werden: Die Weltethoserklärung versteht sich weder als Religionsersatz noch bietet sie Ersatz für die systematische Ausarbeitung einer besonderen Ethik der Wissenschaften, der Medizin, der Wirtschaft, der Politik usw. Nur darum geht es, die allen gemeinsame Erfahrungsweisheit wahrhaft ethischen Lebens und Verhaltens als Erbe der Menschheit in dieser Zeit wieder bewusst zu machen. Auch darf man die Weltethoserklärung nicht so missverstehen, als ginge es den Religionen lediglich darum, die ›böse Welt‹ wieder einmal Mores zu lehren. Nein, Weltethos meint zunächst die Religionen selbst, die sich selbst im Horizont dieser Maßstäbe kritisch hinterfragen lassen und verhalten sollen. Die Weltethoserklärung bildet mit anderen Worten zugleich die Basis eines konstruktiven Dialogs der Religionen miteinander und mit der Weltwirklichkeit.

Nicht dass sich die Autoren der Illusion hingegeben hätten, das reine Wissen um Gut und Böse würde ausreichen, um die Welt zu verändern. Aber es macht auf Dauer eben durchaus etwas aus, ob mein Handeln oder das eines Verantwortungsträgers in Religion, Wirtschaft und Politik oder auch von ganzen Bevölkerungsgruppen und Ländern vor aller Welt ethisch in die Verantwortung gefordert wird oder nicht. Es macht durchaus etwas aus, ob es internationale ethische Standards gibt, an denen sich wirtschaftliches, wissenschaftliches oder politisches Geschäftsgebaren messen lassen muss und an denen sich vielleicht entscheidet, welche Produkte gekauft werden beziehungsweise, welche Firma zum Vertragsabschluss kommt oder nicht, beziehungsweise welche Politiker gewählt werden und welche nicht. Insofern haben ethische Überzeugungen ja auch durchaus Einfluss darauf, wie Gesetze formuliert und nach was für Kriterien Verfassungen entworfen werden.

Die Weltethos-Erklärung sollte bewusst so gestaltet werden, dass sie von möglichst allen Religionen mitgetragen und von allen Menschen guten Willens, Glaubenden und nicht Glaubenden, vertreten werden kann. Hier liegen natürlich auch die Grenzen ihrer Aussagekraft. Die Erklärung knüpft deshalb an eine allen menschlichen Kulturen bekannte und gemeinsame fundamentale Einsicht an, die uns aus der abendländischen und jüdischen Tradition als *„goldene Regel"* bekannt ist: „Was du nicht willst, das man dir tut, das füg' auch keinem anderen zu. Oder positiv: Was du willst, das man dir tut, das tue auch den anderen! Dies soll die unverrückbare unbedingte Norm für alle Lebensbereiche sein, für Familie und Gemeinschaften, für Rassen, Nationen und Religionen."[8] Die „goldene Regel" führt zur keineswegs harmlosen oder überflüssigen *„Grundforderung: Jeder Mensch muss menschlich behandelt werden"*[9] – und „jeder" gilt hier ohne irgendeine Ausnahme.

Daraus ergeben sich für das Dokument *„vier unverrückbare Weisungen"*, welche auf visionäre Weise dazu auffordern, eine neue Gesellschaft und „Weltordnung" zu wagen, die sich in aller Freiheit selber verpflichtet:

- „auf eine Kultur der *Gewaltlosigkeit* und der Ehrfurcht vor allem Leben";
- „auf eine Kultur der *Solidarität* und eine gerechte Wirtschaftsordnung";
- „auf eine Kultur der *Toleranz* und ein Leben in Wahrhaftigkeit";
- „auf eine Kultur der *Gleichberechtigung* und die Partnerschaft von Mann und Frau".

4. Konturen einer neuen Kultur der Menschlichkeit

Nur wenn es unserer Generation gelingt, *einen globalen ethischen Bewusstseinswandel* auszulösen in Richtung auf ein neues Wissen darum, was menschlich ist, in Richtung auf ein Menschenbild, für das es selbstverständlich wird, dass jeder Mensch ungeachtet seiner

Herkunft Anspruch auf ungeteilte Humanität hat, werden wir die drohende Agonie der Weltgesellschaft abwenden.

Das Wort *Kultur* – dies zeigt sich schon in den Überschriften zu den vier unverrückbaren Weisungen – ist der Schlüsselbegriff überhaupt zum Verständnis der Weltethoserklärung: Was heißt ethische *Kultur*? Zunächst:

- Worum geht es nicht? Es geht beim Projekt Weltethos nicht um „moralische Aufrüstung", nicht um Mobilisierung von Schuldgefühlen oder um bürgerliche ›Wohlanständigkeit‹ und schließlich auch nicht um eine neue Ideologie, welche jetzt beispielsweise der Weltwirtschaft übergestülpt werden sollte – und genauso scheitern müsste wie jeder Versuch die Ungerechtigkeit dieser Welt von den Symptomen her zu bekämpfen.
- Worum geht es? Das Wort Kultur kommt vom lateinischen *›colere‹*, pflegen, hegen, urbar machen. Eine *ethische Kultur der Menschlichkeit* meint mit anderen Worten: Auf der Linie eines Ethos, das den Menschen und seine Lebensbedürfnisse in den Mittelpunkt stellt, die *Anfangsbedingungen verändern*, ein Verhalten zum Ausgangspunkt wählen, eine Gesellschaft, eine Wirtschaftsform, eine Technologie, eine Medizin, soziale Beziehungen, ein Verhältnis zwischen den Geschlechtern usw. *anstreben* und konsequent – wenn auch in kleinen Schritten ≤ *verwirklichen*, in denen das Wohl des Menschen, die Ehrfurcht vor allem Leben und die Bewahrung der Schöpfung oberstes Motiv und Ziel allen Handelns sind. Es geht um eine *bewusste und entschieden, durch Verfassung, Gesetzeswerke und internationale Verträge zu sichernde Pflege von sozialen, politischen, ökologischen und ökonomischen Verhaltensweisen, die auf Respekt und Gewaltlosigkeit, Solidarität und Gerechtigkeit, Toleranz und Wahrhaftigkeit, Gleichberechtigung und Partnerschaft ausgerichtet sind.*

Die Weltethoserklärung will also durchaus nicht einem blauäugigen und letztlich doch illusionären Idealismus das Wort reden. Sie richtet stattdessen den Blick auf konkrete *Strategien der Menschlichkeit* und hilft uns dabei gemeinschaftliche *Maßnahmen* in der Weltgemeinschaft zu entwickeln, die *aufs Ganze gesehen eine Verbesserung* des Lebens bewirken können. Ich will das Gesagte an einer der so genannten unverrückbaren Weisungen der Weltethoserklärung abschließend verdeutlichen.

5. *Verpflichtung auf eine Kultur der Solidarität und eine gerechte Wirtschaftsordnung*

Bemerkenswert an diesem ja doch *ethischen* Dokument sind zwei Aspekte: Obwohl es die Zustände schonungslos offen legt, es *moralisiert nicht.* Kein Sündenbock-Denken also! Im globalen Zusammenhang geht es weniger um die Schuld einzelner Menschen als vielmehr um ungerechte Wirtschafts*strukturen,* welche Arbeitslosigkeit verursachen, Ausbeutung begünstigen, den Menschen zum bloßen Kostenfaktor erniedrigen, welche hemmungsloser Profitgier und Raffgier, Bestechlichkeit und Korruption keine gesetzlichen Schranken setzen. Es geht um ein Anspruchsdenken, das immerzu nur fordert, statt nach der eigenen Verantwortung zu fragen. Die Erklärung macht ihren Standpunkt unmissverständlich klar, aber sie setzt sich gleichzeitig für pragmatische, nicht-ideologische Lösungen ein. Vor allem: Sie umschreibt ihr Anliegen *positiv* und versucht den Blick auf die *Ressourcen* zu lenken, die wir tatsächlich haben, um eine solidarischere und gerechtere Welt zu verwirklichen. Im Wortlaut:

„Aus den großen alten religiösen und ethischen Traditionen der Menschheit ... vernehmen wir die Weisung: *Du sollst nicht stehlen!* Oder positiv: *Handle gerecht und fair!* Besinnen wir uns also wieder neu auf die Konsequenzen dieser uralten Weisung: Kein Mensch hat das Recht, einen anderen Menschen – in welcher Form auch immer – zu bestehlen oder sich an dessen Eigentum oder am Gemeinschaftseigentum zu vergreifen. Umgekehrt aber hat auch kein Mensch das Recht, sein Eigentum ohne Rücksicht auf die Bedürfnisse der Gesellschaft und der Erde zu gebrauchen."[10]

Das Dokument zeigt dann den unheilvollen Zirkel von Armut und Gewalt auf: Äußerste Armut führt in Hilflosigkeit und Verzweiflung, Neid, Ressentiments. Tödlicher Hass und Rebellion sind die Folgen. „Niemand täusche sich: Es gibt *keinen Weltfrieden ohne Weltgerechtigkeit*".[11]

Wer wüsste das nicht? Und doch holt uns und auch viele Fachleute und Verantwortungsträger, die sich ehrlich um eine gerechtere Wirtschaft, um Lohn und Brot für alle bemühen, da nicht sofort die eigene Ratlosigkeit ein? Ist es nicht naiver Idealismus, zu erwarten, durch wohlmeinende Gewissensappelle lasse sich ein nachhaltiger Bewusstseinswandel in Gang setzen? Hier setzt die Weltethoserklärung auf eine *Strategie, welche die Aufmerksamkeit auf die vorhandenen Ressourcen und offene Handlungsfelder richtet*, auf denen – vorausgesetzt, der demokratische Wille ist vorhanden – die Verhältnisse sich tatsächlich von Grund auf verändern lassen.

Die Weltethoserklärung ist sich bewusst: Umdenken erfordert Lernbereitschaft, pädagogische Anleitung, eine Erziehung zu verantwortungsbewusstem selbstständigem Denken. Das planetare Ethos hat eine leidenschaftliche *pädagogische Zielrichtung*. Denn: Die gewaltigen Veränderungen, wie sie im sozialen Zusammenleben, im politischen Miteinander in Staat und Weltgemeinschaft, in Ökonomie und Ökologie anstehen, erfordern einen radikalen, umfassenden Gesinnungswandel in den Köpfen der Menschen. Nur Menschen, die gelernt haben, Interessenkonflikte im Dialog zu bereinigen, sind fähig zu gewaltfreiem Handeln. Nur Politiker, die gelernt haben, zur Wahrheit zu stehen, sind fähig, politisch aufrichtig und ehrlich zu denken, zu reden und zu handeln. Nur Ökonomen, die gelernt haben, die Schwächen anderer Menschen nicht auszunutzen und hemmungslos ihren eigenen Vorteil zu suchen, können sich eine Wirtschaft vorstellen, welche nicht ausschließlich die absolute Gewinnmaximierung im Auge hat, sondern zum Vorteil *aller* Beteiligten wirtschaftet. Mit den Worten der Erklärung:

„Deshalb sollten schon junge Menschen in Familie und Schule lernen, dass Eigentum, es sei noch so wenig, verpflichtet. Sein Gebrauch soll zugleich dem Wohl der Allgemeinheit dienen. Nur so kann eine gerechte Wirtschaftsordnung aufgebaut werden.“[12]

Daraus dürfte deutlich werden: Wenn zum Beispiel die Bundesrepublik sich diese Aufforderung zu eigen machen wollte, müsste sie bereit sein, sich konkret für eine einschneidende Reform des Schul- und Erziehungswesens zu entscheiden, welche die ja daraus vorhandenen pädagogischen und lernpsychologischen Ressourcen tatsächlich nutzt, um die soziale und ethische Kompetenz und Verantwortungsfähigkeit konsequent zu fördern, statt einem Bildungsideal zu folgen, das eher nützliche Fachidioten als selbstständig denkende und handelnde Bürger fördert. Eine umfassende Bildungsaufgabe ist damit gemeint, die vom Kindergarten bis zu den Universitäten, über die Erwachsenenbildung bis zur politischen und ökonomischen Kaderschulung reicht.

Daraus folgt weiter: Das planetare Ethos enthält einen eindeutigen *Gestaltungsauftrag*:

„...die Strukturen der Weltwirtschaft [müssen] gerechter gestaltet werden. Individuelle Wohltätigkeit und einzelne Hilfsprojekte ... reichen nicht aus. Es braucht die Partizipation aller Staaten und die Autorität der internationalen Organisationen, um zu einem gerechten Ausgleich zu kommen."[13]

Dies ist eine klare Aufforderung, die zur Verfügung stehenden wissenschaftlichen Erkenntnisse, Methoden und Ressourcen im Geiste einer ethischen Gesinnung einzusetzen, welche soziale, politische und wirtschaftliche Macht entschieden zum Wohl des Menschen und nicht gegen ihn verwendet.

Nein es geht hier durchaus nicht um ›fromme Wünsche‹, sondern um energische politische Aktion, um ein klares Widerstandsrecht auch. Es gibt kein Recht auf Ausbeutung, kein Recht auf Gewinn auf Kosten von Arbeitsplätzen, kein Recht auf Reichtum, aber ein Recht auf das Lebensnotwendige. Deshalb gilt:

„Wo die Herrschenden die Beherrschten, die Institutionen die Personen, die Macht das Recht erdrücken, ist Widerstand – wo immer möglich gewaltlos – angebracht."[14]

Die Forderung nach einem planetaren Ethos in der Politik bedeutet freilich nicht, dass die Religionen jetzt wieder so etwas wie eine Art Vormundschaft über die Politik und die Politiker beanspruchen dürften. Vielmehr geht es jenseits aller Parteiprogramme und Ideologien um eine Politik der Gewaltlosigkeit und der Ehrfurcht vor allem Leben, um eine Politik der Solidarität und Gerechtigkeit, um eine Politik der Toleranz und der Wahrhaftigkeit, um eine Politik der Gleichberechtigung und Partnerschaft. Eine ethische Politik sorgt sich nicht in erster Linie um den Erfolg bei den nächsten Wahlen, sondern darum, wie Gesellschaft, Staat und Wirtschaft im planetaren Kontext zugunsten aller erfolgreich gestaltet werden können.

Globale Marktwirtschaft, so könnte man die zweite *„unverrückbare Weisung"* der Weltethoserklärung zusammenfassen, erfordert ein globales Ethos. Dies bedeutet – um nur drei zentrale Leitideen zu nennen:

- *Der Mensch* und seine Arbeitskraft soll *nicht Objekt, sondern Subjekt allen Wirtschaftens* sein. Christlich gewendet: Die Wirtschaft ist um des Menschen willen da, nicht der Mensch um der Wirtschaft willen.
- Das *Ethos hat den Vorrang gegenüber Ökonomie und Politik.*

- Eine globale Wirtschaft erfordert *eine „ethisch bestimmte globale Rahmenordnung“*.[15]

Zusammenfassend gesagt: Das Wirtschaftsdenken muss wegkommen von einem überholten mechanistischen Verständnis ökonomischer Prozesse, das die Wirtschaft als ›Geldmaschine‹ missversteht, die letztlich vom menschlichen Faktor absehen kann. Ziel ist ein *nachhaltiges Wirtschaften,* das geprägt ist von Gewaltlosigkeit und Ehrfurcht vor allem Leben, eine Wirtschaft, die Solidarität und Gerechtigkeit gegenüber allen Beteiligten übt, eine Wirtschaft, geprägt von Toleranz und Ehrlichkeit, eine Wirtschaft, welche das gleiche Recht aller Menschen auf die Güter dieser Erde anerkennt. Und so endet auch die zweite „unverrückbare Weisung“, die von der Verpflichtung auf eine Kultur der Solidarität und eine gerechte Wirtschaftsordnung spricht, mit diesen Worten:

„Wahrhaft menschlich sein heißt im Geist unserer großen religiösen und ethischen Traditionen das Folgende:

- Statt die wirtschaftliche und politische Macht in rücksichtslosem Kampf zur Herrschaft zu missbrauchen, ist sie zum *Dienst an den Menschen* zu gebrauchen. Wir müssen einen Geist des Mitleids mit den Leidenden entwickeln und besondere Sorge tragen für die Armen, Behinderten, Alten, Flüchtlinge, Einsamen.
- Statt eines puren Machtdenkens und einer hemmungslosen Machtpolitik soll im unvermeidlichen Wettbewerb der *gegenseitige Respekt*, der vernünftige Interessenausgleich, der Wille zur Vermittlung und zur Rücksichtnahme herrschen.
- Statt einer unstillbaren Gier nach Geld, Prestige und Konsum ist wieder neu der *Sinn für Maß und Bescheidenheit* zu finden! Denn der Mensch der Gier verliert seine „Seele“, seine Freiheit, seine Gelassenheit, seinen inneren Frieden und somit das, was ihn zum Menschen macht.“[16]

Anmerkung

[1] *Erklärung zum Weltethos.* Die Deklaration des Parlamentes der Weltreligionen, hg. v. H. Küng, K.-J. Kuschel (München–Zürich 1993) = Serie Piper 1958, 20.
[2] Zur eingehenden Analyse der religiösen Situation vgl. *U. Baumann, B. Jaspert,* Glaubenswelten. Zugänge zu einem Christentum in multireligiöser Gesellschaft (Frankfurt/M. 1998), dort weiterführende Literatur.
[3] *H.-P. Martin, H. Schumann*, Die Globalisierungsfalle. Der Angriff auf Demokratie und Wohlstand (Reinbek/Hamburg [16]1997).
[4] Zur Vorgeschichte der Weltethoserklärung siehe *H. Küng, K.-J. Kuschel* (Hg.), Weltfrieden durch Religionsfrieden. Antworten aus den Weltreligionen (München–Zürich 1993).
[5] Vgl. zum Kontext *H. Küng*, Projekt Weltethos (München–Zürich 1990).
[6] *S. P. Huntington*, Der Kampf der Kulturen. Die Neugestaltung der Weltpolitik im 21. Jahrhundert (München 1996).
[7] *Erklärung zum Weltethos*, 24.
[8] *Erklärung zum Weltethos*, 28.
[9] *Erklärung zum Weltethos*, 25–28.
[10] *Erklärung zum Weltethos*, 32.
[11] Ebd., 33.
[12] Ebd., 33.
[13] Ebd.
[14] Ebd., 34.
[15] *H. Küng*, Weltethos für Weltpolitik und Weltwirtschaft (München–Zürich 1997) 278–293.
[16] *Erklärung zum Weltethos*, Ebd., 34.

Walter Schweidler

Menschenrechte – Personenrechte Beitrag Europas oder ethischer Kolonialismus ?

1. Europa und die rechtliche Einigung der Menschheit

Der universale Anspruch, der im Begriff „Menschenrecht" per definitionem zum Ausdruck kommt, ist erst in unserem Jahrhundert realpolitisch konkretisiert worden. Mit der „Allgemeinen Erklärung der Menschenrechte" von 1948 bekannte sich die internationale Staatengemeinschaft zum Prinzip der vorstaatlichen Rechte des Bürgers und damit indirekt zu einer übernational gültigen Legitimationsbasis staatlicher Gewalt. Heute haben fast alle Staaten der Erde Verfassungen, die entweder mit einem expliziten Katalog von Grundrechten oder – wie Großbritannien und Israel – in Form ungeschriebener Verfassungsgrundsätze auf die Menschenrechte Bezug nehmen. Nur drei Länder, die den Koran als Verfassung institutionalisiert haben, bilden hier eine Ausnahme. Man kann nicht bestreiten, dass der Menschenrechtsgedanke die politische Situation auf dem Erdball grundlegend verändert hat. Über die entscheidende Begrenzungsfunktion, die der Gedanke des subjektiven Rechts als Legitimationsgrund des menschlichen Zusammenlebens der staatlichen Souveränität auferlegt hat, hinaus ist die Respektierung der Menschenrechte sogar zu einem – wenn auch nur partiell realisierten – Prinzip der Anerkennung des Existenzrechts von Staaten geworden, so wenigstens ansatzweise nach dem Untergang Jugoslawiens beim Vollzug der Anerkennung Sloweniens und Kroatiens, die an die Kodifikation von Minderheitenschutzrechten in den Verfassungen dieser neuen Staaten gebunden wurde. Eine schrankenlose Berufung auf das Recht auf Nichteinmischung in seine inneren Angelegenheiten gibt es für ein Mitglied der internationalen Staatengemeinschaft heute nicht mehr.

Damit hat sich eine Wendung weltweit angebahnt, die das Grundverständnis vom Staat und seinem Verhältnis zu den Menschen, die in ihm leben, revolutioniert hat. Nicht mehr, wie noch gemäß der klassischen Definition von Jean Bodin[1], die Macht der Kriegführung nach außen und der Niederschlagung jeglichen Widerstandes im Inneren begründet die Legitimität staatlicher Gewalt, sondern die Verantwortung gegenüber den Rechten der Menschen, die den Staat als Sachwalter ihrer Interessen eingesetzt haben. Es handelt sich bei dieser Wendung, deren Folgen unser Leben mehr und mehr bestimmen, um die weltweite Durchsetzung dessen, was man in Anlehnung an Kants Begriff in der Schrift „Zum ewigen Frieden" den „Republikanismus" nennen kann.[2] Damit ist mehr gemeint als nur die auch von Kant angeführte formale Definition der Republik als derjenigen Regierungsform, bei der gesetzgebende und exekutive Gewalt voneinander getrennt sind. „Republikanismus" ist mehr als „Republik". Im Kontext der Schrift ist es klar, dass Kant sich von der Durchsetzung der republikanischen Regierungsform auf der Welt die vernünftige Umgestaltung der politischen Verhältnisse überhaupt und den Durchbruch zu einer internationalen Friedensordnung erwartet. Der „Republikanismus" bedeutet in diesem Sinn also eine den Erdball umfassende Bewegung hin zur Überwindung aller „despotischen" Herrschaftsformen. Despotisch ist nach Kant diejenige Herrschaft, die nicht „repräsentativ" ist, d.h. bei welcher die Regierenden ihre Stellung nicht allein aus dem Willen der Regierten ableiten.

In der amerikanischen Unabhängigkeitserklärung war dieses Prinzip politisch erstmals realisiert worden. Regierungen, so heißt es dort feierlich, werden von den Menschen eingesetzt, um ihre Rechte zu schützen, und fast zur gleichen Zeit, 1777, bekennt sich Friedrich II. von Preußen zu genau diesem Prinzip: „Die große Wahrheit, dass wir die anderen so behandeln sollen, wie wir von ihnen behandelt zu werden wünschen, wird zur Grundlage der Gesetze und des Gesellschaftsvertrags...Da jedoch die Gesetze ohne unaufhörliche Überwachung weder fortbestehen noch Anwendung finden konnten, so wurden Obrigkeiten gebildet, die das Volk erwählte und denen es sich unterordnete. Man präge sich dies wohl ein: Die Aufrechterhaltung der Gesetze war der einzige Grund, der die Menschen bewog, sich

Obrigkeiten zu geben; denn das bedeutet den wahren Ursprung der Herrschergewalt. Ihr Inhaber war der erste Diener des Staates..."[3] Der Staat dient dem Recht und damit den Bürgern.

Mit der weltweiten Ausbreitung des republikanischen Gedankens ist noch eine entscheidende völkerrechtliche Dimension hinzugekommen. Es gibt heute den Anspruch und die Tendenz des „humanitären Völkerrechts", d.h. der allmählichen Durchsetzung des Prinzips, dass die Staaten nicht nur je ihren Bürgern, sondern gemeinsam allen Menschen verantwortlich sind und damit das Individuum in die Rolle eines völkerrechtlichen Anspruchssubjekts, ja der letzten völkerrechtlichen Legitimationsinstanz gerückt ist. Natürlich beruht die Realität dieses Prinzips, wie jeglichen völkerrechtlichen Grundsatzes, auf der Macht weltweit dominanter politischer Einheiten, also von Staaten und Staatenbündnissen; aber es ist als ethische Rückbindung des Staates gegenüber dem Menschen und als Relativierung jeder unbegrenzten Macht des Staates im Umgang mit der „eigenen" Bevölkerung eine prinzipiell neue Auffassung vom Sinn der Politik, die sich hier als das durchgesetzt hat, was man den „universalen Republikanismus" nennen kann.

Der universale Republikanismus dürfte nicht nur auf dem Papier, sondern auch in den Herzen der Menschen zumindest die absehbare Zukunft für sich haben. Die grenzüberschreitende Strafverfolgung von politischen Verbrechern und das Asylrecht politisch Verfolgter sind die beiden jedenfalls juristisch am konkretesten fassbaren Faktoren, in denen er auch als Prinzip der internationalen Beziehungen immer mehr zur Geltung kommt. Er zwingt die Regierenden auf dem ganzen Erdball zunehmend, sich gegenüber jenen Rechtsansprüchen zu rechtfertigen, die allen Menschen ungeachtet ihrer nationalen oder kulturellen Zugehörigkeit zustehen. Man könnte und müsste eine ganze Reihe weiterer Faktoren nennen und untersuchen, in denen sich die Menschenrechte als Einheitsprinzip der Menschheit global auswirken, von der Informationsfreiheit über die Reise- und Begegnungsmöglichkeiten bis zu den ökonomischen und finanziellen Verflechtungen. Die Macht des Menschenrechtsgedankens ist größer als die jeder vergleichbaren Kategorie des politischen Denkens in der heutigen Welt.

Um die Frage zu beantworten, ob sich hierin ein „ethischer Kolonialismus“ ausdrückt, muss man im Grunde nur auf die andere und entscheidende Frage zurückgehen, worin die Begründung liegt, die sowohl realpolitisch wie in den theoretischen Schriften eines Kant, Hobbes oder Rousseau – die ja in „Europa“ ganz und gar nicht als chauvinistische Kolonialisten, sondern als störende Kritiker wahrgenommen wurden, deren Gedanken sich gegen Gefahren und Widerstände durchsetzen mussten – für die Forderung nach der Legitimation der Staatsmacht durch den Bürger gegeben wurde. Diese Begründung lautet immer, dass der Mensch frei und gleich geboren sei, d.h. von Natur aus in einem Verhältnis zu allen anderen Angehörigen des Menschengeschlechts stehe, dem die staatliche Durchsetzung des Rechts nur gerecht zu werden versuchen kann. Richtig ist, dass die weltweite Durchsetzung des Prinzips der Menschenrechte als Staatslegitimation von Europa faktisch ausgegangen ist. Aber „Europa“ ist nicht eine geografisch oder gar genetisch festgelegte Größe. Die schlimmsten Gefährdungen der Menschenrechtsidee in unserem Jahrhundert sind nicht zuletzt ebenfalls aus Europa hervorgegangen. Und weite Teile des Mittelmeerraums, in dem die kulturellen und geistesgeschichtlichen Wurzeln der Idee von Naturrecht und Menschenwürde entstanden, gehörte geografisch niemals und gehört politisch heute nicht mehr zu Europa. Europa hat diese Wurzeln auch nicht exklusiv hervorgebracht, es gibt entsprechende Denkweisen in der altchinesischen Tradition. Politisch hat Europa allerdings in der Tat die ausschlaggebende Rolle für die globale Durchsetzung des Menschenrechtsgedankens gespielt, aber eben im Namen des „Menschen“ überhaupt und niemals in Engführung auf einen irgendwie privilegierten Teil der Menschheit. Und, um noch einen ganz einfachen Schritt weiterzugehen, wenn man sich fragt, warum wir überhaupt kritisch gegen „Kolonialismus“ sind und sein sollen, bleibt nur selbst wiederum die menschenrechtlich fundierte Antwort: Kolonialismus ist deshalb und dann verwerflich, wenn alle Menschen gleiches Recht und gleiche Würde haben und deshalb nicht unterdrückt werden dürfen. Wer die „Kulturen“ für wichtiger als den Menschen erklären wollte, der wäre der eigentliche „Kulturimperialist“; und wer das freie und gleiche Recht des Menschen für „Kolonialismus“ erklärt, hätte damit dem Kolonialismus der Machthaber gegen die Angehörigen der von ihnen beherrschten Staatsverbände das Wort geredet. Solange die Menschenrechte im Sinne ihrer klassischen Formulierung als minimale Sicherungen der Selbstständigkeit und Souveränität des Menschen im Umgang mit den Formen seines Lebens verstanden werden, bedeuten sie keinen Kolonialismus der Lebensformen, sondern sie sichern die Chance jedes Menschen auf der Welt, über die Formen, in denen er leben will, selbst Auskunft zu geben und sich die Entscheidung über seine Lebenweise nicht von den Machthabern aus der Hand nehmen zu lassen.

Wo der Menschenrechtsgedanke in seinem Kern richtig verstanden wird, dort werden ihm kulturelle Differenzen nicht gefährlich werden. Richtig verstanden wird er, wenn man ihn eben als *Rechts*gedanken begreift, das heißt als eine Forderung, die letztlich durch das Ziel der *Bekämpfung von Unrecht* begründet wird. Die Idealvorstellungen vom gelungenen Menschsein mögen sich auf der Welt unterscheiden, aber die Formen des Unrechts, die den Gedanken einklagbarer Menschen*rechte* überhaupt erst zu einem juristisch fassbaren Instrument machen, sind in allen Kulturen weitgehend dieselben: Folter, willkürliche Verhaftung, Diskriminierung, Völkermord, „ethnische Säuberung" etc. unterscheiden sich kaum, egal in welchem Bezirk der Erde sie von Mächtigen gegenüber Ohnmächtigen angewandt werden. Und es ist nun einmal das Wesen des *Rechts* im juristischen und also auch im völker- und staatsrechtlichen Sinne, dass es sich aus Formen des *Unrechts* definiert und legitimiert, dass es also, wie Kant sagt, „Hinderung der Hinderung" der Freiheit ist – und nicht etwa Verkündung von positiven Wahrheiten, die dem Staat durch irgendwelche Glaubensquellen vorgegeben wären. Darum halte ich die Frage, ob es in allen Kulturen religiöse oder philosophische Überzeugungen gebe, aus denen sich die Menschenrechte begründen ließen, nicht für entscheidend. Wenn es einen interkulturellen Konsens über Menschenrechte geben kann, dann nur, weil man sich einig darüber ist, dass bestimmte Handlungen von Machthabern gegenüber Ohnmächtigen *nicht* begangen werden dürfen, und nicht deshalb, weil man gewillt ist, die metaphysischen oder ethischen Hintergründe der kulturellen Identität anderer Menschen zu verstehen. Gegen ein „Weltethos", wenn es denn jemals käme, könnte und würde von Machthabern ganz genauso und aus denselben Gründen verstoßen werden wie gegen jedes heute schon geltende kulturspezifische Ethos. Niemand wird von Folter und Völkermord dadurch abgebracht werden, dass er den Glauben oder die Weltsicht anderer Menschen zu verstehen lernt, sondern umgekehrt wird ein Schuh daraus: Wenn friedliches und gleichberechtigtes Zusammenleben von Individuen und Völkern erzwungen wird, dann kann jener universale Friedenszustand entstehen, in dem es einander fremden Menschen überhaupt erst möglich wird, sich im Nachhinein kulturell darüber zu verständigen, warum es richtig *war*, diesen Friedenszustand herbeizuführen und warum er im Sinne der eigenen wie der Überzeugungen anderer Menschen erhalten werden soll.

2. *Die ökonomische Spaltung der Menschheit*

Mit dem Hinweis auf die rechtliche Einigung, welcher der Erdball im Zeichen des Menschenrechtsgedankens zuzustreben scheint, ist das Urteil über die Zukunft, die aus dieser europäisch verwurzelten Wendung für die Menschheit folgen wird, noch nicht abschließend gefällt. Vielmehr kann man sich jetzt erst dem eigentlichen Problem zuwenden, mit dem sie uns konfrontieren wird. Es sind, etwas zugespitzt gesagt, nicht die – womöglich kulturspezifischen – Hindernisse, die der Realisierung des Menschenrechtsgedankens als eines kulturverbindenden Gemeingutes entgegenstehen, sondern gerade sein kulturübergreifender *Erfolg* trägt einen Sprengsatz in sich, der die Universalität des ihn tragenden Anspruchs aus sich heraus gefährdet. Und es ist fraglich, ob der Begriff „Menschheit" überhaupt noch brauchbar sein wird für das, was gerade aus der Tendenz zur Vereinheitlichung der Menschheit im Namen ihrer rechtlichen Vereinigung hervorgehen wird.

Der interkulturelle Konsens über die Menschenrechte wird letztlich nicht von Glaubensvorstellungen getragen, sondern von einem weltweiten Prozess der ökonomischen und sozialen Lebensverbesserung breitester Bevölkerungsschichten, mithin von der Übernahme einer mit der modernen Form des demokratischen Rechtsstaates eng verbundenen marktwirtschaftlichen Logik, nach der jeder Mensch auf der Welt sich durch Leistung im Prinzip die Optionen erschließen kann, die alle anderen Menschen haben. Was den sich auf die Menschenrechte berufenden Staat weltweit attraktiv macht, ist die mit ihm verbundene auf die Aufholung jeglicher ökonomischer Rückstände zwischen Kulturen gerichtete gesellschaftliche Fortschrittsdynamik. Die Japaner erreichten durch die Übernahme westlicher Produktionsmethoden und den Aufbau eines allen Modernitätsstandards genügenden Netzes von Handels- und Finanzbeziehungen ein Wirtschaftswachstum, wie es zuvor in der ganzen Neuzeit nur im westlichen Kulturraum gesehen worden war. Ja, sie überholten die westlichen Volkswirtschaften und wurden aufgrund des wesentlich von ihnen aufgebauten asiatischen Wirtschaftsraumes alsbald von anderen, zuvor völlig unterentwickelten Ländern ihrerseits noch einmal überholt. England hatte 58, die USA hatten 47 Jahre gebraucht, um die Pro-Kopf-Produktivität ihrer Bevölkerung zu verdoppeln, Japan schaffte es in 33 Jahren, Indonesien dann ab den 80er Jahren in 17, Südkorea in 11 und China mit seinem Drittel der Menschheit in 10 Jahren. In den 80er und der ersten Hälfte der 90er Jahre wuchs die chinesische Wirtschaft mit durchschnittlich acht Prozent am stärksten in der ganzen Welt.[4] Eng verbunden mit der Wirkung und Rückwirkung dieser ökonomischen Leistungs- und Entwicklungsexplosion war die Umgestaltung der internationalen Finanzbeziehungen. Schon Anfang der 80er Jahre dienten nicht einmal zehn Prozent der internationalen Kapitalströme noch der Bezahlung von Waren, der Rest waren Spekulation, Geldgeschäfte und Kreditschöpfung. Diese makroökonomische Globalisierung der Wirtschafts- und Finanzbeziehungen, die sich nicht zuletzt dem verdankt, was die OECD das „asiatische Wunder" genannt hat,[5] wirkte auf die westlichen Länder am spürbarsten in dem Rationalisierungs- und Kostensenkungsdruck zurück, dem sie durch Produktionsverlagerung in Länder mit billigeren Arbeitskräften und die Straffung und Internationalisierung ihrer Strukturen zu begegnen versuchen.

Es ist undenkbar, dass die ökonomische Globalisierung langfristig mit einer sozialen Entwicklung verbunden werden könnte, die neben der rechtlichen die ökonomische Gleichheit aller Menschen über den Erdball hinweg zu sichern vermöchte. Denn das würde ja bedeuten, dass die Bürger der verschiedenen Staaten der Erde nicht nur je untereinander, sondern auch im internationalen Vergleich eine Optionenvielfalt gewährleistet bekommen müssten, die zur Angleichung der Lebensverhältnisse auf dem Globus führte. Die industrielle Produktion auf der Erde hat sich seit 1900 etwa verfünfzigfacht, wobei vier Fünftel dieses Wachstums auf den Zeitraum nach 1950 entfallen. Man schätzt, dass bei der zu erwartenden Verdoppelung der Erdbevölkerung im Lauf der nächsten drei bis vier Jahrzehnte[6] die wirtschaftliche Aktivität im globalen Umfang um das Zehnfache zunehmen müsste, wenn den Menschen in den Entwicklungsländern auch nur die Mindestbedingungen des Lebens gesichert werden sollen.[7] Von einer Gewährleistung von Chancen- oder Optionengleichheit im quantitativen Sinn könnte dabei mit Sicherheit keine Rede sein. Abgesehen von der Frage, ob die wachsende Weltbevölkerung jemals die technischen Mittel hervorbringen könnte, um das Ernährungsproblem zu lösen, dürfte die Begrenztheit der natürlichen Ressourcen die Vorstellung eines global allgemein geteilten Optionalismus in jedem Fall ausschließen. Seit der industriellen Revolution vor gut 100 Jahren ist der Kohlendioxidgehalt in der Erdatmosphäre um 25 Prozent angestiegen, wobei heute 80 Prozent des weltweiten Kohlendioxidausstoßes von 25 Prozent der Weltbevölkerung verursacht werden. Um den dadurch prognostizierten Temperaturanstieg, der u.a. die Erhöhung des Meerwasserspiegels mit unabsehbaren Konfliktfolgen verursachen müsste, zu bremsen, müsste der globale Kohlendioxidausstoß bis zum Jahr 2050 halbiert werden; eine Verdoppelung ist hingegen zu erwarten.[8] Wie aussichtslos die Annahme einer geordneten, etwa international koordinierten Zurückführbarkeit solcher Umweltbelastungen wäre, zeigt das Montrealer Protokoll über die Reduktionsrate von FCKW-Emissionen, das den Entwicklungsländern eine Ausnahme von der Reduzierungspflicht gestattet; diese hatten argumentiert, die Industrieländer hätten in der Vergangenheit die Ozonschicht so geschädigt, dass den Entwicklungsländern Proportionalität in der Lastenbeseitigung nicht zuzumuten sei, ja dass sie sogar noch ein zusätzliches zukünftiges Emissionsrecht hätten.[9]

Es gehört zu den sozialökonomischen Bedingungen der universalen Anerkennung der Menschenrechte, dass die im Gefolge des Republikanismus in den westlichen Ländern entstandene Tendenz zum optionalistischen Staatsverständnis zu einer globalen Tendenz wird. Der Optionalismus breiter Bevölkerungsschichten und die Globalisierung des ihm entsprechenden Politikverständnisses werden dazu führen, dass dort, wo Regierungen sich wirklichen demokratischen Wahlen stellen müssen, die Logik der größtmöglichen Ressourcenplünderung und des schnellstmöglichen Aufstiegs eines Landes zum Wettbewerbsführer im Kampf um den Verbrauch von Energie den Inhalt der Politik dominieren wird. Wo der Staat sich zu widersetzen versucht, wird die Abstimmung mit den Füßen, der Wettlauf der Emigranten in den optionalistischen Nachbarstaat, den Rest besorgen.

Sollte mit der universalen Durchsetzung der Menschenrechte die optionalistische Lebenseinstellung des modernen Subjekts zum Überlebensprinzip von Staat und Gesellschaft werden, dann würde dies nach menschlichem Ermessen den Todesstoß für die Idee einer geeinigten Menschheit bedeuten.

Was ist, wenn das Band zwischen universalem Anspruch der Menschenrechte und ökonomischem Fortschritt zweifelhaft wird? Vieles spricht dafür, dass die weltweit virulente Antwort auf diese Frage in der Wendung zu einem oder doch in der ernsthaften politischen Erprobung eines neuen *Autoritarismus* bestehen wird. Singapur hat den Vorreiter gespielt für etwas, das China auf breiter Front und exemplarisch durchzuführen gewillt ist: die staatlich gesteuerte Realisierung eines kapitalistisch orientierten Ökonomismus in Beschränkung auf einen zunächst kleinen, dann tendenziell größeren, immer aber vom Staat zu bestimmenden Kreis von Leistungsträgern unter klarer Zurücksetzung ganzer Landesteile und gewaltsamer Niederhaltung von ganzen Regionen und sozialen Schichten, die von der ökonomistischen Wendung nicht oder lange nicht zu profitieren vermögen. Es gibt genügend liberalistische Stimmen, die diesen Autoritarismus für unausweichlich halten und ihn von westlicher „europäischer“ Sicht her durchaus begrüßen. Dass er aber auf mittlere Sicht auf uns selbst zurückschlagen wird, müssen die Verfechter dieser Einsicht einkalkulieren – und haben sie wahrscheinlich weitgehend akzeptiert. Denn dass man den breiten Massen nicht den schrankenlosen Zugang zu knappen ökonomischen Ressourcen unkontrolliert überlassen kann: Das gilt entweder für alle Länder der

Welt oder gar nicht. Hier wird der rechtliche Universalismus auf den ökonomischen Globalismus zurückwirken, und zwar im Sinne einer Tendenz zur sozialen und ökonomischen Spaltung aller, auch der „europäischen" Gesellschaften.

Die Tendenz zu dieser Spaltung reicht jedoch noch viel tiefer als nur in den sozialen und im engeren Sinne ökonomischen Bereich. Nicht nur die Verteilung der Güter und Lebenschancen, sondern *die Zugehörigkeit zur Menschheit selbst* beginnt eine Angelegenheit von Konkurrenz zu werden. Es gehört zu den faktisch weltweit anerkannten Ergebnissen des biomedizinischen Fortschritts, dass für die Erfüllung des Kinderwunsches von Menschen bei der künstlichen Befruchtung „überzählige" Embryonen „anfallen" und geopfert werden. Die „verbrauchende" Forschung an solchen Embryonen ist in vielen Ländern gesetzlich erlaubt, ihre gezielte Erzeugung zu Forschungszwecken nur in ganz wenigen Staaten, darunter in Deutschland, gesetzlich verboten.[10] Dass es sich bei menschlichen Embryonen nicht um menschliche Lebewesen handelt, kann man nicht ernsthaft behaupten, und dass sie in diesem Kontext als Mittel zu Zwecken „verbraucht" werden, die nicht die ihrigen sind, kann man nicht ernsthaft leugnen. In der Pränataldiagnostik ist es anerkannte Praxis, dass die Entdeckung schwerer „Schäden", die ein Kind aufgrund seiner genetischen Konstitution hat, dazu führt, dass es abgetrieben wird, um Leben von höherer „Qualität" Platz zu machen. Es sind Maßstäbe entwickelt worden, aufgrund derer sich die Gesellschaft darüber verständigt, welches Leben weniger lebenswert als anderes ist und darum für es geopfert werden darf. Diese Maßstäbe entstammen zwar den schwierig zu bewältigenden Implikationen neuester medizinischer Möglichkeiten, aber sie wirken inzwischen zurück auf unser gesamtes Verständnis vom Umgang mit menschlichem Leben. In den Niederlanden wurde 1995 erstmals ein Arzt freigesprochen, der einen schwer kranken Säugling auf Drängen seiner Eltern mit Gift getötet hatte. In Deutschland stellt ein unerwünschtes behindertes Kind nach höchster Rechtsprechung einen Schadensfall dar. Und es ist auch fraglich, ob man wirklich die Konsequenzen der weltweiten Neudefinition des Todes als „Hirntod" ausreichend bedacht hat, einer Neudefinition, die in dem Augenblick wissenschaftlich akzeptabel wurde, als die technischen Methoden der Verwertung von Organen „hirntoter“ Menschen für – zugegebenermaßen wünschenswerte – Zwecke anderer, schwer leidender Menschen dies nahe legten.

Wir beginnen in eine grundsätzlich neue Sicht von der Beziehung zwischen Leben und Person hineinzuwachsen. Was dadurch verloren geht, ist uns noch gar nicht wirklich deutlich geworden. Gewiss hat es zu Abtreibung, Euthanasie und zur Tötung von Menschen überhaupt in früheren Zeiten und in anderen Kulturen andere Auffassungen gegeben als die letztlich durch das Christentum geprägte Überzeugung von der Unantastbarkeit des Lebens. Aber dass menschliches Leben das Leben von Menschen ist und sonst prinzipiell nichts, dass das menschliche Leben also gewissermaßen lückenlos zwischen den jeweils existierenden Menschen „verteilt“ ist: Diese Sichtweise von uns selbst ist über unvordenkliche Zeiten und die verschiedensten Kulturen hinweg bis in die Gegenwart so selbstverständlich gewesen, dass man sie kaum in Worte fassen kann, die nicht trivial klingen. Genau an ihre Stelle jedoch beginnt etwas anderes zu treten, das man im Augenblick nur mit diffusen, am ehesten politischen Kategorien andeuten kann. „Menschliches Leben“ beginnt zu einer Mengenbezeichnung zu werden, zu der unter anderem transplantierbare Organe, eingefrorene Embryonen, nicht reimplantierte totipotente Zellen und alsbald vielleicht geklonte Körperteile gehören werden. „Person“ aber wird damit zu einer Bezeichnung nicht mehr für das Individuum, welches aufgrund seiner natürlichen Abstammung der Gattung homo sapiens angehört, sondern für einen bestimmten Kreis von Trägern menschlichen Lebens, der sich aus Individuen zusammensetzt, die durch Beschluss und Verfahren zur Mitgliedschaft in diesem Kreis zugelassen, also quasi kooptiert worden sind. Es gibt eine bestimmte Masse aktuellen und potentiellen menschlichen Lebens zu verteilen und die Personen stehen vor der Aufgabe, sich über die optimale Lösung des so gegebenen Verteilungsproblems zu einigen und diese Lösung vor den schließlich entstehenden neuen Kollegen verantworten zu können. Da unter diesen Voraussetzungen die neu entstehenden Menschen aber fragen können, warum man denn gerade sie und nicht andere und warum man sie nicht mit einer anderen Ausstattung in die Welt gesetzt hat, dann muss es Kriterien der Rechtfertigung geben und diese Kriterien dürften etwa diejenigen sein, welche aus der heute anhebenden Verständigung über lebenswertes und weniger lebenswertes Menschenleben hervorgehen werden: Freiheit von Leid und Krankheit, Zugang zu möglichst unbeschwerten Glückserlebnissen, optimale Leistungsfähigkeit, sozialverträgliche Persönlichkeit etc. Abschaffung ist nichts anderes als derartige Selbstschaffung des Menschen.

Wenn es in der Menschheit ein Prinzip gegeben hat und noch gibt, das sie vor dem Weg in eine solche Verfassung schützte, dann ist es eben das Prinzip des lückenlosen Respekts vor dem Leben der Person. Die Würde der Person ist, wie sehr man sich in Deklarationen zu ihr bekennen mag, nur genau soweit geschützt wie Personen nicht die Macht haben zu definieren, wer Person ist und wer nicht. Das heißt, dass menschliches Leben vollständig und nach Kriterien, die uns nicht verfügbar sind – also „natürlichen" Kriterien –, zwischen uns aufgeteilt sein muss. Es darf kein „personales Niemandsland" geben, in dem wir potentielles in aktuelles Menschsein per Beschluss zu überführen die Macht haben. Sobald wir uns die Macht aneignen, menschlichem Leben seine Würde zuzuteilen oder nicht, verlieren wir unsere eigene Souveränität und müssen wir uns als Wesen betrachten, die ihr Lebensrecht und ihren Schutz einem politischen Kompromiss und einer Gruppe Gleichgesinnter verdanken, von deren Beschlüssen wir bis in den innersten Kern unserer Existenz und Identität abhängig sind. Die instinktive Gewissheit, dass dies nicht passieren darf, steht sicher eher hinter der elementaren Überzeugung von der „Heiligkeit" des Lebens als die irrationalen, insbesondere religiösen Rudimente, die denen immer wieder unterstellt werden, die sich zu dieser „Heiligkeit", das heißt Unantastbarkeit des menschlichen Lebens bekennen. Unantastbarkeit heißt ganz präzise, dass wir nur in der Abwehr jeden willkürlichen Verfügens über die Grenzen des Menschseins das zu beherrschen vermögen, was Personen zu Personen und uns selbst zu uns selbst macht. Das Recht jedes Menschen auf Leben speist sich zuletzt aus der Notwendigkeit, keinerlei menschliches Leben in einen rechtsfreien Raum fallen zu lassen. Es entspringt nicht einer irrationalen Mystifikation, sondern dem höchst rationalen Bestreben, die ultimative Kollektivierung des menschlichen Lebens zu einer Art nachwachsenden Rohstoffs zu verhindern, auf den sich die, welche schneller sind, vor denen, die auf der Strecke bleiben, den Zugriff sichern.[11]

Neben den auf sozialökonomischem Feld so virulenten Autoritarismus tritt aber zunehmend im ethischen Selbstverständnis der Mitglieder einer ökonomistisch organisierten Gesellschaft ein *Utilitarismus*, für den menschliches Leben nur als Vorrat möglicher Glückserlebnisse und als sich tendenziell ständig entziehende Potenz dynamischer Genusssteigerung fassbar ist. „Menschliches Leben" ist nicht mehr das Leben aller Menschen, so schwierig zu meistern und so belastend für die Mitmenschen es auch sein mag, sondern eine Art Anspruch, der erfüllt werden muss oder, wenn er nicht erfüllt werden kann, lieber durch den Tod ersetzt werden sollte. Der Titel „Person" droht von der Bezeichnung für jeden frei und gleich geborenen Angehörigen des Menschengeschlechts zu einer von der Gesellschaft zu verleihenden Prämie zu werden, die die Tauglichkeit des so ausgezeichneten Subjekts als optimalen Steigerers der Glücksansprüche eines Kollektivs beglaubigt, dem es sein Existenzrecht verdankt. Alles, was die Menschheit auf ihrem Weg zur rechtlichen Einigung erreicht hat, würde durch eine derartige Entwertung der ursprünglichsten und grundlegendsten Rechtskategorie, eben des Titels der „Person" im Unterschied zur „Sache", wieder verspielt.

3. Die neuen Eliten und ihre Kontrolle

Viel entscheidender als das Nachdenken über die „kolonialistische" *Vergangenheit* des Menschenrechtsgedankens wird die Antwort auf die Frage nach den Kolonisierungsfaktoren der *Zukunft* sein, das heißt auf die Frage, ob die neuen Eliten, die sich weltweit zu bilden im Begriff sind, noch auf dem Boden eben des Anerkennungsgeschehens stehen werden, das den Staat auf den Schutz der menschlichen Person als letzter Quelle seiner Legitimität verpflichtet hat. Ob diese neuen Eliten einen Staat akzeptieren werden, der ihren Existenzbedingungen und ihrem Selbstverständnis das Prinzip der Unantastbarkeit der Würde jeder menschlichen Person entgegenhält, wird darüber entscheiden, ob die Menschheit als eine geistig verbundene Gemeinschaft im nächsten Jahrhundert überleben kann. Es gibt auf diese Frage keine theoretisch begründbare Antwort, ja es gibt nicht einmal eine tragfähige Theorie, die uns über den Charakter der sich gerade in unserer Zeit über uns hinweg neu bildenden zivilisatorischen Eliten Aufschluss geben könnte. Man kann zunächst nur versuchen, offensichtliche Gefährdungen, die sich für den Anspruch, der den Menschenrechten innewohnt, aus dem heute virulenten Prozess der Neubildung von Eliten ergeben, zu benennen und sie wenigstens auf eine ihnen gemeinsame Grundtendenz zurückzubeziehen. Diese Grundtendenz scheint mir eben in dem zu bestehen, was ich Optionalismus nenne. Unter den für sie kennzeichnenden Komponenten scheinen mir die folgenden am wichtigsten zu sein:

- *Die Nichtverantwortlichkeit der sich durch die Fähigkeit zur Aufmerksamkeitsweckung definierenden Medieneliten für die Folgen der durch sie geweckten Ansprüche der Mediennutzer:* Schon hat NBC sich zwei Satellitentransponder zur Ausstrahlung ihres Programms in China reserviert[12] und bereits heute wird ein Drittel aller in der Welt ausgestrahlten Nachrichtensendungen in New York fabriziert. Der Durchsetzung der Informations- und Medienfreiheit als bürgerlichen und dem Zugang breiterer Bevölkerungsschichten zu Medien und technischem Standard als Implikation von sozialen Menschenrechten wohnt, ob gewollt oder nicht, die Tendenz zur Übertragung der Lebensformen entwickelter auf weniger entwickelte Länder inne. Für die Frage, wie die so geweckten Ansprüche befriedigt werden könnten, tragen die Eliten der Aufmerksamkeitserzeugung, die sie wecken, keine Verantwortung.

- *Die Nichtverantwortlichkeit der ökonomischen, durch die Kompetenz zur effizienten Umgestaltung der sozialen Lebensverhältnisse definierten Eliten für die Bewältigung der sozialen Folgelasten dieser ökonomischen Umgestaltung:* Die ökonomische Logik der Schaffung möglichst effizienter, kulturübergreifender und kulturelle Strukturen auflösender sozialer Beziehungen wird von einer Elite verwaltet, die für die Verteilung der Lasten, welche sich aus diesen neuen Strukturen ergeben, keine Verantwortung trägt und sie nach den Prinzipien demokratischen Staatsverständnisses auch nicht tragen kann. Die sich schnell entwickelnde

Konzentration der ökonomischen, monetären und finanziellen Strukturen auf ein Oligopol unpersönlicher Machtträger geht mit der zähen Beharrungskraft der sozialen Strukturen einher, in denen die sich aus ihr ergebenden Folgelasten bewältigt werden müssen.

- *Das optionalistische Missverständnis von Chancengleichheit und seine Funktion im Kräftespiel der politischen Eliten:* Die dem Menschenrechtsgedanken fundamental innewohnende Überzeugung von der Gleichwertigkeit aller menschlichen Personen ungeachtet ihrer individuell unterschiedlichen Lebensvoraussetzungen ist im Zuge der Entwicklung des modernen Sozialstaates in ein Missverständnis umgeschlagen, das doch auch mit dem Vertrauen in die humane Bedeutung gesetzlicher Sicherungen zu tun hat, nämlich in das Missverständnis, man könne durch staatliche Gesetzgebung nicht nur den gleichen Respekt vor unterschiedlichen Lebensvoraussetzungen gewährleisten, sondern darüber hinaus die Unterschiedlichkeit der menschlichen Lebensvoraussetzungen sogar überwinden oder im Ergebnis aufheben. Im Zuge dieses Missverständnisses wird Chancengleichheit dann nicht als das Recht auf gleiche Behandlung unterschiedlicher Lebenschancen, sondern als eine Verantwortung der Gesellschaft und des Staates für den Ausgleich von Lebenschancen interpretiert. Dies führt zu einer umfassenden Verrechtlichungslogik, in der die menschlichen Nähebeziehungen, ohne die es konkrete Verantwortung nicht geben kann, in gesetzliche Anspruchsverhältnisse umgewandelt werden. Jeder Bürger wird zum Partner einer universalen Versicherungsgemeinschaft, deren Strukturen er nicht mehr überblickt und die ihm Leistungen abverlangt, deren konkreten Ertrag er nicht überprüfen kann. Die zutiefst humane Forderung nach der Gleichberechtigung unterschiedlicher Vorstellungen von Lebenssinn schlägt um in die inhumane Illusion, man könne durch fortschreitende Gleichberechtigung mit anderen Lebenssinn für sich selbst finden. Politische Eliten werden dann nicht mehr an der ursprünglichen Grundforderung des Menschenrechtsgedankens gemessen, die Vorstellungen der Menschen vom Sinn ihres Lebens zu respektieren, sondern auf den unerfüllbaren Anspruch verpflichtet, durch beständige Vermehrung von Gütern und Optionen einen Lebenssinn erst noch zu erschaffen, der in einer immer mysteriöser beschworenen „Zukunft“ liegt, der den Bürger entgegenzuführen zum ununterscheidbaren Kernsatz der Programme der demokratischen Parteien wird.

- *Die Entkoppelung zwischen Menschsein und Personsein durch das staatlich nur noch schwer kontrollierbare Handeln einer Wissenschaftlerelite:* Der biomedizinische Fortschritt konfrontiert uns mehr als alle anderen Entwicklungen mit dem Problem der Bewahrung unserer Natur als Basis allen Rechts. Das Klonieren von menschlichen Wesen, wenn es denn kommen sollte, würde uns vielleicht mit Ersatzteillagern versehen, die uns beständig eine Vielzahl von Optionen wiedergeben, die wir beim rein natürlichen Ablauf unseres Lebens schon lange nicht mehr hätten. Aber wer Ersatzteillager und wer Empfänger dieser Teile sein soll, wo die Grenze zwischen Herr und Sklave, Person und Tier liegt, das wäre dann völlig in die Macht einer sich jeweils neu bildenden politischen Konstellation von Nutznießern einer Technik gestellt, deren Rohstoffe aus menschlichem Leben bestehen. Und schon heute obliegt nicht nur etwa die Verteilung der transplantierbaren Organe an hilfsbedürftige Patienten einer medizinisch und ökonomisch kompetenten, aber letztlich in keiner Weise demokratisch kontrollierbaren Wissenschaftlerelite, sondern die Frage, welche Techniken überhaupt entwickelt werden und vor welche Optionen die Menschheit durch den biomedizinischen Fortschritt gestellt wird, ist zur Angelegenheit einer Elite geworden, die die Eigendynamik ihres Optionenschöpfungsvorrats gegen jeden staatlichen Begrenzungsversuch zu verteidigen in der Lage ist.

Vielleicht lässt sich die Frage nach der Bedeutung der neuen zivilisatorischen Koalitionen für die Zukunft des Menschenrechtsgedankens am ehesten einer vorläufigen Antwort näher bringen, wenn wir das Augenmerk auf die Träger der genannten bedenklichen Entwicklungen richten, nämlich die ökonomischen, medialen, naturwissenschaftlichen und politischen Eliten, die sich heute über die angestammten nationalen und kulturellen Grenzen auf dem Erdball hinweg zusammenfinden und über die Optionen entscheiden, vor die der Mensch sich gestellt sieht. Diese Eliten sind Machteliten. Anders kann es auch nicht sein. Man kann ihre Macht nicht begrenzen, indem man sie ohnmächtig beklagt, sondern allein, indem man Einfluss auf sie gewinnt und im besten Fall in sie eintritt. Noch hat die Gesellschaft aufgrund des Instruments des allmächtigen, mit Gewaltmonopol ausgestatteten modernen Rechtsstaates die Chance, darüber zu bestimmen, wer zu diesen Eliten gehören soll und wer nicht. Noch kann sie die Kompetenz im Umgang mit kulturellen Werten (früher sagte man: Bildung) zum ausschlaggebenden Kriterium dafür machen, wer in die entscheidenden zivilisatorischen Positionen gelangen soll und wer nicht. Der Kampf um die Menschenrechte war immer ein Kampf um die Unterwerfung der Herrschenden unter den Zwang zum Respekt vor der Einmaligkeit jeden menschlichen Lebens. Wenn dieser Kampf eine sinnvolle Fortsetzung finden soll, dann muss sich unser aller Aufmerksamkeit auf den Prozess richten, innerhalb dessen sich heute und in Zukunft entscheidet, wer zu den Herrschenden gehört. Die Werte, die sich im Ringen um die Seele der Angehörigen der neuen Eliten zu behaupten vermögen, geben uns die Antwort auf die Frage nach der universalen Konsensfähigkeit der Menschenrechtsidee.

Anmerkung

[1] Erklärung zum Weltethos. Die Deklaration des Parlamentes der Weltreligionen, hg. v. H. Küng, K.-J. Kuschel (München–Zürich 1993) = Serie Pieper 1958,20.

[2] Immanuel Kant: Zum ewigen Frieden, in: Werke in sechs Bänden, Bd. VI, Darmstadt 1983, BA 25.

[3] Friedrich der Große: Regierungsformen und Herrscherpflichten (1777), in: Ausgewählte Werke Bd. II/2, Berlin 1918, 26; zitiert nach Hagen Schulze: Staat und Nation in der europäischen Geschichte, München 1994, 94.

[4] Vgl. Samuel P. Huntington: Der Kampf der Kulturen, München/Wien 1996, 157

[5] Vgl. dazu die Einleitung in James H. Tang (ed.): Human Rights and International Relations in the Asia Pacific, London & New York 1995.

[6] Vgl. Charlotte Höhn: Weltbevölkerung – Wachstum ohne Ende? In: Aus Politik und Zeitgeschichte, B 35–36/94, 8 und Josef Schmid: Die wachsende Weltbevölkerung, ebd. 13.

[7] Vgl. Ulrich Steger: Nötige Veränderungen der Rahmenbedingungen, in: Neue Zürcher Zeitung vom 28.2.1990, 43.

[8] Vgl. Thomas W. Bechtler: Globale Umweltpolitik, in: Neue Zürcher Zeitung, 10./11.2.1991, 27.

[9] Udo E. Simonis: Kooperation oder Konfrontation: Chancen einer globalen Klimapolitik, in: Aus Politik und Zeitgeschichte, B 16/92, 29.

[10] Vgl. hierzu mit weiteren Nachweisen mein Forschungsgutachten: *Bioethische Konflikte und ihre politische Regelung in Europa: Stand und Bewertung*, Discussion Paper des Zentrums für Europäische Integrationsforschung der Universität Bonn, C

13 (1998).

[11] Wie nahe wir der Schwelle zu dieser Kollektivierung schon sein mögen, zeigt sich etwa in der „Allgemeinen Erklärung der UNESCO zum menschlichen Genom und zu den Menschenrechten“ vom 20. 12. 1996, in der das Erbmaterial immerhin zum „gemeinsamen Erbe“ der Gattung erklärt worden ist, dessen Bewahrung und Verwaltung in unsere Verantwortung gestellt ist.

[12] Vgl. Claude Chatelain: Der Erdball im Visier des US-Fernsehens, in: Neue Zürcher Zeitung, 2.6.1994, 47.

Jörg Fingerle

Zivilgesellschaft und Kirche[1]

I. Einleitung

Als der französische Gesellschaftstheoretiker Alexis de Tocqueville in den dreißiger Jahren des 19. Jahrhunderts die Vereinigten Staaten von Amerika bereiste, bestaunte er vor allem, wie weitgehend es – bei allen Einschränkungen – dort gelungen war, eine Gesellschaft aus Freiheit zu gestalten. Dabei stellte er fest, dass das Freiheitsbewusstsein der Amerikaner im Glauben begründet war. Er fand nicht nur eine Emanzipation vom Glauben, sondern eine Emanzipation durch Glauben vor.[2]

Wenn wir den Blick in die mitteleuropäische Gegenwart richten, so finden wir eine andere Situation vor. Wir erleben im Moment einen anhaltenden Säkularisierungsschub. Zur Betrachtung internationaler Prozesse – wie es unter dem Begriff Globalisierung geschieht – gehört es auch, wahrzunehmen, dass dies im weltweiten Maßstab eine Ausnahme darstellt. Konzentrieren wir aber einmal den Blick auf Mitteleuropa, so können wir sehr schnell feststellen, dass gesellschaftliches Leben und Religion nicht mehr notwendiger Weise zusammengehören. Dies sagt uns nicht nur der Blick in laizistisch organisierte Staaten.[3] Auch der Blick nach Deutschland belehrt uns eines Besseren: Es ist längst keine Selbstverständlichkeit mehr, dass Themen wie Gesellschaft bzw. Zivilgesellschaft und Kirche zusammengebracht werden. So finden sich nicht wenige zivilgesellschaftliche Konzeptionen, in denen die Kirchen gar nicht mehr auftauchen.[4] Muss es deshalb bereits als Entgegenkommen aufgefasst werden, dass einer der bedeutendsten deutschen Sozialphilosophen der Gegenwart den Kirchen den Stellenwert von Kleintierzüchtervereinen zuweist?[5]

Wie steht es mit den kirchlichen Überlegungen? Hier sehen wir zwar vielerorts eine Auseinandersetzung mit neueren gesellschaftlichen Entwicklungen. Dies gilt vor allem für den Sachverhalt der Individualisierung. In diesem Zusammenhang kommen zuweilen auch Themen ins Blickfeld, die sich mit zivilgesellschaftlichen Konzeptionen beschäftigen. Überwiegend werden sie jedoch als ein externes Phänomen wahrgenommen, das die Kirche nur mittelbar berührt.

Demgegenüber findet sich in der Programmvorschau zu der Tagung die Formulierung: „In den drei Einigungsprozessen – dem deutschen, europäischen und weltweiten – sind den Kirchen wichtige gesellschaftliche Aufgaben zugewachsen. Nun müssen die Kirchen diese öffentliche Aufgabe nicht nur im Gegenüber zum Staat, sondern als intermediäre Institution in der Zivilgesellschaft verstehen und wahrnehmen." Bereits für den europäischen Einigungsprozeß hätte ich meine Zweifel, ob ernsthaft davon ausgegangen werden kann, dass die Kirche eine wichtige gesellschaftliche Aufgabe erhalten hat. Am ehesten gilt dies für den deutschen Einigungsprozeß. Doch auch hier ist diese Aufgabe aufs Ganze gesehen nicht zu überschätzen.

Es entsteht vielmehr der Eindruck als würde hier etwas vorausgesetzt, was einen wünschenswerten Zustand beschreibt, aber noch längst keine Realität besitzt. So viel kann aber gesagt werden: Aus der aktuellen gesellschaftlichen Situation erwächst ein großer Bedarf, die gesellschaftliche Position der Kirche zu stärken. Zwar breitet sich im Übergang zu einem neuen Jahrhundert die Einsicht aus, dass die Muster des alten Jahrhunderts nicht mehr weiterhelfen. Die Individualisierung zeigt ihre Grenzen. Viele erfahren die Probleme am eigenen Leib. Freiheit und Verbindlichkeit werden nicht mehr als sich ausschließende Aspekte des menschlichen Zusammenlebens begriffen. So wird wieder nach den ‚Kohäsionskräften' der Gesellschaft gefragt, nach dem Zusammenhalt im Pluralismus, nach verläßlicher Gemeinschaft in einer Gesellschaft, in denen Vereinzelung eine ernstzunehmende Situation darstellt.

Die Kirche als Interpretationsgemeinschaft[6] großer Überlieferungen, als wichtiger Garant einer Kultur des kollektiven Gedächtnisses ist gefragt, ihren gesellschaftlichen Beitrag zu leisten. Doch die Bedingungen, unter denen sie heute als eine Interpretationsgemeinschaft fungiert, haben sich gründlich geändert. Allzu deutlich tritt uns das vor Augen, wenn wir uns den Hoffnungen zuwenden, die den Berliner Generalsuperintendenten und späteren Bischof Otto Dibelius bewegten: „Man mag zur Kirche stehen, wie man will – die Tatsache, dass wir einem Jahrhundert der Kirche entgegengehen, ist außer Zweifel. Wer das begriffen hat, wird ermessen, was es bedeutet, wenn in dieser Stunde – in dieser Stunde! – dem evangelischen Deutschland eine evangelische Kirche in des Wortes voller Bedeutung geschenkt wird. Wahrlich, es handelt sich um mehr als um eine Verfassungsänderung und um neue Organisationsformen! Das evangelische Deutschland wird hineingerissen in eine Bewegung, die durch die ganze Welt geht."[7] Am Ende des Jahrhunderts mutet diese Euphorie seltsam an. Die Kirche geht ganz in ihrer staatsanalogen Funktion als kultur- und gesellschaftsprägende Kraft auf. Diese Stellung hat sie nicht (mehr) inne. Als Teil einer pluralistischen Gesellschaft hat die Kirche in Fragen der Religion längst ihre Alleinvertretung verloren. Das heißt nun aber gerade nicht, dass sie keine gesellschaftliche Bedeutung mehr hätte und nur noch in der Privatsphäre beheimatet wäre. Im Gegenteil, indem sich die gesellschaftlichen Öffentlichkeiten der Kirche und die Kirche sich den gesellschaftlichen Veränderungen zuwenden, beginnt sich das „und" zwischen der Zivilgesellschaft und der Kirche zu füllen.

Mein Interesse konzentriert sich im Folgenden darauf, die Kirche als einen gesellschaftlichen Akteur ins Gespräch zu bringen. Deshalb werde ich mich darauf beschränken, eine zusammenfassende Skizze der Debatte um die Zivilgesellschaft zu zeichnen. Ich werde vielmehr versuchen, mit dem Konzept der intermediären Institution, die Kirche in der gesellschaftlichen Öffentlichkeit zu positionieren.

II. Zivilgesellschaft

Die zivilgesellschaftliche Debatte hat eine große Resonanz erzeugt. Entsprechend zu der Intensität des Diskussionsprozesses, verbinden sich eine ganze Reihe unterschiedlicher Vorstellungen mit dem Begriff der Zivilgesellschaft.[8] Hierfür dürfte auch die Überschneidungen zwischen deskriptiven und präskriptiven Ansätzen verantwortlich sein.[9] Ein wesentlicher Grund für die Vielstimmigkeit liegt wohl darin, dass hinter dem Begriff verschiedene Theoriestränge stehen. Wolfgang Huber hat in seinem Buch „Kirche in der Zeitenwende“[10] drei solcher Traditionen herausgearbeitet. Demnach weist der Begriff Wurzeln in der angelsächsischen Tradition auf, in der die Zivilgesellschaft vor allem in ihrer Eigenständigkeit gegenüber dem Staat und Markt betont wird. Im Unterschied dazu hat die deutsche Tradition im Begriff der bürgerlichen Gesellschaft einen Ausdruck dafür gefunden, das Verhältnis zwischen Staat und Familie zu bestimmen. Die bürgerliche Gesellschaft ist dabei als ein System von Bedürfnissen zu verstehen und rückt als Subjekt stärker den ‚bourgeois‘ als den ‚citoyen‘ in den Vordergrund. Eine dritte Quelle sieht Huber schließlich in der Oppositionsbewegung osteuropäischer Staaten, die in den Jahren des gesellschaftlichen Umbruchs auf eine größere öffentliche Resonanz gestoßen sind.

Auf dem Hintergrund dieser verschiedenen Interpretationen lassen sich drei wesentliche Elemente herauskristallisieren. Erstens: die Bedingungen zivilgesellschaftlicher Interessenorganisation- und artikulation; zweitens: die Strukturen der gesellschaftlichen Selbstorganisation; drittens: die Kultur der Gestaltung von Öffentlichkeiten.

2.1 Bedingungen zivilgesellschaftlicher Interessenorganisation und –artikulation

Zivilgesellschaft in dem hier verstandenen Sinne bezieht sich auf die Sphäre der politischen Öffentlichkeit. Unter Öffentlichkeit lässt sich mit Huber ganz allgemein „diejenige Dimension aller gesellschaftlichen Lebensvollzüge... [verstehen], in der die allgemein zugängliche Artikulation und gemeinsame Befriedigung von Bedürfnissen, der Austrag kollektiver Interessenkonflikte, die Bestimmung und Veränderung von Lebensverhältnissen für viele Menschen, die Konsensusbildung gesellschaftlich handelnder Gruppen zur Rede stehen.“[11]

Die politische Öffentlichkeit ist in einem Bereich nicht-staatlicher und nicht-ökonomischer Öffentlichkeit angesiedelt. Darüber hinaus ist sie von der Privat-sphäre abgegrenzt. Die Unterscheidung vollzieht sich weniger an einem bestimmten Satz von Themen als vielmehr durch die veränderten Kommunikationsbedingungen. Die Zivilgesellschaft ist ein Teil der politischen Öffentlichkeit. Sie ergänzt, erweiternd wie konkurrierend, den öffentlichen Raum neben den Großorganisationen, wie den Verbänden, Parteien bzw. den Kirchen, und vor allem den Medien, mit ihrem großen gesellschaftlichen Einfluss. Für die zivilgesellschaftliche Verständigung haben Cohen/Arato drei grundlegende Merkmale herausgearbeitet:[12]

Erstens muss gewährleistet sein, dass eine Pluralität von Formen und Inhalten an den öffentlichen Diskursen möglich ist. Darüber hinaus ist zweitens eine Verknüpfung zwischen Öffentlichkeit und Privatsphäre vorauszusetzen, die die Möglichkeit schafft, private Vorstellungen, Interessen und Werte in die Öffentlichkeiten einzubringen. Und schließlich muss gewährleistet sein, dass zivilgesellschaftliche Akteure in ihren Netzwerken auf den verfassungsrechtlichen Grundlagen, d.h. legal, agieren.[13]

2.2 Strukturen der gesellschaftlichen Selbstorganisation

Mit der Vervielfältigung der Organisationsformen verändern sich zweitens die Strukturen der Partizipation. In einer weitgehend vom Staat bestimmten bzw. auf den Staat bezogenen Gestaltung der Öffentlichkeiten, suchen die großen Institutionen bzw. Organisationen den Einfluss auf staatliche Entscheidungen. Durch das zivilgesellschaftliche Engagement organisiert sich die politische Öffentlichkeit in einer größeren Unabhängigkeit gegenüber dem administrativen System. Dies hat den Einfluss der großen Institutionen eingeschränkt. Statt dessen kommen immer neue Formen der Organisation in den Öffentlichkeiten zur Geltung. Damit verändern sich auch Dauer und thematische Einheit der artikulierten Themen und Interessen. Neben den großen, dauerhaften Organisationen nehmen kleine, spontane und themenorientierte Gruppierungen an den öffentlichen Diskursen teil.

Habermas zufolge setzt sich die Zivilgesellschaft „aus jenen mehr oder weniger spontan entstandenen Vereinigungen, Organisationen und Bewegungen zusammen, welche die Resonanz, die die gesellschaftlichen Problemlagen in den privaten Lebensbereichen finden, aufnehmen, kondensieren und lautverstärkend an die politische Öffentlichkeit weiterleiten."[14] Zurecht gibt jedoch Habermas zu bedenken, dass die Zivilgesellschaft nicht allein von kleinen Assoziationen leben kann. Eine Unterscheidung von Peters aufnehmend[15], sind die Kommunikations- und Entscheidungsprozesse auf der Achse von Zentrum und Peripherie angeordnet. Die Assoziationen an der Peripherie der politischen Öffentlichkeit müssen an der Schnittstelle zwischen Privatsphäre und Öffentlichkeit Meinungsbildungsprozesse ermöglichen. Die damit verbundene Resonanzverstärkung muss in die Zentren der politischen und administrativen Öffentlichkeiten vordringen. „Die kommunikativ-verflüssigte Souveränität des Volkes“, so Habermas, „kann sich nicht allein in der Macht informeller öffentlicher Diskurse zur Geltung bringen.“[16] Entsprechend fordert er, dass der Einfluss in formellen Beschlüssen eine autorisierte Gestalt annehmen muss, um politische Macht zu erzeugen.

Mit den zivilgesellschaftlichen Verständigungsprozessen verbindet sich zugleich eine pluralistische, gesellschaftliche Position. Keine Institution, keine Organisation kann für sich den Anspruch auf alleinige Sinnstiftung erheben. Das gilt für religiöse wie nicht-religiöse Institutionen. Diese pluralistische Interpretation der gesellschaftlichen Verständigungsprozesse hat in vielen liberalen Theorien dazu geführt, alle Sinnanbieter in die Privatsphäre zu verbannen. Diesem Mißverständnis ist entgegenzuhalten, dass der öffentliche Raum als ein dynamisches Feld zu begreifen ist, in dem unterschiedliche Institutionen um die Geltung ihrer sinnvermittelnden Ansprüche ringen. Vorausgesetzt wird, dass alle Institutionen gegenüber jeglicher Form der Machtkonzentration skeptisch sind. Das gilt gegenüber der wirtschaftlichen Macht ebenso wie gegenüber der politischen oder medialen Macht. Die zivilgesellschaftlichen Assoziationen leben gerade aus der verweigerten Akzeptanz solcher Konzentrationsprozesse. Sie agieren zugleich mit einer sensiblen Wahrnehmung gegenüber denjenigen, die ihre Interessen nicht oder nur unzureichend artikulieren können und deshalb aus dem gesellschaftlichen Verständigungsprozeß weitgehend ausgeschlossen sind.

Dabei ist jedoch nicht zu vernachlässigen, dass auch eine zivilgesellschaftlich organisierte Öffentlichkeit von Machtstrukturen geprägt ist. Wie sehr solche assoziativen Formen politischer Partizipation für eine Reproduktion staatlicher Macht stehen kann, hat Birgit Sauer an einem der paradigmatischen Beispiele zivilgesellschaftlicher Organisationsformen gezeigt: dem Runden Tisch. Sie macht darauf aufmerksam, dass die Einrichtungen im Übergang von der DDR zur demokratischen Staatsform eine bestehende Machtstruktur aufnahm und weiterführte.[17]

2.3 Die Kultur der Gestaltung von Öffentlichkeiten

Dies ist schließlich drittens damit verbunden, dass die Bürger Verständnis für eine zunehmend selbstverantwortliche Gestaltung des gesellschaftlichen Lebens entwickeln. Mit der Stärkung des gesellschaftlichen Elementes ist auch eine veränderte Einstellung der Bürger gefordert. Darauf legt Michael Walzer wert: „Die zivile Gesellschaft wird daran gemessen, ob sie fähig ist, Bürger hervorzubringen, die wenigstens manchmal Interessen verfolgen, die über ihre eigenen und diejenigen ihrer Genossen hinausgehen, und die über das politische Gemeinwesen wachen, das die Netzwerke und Vereinigungen fördert und schützt.“[18]

Bereits im letzten Jahrhundert hat der Franzose Alexis de Tocqueville in seiner bereits erwähnten Amerikastudie[19] die Bedeutung der politischen Kultur ins Zentrum seiner Überlegungen gestellt.[20] Dabei hebt er, mit Wolfgang Schluchter gesprochen, zwei zusammenhängende Festlegungen in besonderer Weise hervor: „dass das amerikanische Institutionengefüge einer demokratischen Republik auf der selbstständigen Kommune, dem föderativen Aufbau und der unabhängigen richterlichen Gewalt beruhe und dass dieses außergewöhnliche Institutionengefüge nicht durch die guten Gesetze seiner dafür zuständigen Körperschaften erhalten werde, sondern auch, ja vor allem durch die Sitten, die mores, seiner Bürger, durch jene Gewohnheiten des Herzens, in denen das amerikanische Volk innerlich verbunden ist.“[21]

Die demokratische Partizipation versteht A.de Tocqueville nicht als eine sich selbst regenerierende Quelle. Sie gilt es zu pflegen, denn die größte Gefahr für die Demokratie besteht für ihn in der individualistischen Gleichgültigkeit. So hat bereits die Auflösung der Ehre bzw. ihre Verrechtlichung auf der einen Seite und ihre Verinnerlichung auf der anderen Seite zu einer institutionellen Leerstelle geführt.[22] Sie evoziert den Rückzug in die Privatsphäre und die Abkehr von der Öffentlichkeit. Die Privatisierung, nicht die Individualisierung per se, ermöglicht folglich den Despotismus. Tocqueville weiß zugleich um die Unmöglichkeit des einfachen Rückgriffs auf die traditionellen Formen der Vergemeinschaftung. Vielmehr müssen diese traditionellen Formen, wie die Ehre, durch neue Formen ersetzt werden.[23] Dabei haben sie eine zweifache Funktion zu erfüllen: Sie müssen zum einen vor einem übermächtigen Staat schützen, so wie es die Institutionen der Aristokratie in vordemokratischen Gesellschaften leisteten, und zum anderen zur ‚Schule der Demokratie' werden.[24]

Die demokratische Sozialisation kann dabei auf die vorhandenen mores zurückgreifen,[25] deren wichtigste Quelle Tocqueville in der Religion sieht. Die Religion wird für ihn, im Unterschied zu Durkheim, nicht als eine soziale Tatsache und die Götter werden nicht als Symbole für die Gesellschaft verstanden. Tocqueville hat vielmehr die bestimmte christliche Religion vor Augen, begreift sie jedoch ausschließlich in ihrer zivilreligiösen Bedeutung für die politische Legitimation und Integration. „Die Hauptaufgabe der Religionen ist es, die allzu heftige und ausschließliche Neigung zum Wohlergehen, die die Menschen in Zeiten der Gleichheit empfinden, zu läutern, zu regeln und einzuschränken ... Es wird ihnen nicht gelingen, die Menschen von der Liebe zum Reichtum abzubringen; sie können sie aber noch dazu bewegen, sich nur auf eine ehrenhafte Weise zu bereichern."[26] Allein die Religion bietet dem Streben der Menschen nach Wohlstand Einhalt und lenkt ihr Interesse auf die Belange der Öffentlichkeit. Dagegen fördert die ausschließliche Konzentration auf die ökonomischen Verhältnisse den Individualismus als eine selbstgenügsame Daseinsweise.[27]

Für die hier entwickelten Überlegungen ist der Ansatz von Tocqueville – trotz seiner kontextuellen Einbindung – deshalb von großem Interesse, da er die Wurzeln der zivilgesellschaftlichen Einstellungen nicht nur in der Gesellschaft selbst sucht. Denn so wichtig die von allen Gesellschaftsgliedern geteilte Geschichte auch ist, so notwendig fußt die Kultur der gesellschaftlichen Anteilnahme auf den vorgesellschaftlichen Quellen. Insofern ist zunächst einmal Rödel recht zu geben, wenn er die geteilte Erinnerung als soziales Band versteht, das eine Zivilgesellschaft zusammenhält. Diese Erinnerung knüpft Rödel zufolge „an die gemeinsame Geschichte ausgetragener Konflikte und gefundener Konfliktlösungen, die das Vertrauen gibt, auch zukünftig die nicht abreißende Kette von neuen Konflikten im Rahmen einer demokratisch-republikanischen Verfassung gewaltfrei bewältigen zu können."[28] Die gemeinsame Erinnerung ist jedoch nicht alles. Ebenso wichtig für das gesellschaftliche Zusammenleben sind die Werte und Tugenden, von denen die Bürger sich jeweils in ihrer Unterschiedlichkeit getragen und motiviert wissen. Aus diesem Grund hat es eine große gesellschaftliche Bedeutung, dass wertevermittelnde und wertebindende Institutionen, wie die Kirche, im öffentlichen Raum agieren.

III. Intermediäre Institutionen

Die politische Öffentlichkeit demokratischer Gesellschaften existiert nicht einfach nur aus freien Vereinigungen der Bürger, sondern stellt ein komplexes Gebilde zwischen verschiedenen Organisationsformen dar. Dies gilt gerade auch für moderne Gesellschaften, in denen die persönliche Identität weitgehend privatisiert und die durch den für sie typischen Individualismus gekennzeichnet ist. Gerade weil der Weg vom Individuum zur Gesellschaft weit ist, muss er in Etappen aufgeteilt werden. Deshalb ist die Gesellschaft nicht als eine Gemeinschaft von Individuen zu verstehen, sondern als eine Gemeinschaft von Gemeinschaften bzw. als ein Aggregat von Aggregaten.[29] „Diese Ebene des sozialen Raumes kann rein strukturell eben als Zwischenebene verstanden werden. Nach diesem Verständnis schließt sie jede Form institutionalisierten Handelns bzw. jede Organisation, Gruppe und jedes soziale Milieu, die es zwischen den ‚großen' Institutionen einer Gesellschaft und dem Einzelnen gibt, ein."[30] Die Institutionen der Zwischenebene nehmen „eine Vermittlungsposition zwischen staatlichem, privat-gewerblichem und informellem Bereich"[31] ein. Solche Bindeglieder vermitteln also zwischen mindestens zwei gesellschaftlichen Bereichen oder Systemen, deren Austauschprozesse durch Kommunikationsbarrieren behindert oder gar verhindert werden.[32]

3.1 Formen intermediärer Institutionen

Dabei können sie Weinert zufolge entweder als Interessenorganisation oder als regulative intermediäre Institutionen fungieren. Zu den Interessenorganisationen können alle Verbände, Parteien und Bewegungen gezählt werden.[33] Als intermediäre Institutionen sind sie meist auch von einer konkreten Organisation getragen oder haben zumindest als Bewegungen Organisationen.[34] Sie unterscheiden sich anhand der internen Verfahrensgrundlage, der zentralen Ressourcen und des Operationsmodus, also hinsichtlich des funktionalen Imperativs, der das faktische Handeln in letzter Instanz bestimmt. Zugespitzt, so Rucht, „könnte man sagen: Bewegungen sind auf der Empörung ihrer Anhänger beruhende Problemanzeiger, Verbände sind auf eine bestimmte Klientel spezialisierte Interessenmaximierer; Parteien sind von Wahlstimmen abhängige Machterwerbsorganisationen. Sie bedürfen alle der Öffentlichkeit einschließlich der Massenmedien. ... Als Faustregel kann wohl gelten: Je geringer der Grad an Institutionalisierung und Rollenspezifikation und je dürftiger die Ressourcenausstattung, desto stärker die Abhängigkeit von öffentlicher Resonanz."[35] Dabei können die Beteiligungsformen in solchen Organisationen dann wiederum sehr differieren.[36] Gegenüber den Interessenorganisationen rechnet Weinert Institutionen wie die Zentralbank zu den regulativen Institutionen. Sie repräsentieren allgemein Politik und Wirtschaft und üben gerade über ihre Integrationskompetenz einen großen „moralischen Einfluss" aus.[37] Für die Kirchen gilt beides: Sie können zum einen als regulative Institutionen beschrieben werden, die die transzendente Dimension des menschlichen Zusammenlebens gegenwärtig halten; zum anderen agieren sie als intermediäre Institutionen wie Interessenorganisationen in den verschiedenen Öffentlichkeiten.

Intermediäre Institutionen übernehmen also ganz allgemein gesprochen die Doppelfunktion der Repräsentation gesellschaftlicher Ausdifferenzierungsprozesse auf der einen Seite und der Sicherung der gesellschaftlichen Integration auf der anderen Seite.[38] Hierbei ist wichtig, dass neben der vertikalen Interessenvermittlung, der Vermittlung zwischen der Mikro- und Makroebene, auch eine horizontale Vermittlung auf der Mesoebene stattfindet. Mit dem Blick auf die Pluralisierung der Gesellschaft und der damit verbundenen fortschreitenden Entstaatlichung, gewinnt die horizontale Vermittlung immer größere Bedeutung.[39] Für beide Vermittlungsleistungen, vertikale wie horizontale, gilt, dass sie „auf die Erhöhung der Anpassungselastizität des Gesamtsystems ausgerichtet [sind], die vor allem durch die Partizipationserhöhung der Betroffenen realisiert wird."[40]

3.2 Funktionsweisen intermediärer Institutionen

3.2.1 Sinnvermittlung

Intermediäre Institutionen haben zunächst einmal eine deutende Funktion. Als eine solche Institution besteht ihre Aufgabe darin, den Adressaten der Vermittlung Sinn zu vermitteln. Der Begriff Sinn lässt sich unter funktionalen Gesichtspunkten als ein Zusammenhang bestimmen, in dem „eine aktuelle Erfahrung auf der einfachsten Sinnebene als anderen Erfahrungen gleich oder als anders erkannt oder auf der nächst höheren Sinnebene kategorial als typisch ..., als vertraut oder fremd eingeordnet wird.“[41] Bedeutung erhält der Sinn nach Luckmann erst, wenn diese Erfahrungen oder Handlungen in einem neuen Zeichensystem festgelegt oder in ein bestehendes eingefügt wird. Folgt man Luckmanns funktionaler Beschreibung, so lassen sich drei Typen sinnvermittelnder intermediärer Institutionen beschreiben. Sie sind für ihn typische Formen in modernen Gesellschaften: Die Lebensgemeinschaft (Familie), die Gesinnungsgemeinschaft (Soziale Bewegung) und die Beratungsinstitution. Alle drei Aspekte sind für eine kirchentheoretische Untersuchung von großem Interesse. Die demokratietheoretische Ausrichtung lenkt in besonderer Weise den Blick auf den Typus der Gesinnungsgemeinschaft. Gesinnungsgemeinschaften bilden sich nach Luckmann dann aus, „wenn eine von mehreren Menschen geteilte Gesinnung – darunter ist eine Sicht der Welt nicht nur, wie sie ist, sondern vor allem, wie sie sein soll, zu verstehen – gemeinsames Handeln motiviert. Gesinnung verlangt wenigstens ein begrenzt auf dieses Handeln ausgerichtetes gemeinsames Leben. Die Gesinnung kann aber auch von der Art sein, die überhaupt, ohne Einschränkung, zu einem gemeinschaftlichen Leben verpflichtet. Die Gesinnungsgemeinschaft wird so zugleich eine Lebensgemeinschaft, also eben wie die Familie eine im regelmäßig wiederholten unmittelbar wechselseitigen Handeln aufrecht erhaltene dauerhafte soziale Beziehung“[42].

3.2.2 Interessenvermittlung

Neben der Sinnvermittlung gehört die Vermittlung von Interessen zu den grundlegenden Aufgaben intermediärer Institutionen. Unter dem Begriff der Interessen lässt sich trotz seiner Vielschichtigkeit die handlungsrelevante Disposition einer Gruppe bzw. einer Organisation verstehen, durch die ein als erstrebenswert erachtetes Gut bzw. als ein entsprechender Zustand gewahrt oder erlangt werden kann.[43] Die Neo-Korporatismus-Forschung hat sich intensiv mit der Frage beschäftigt, auf welche Weise eine solche Interessenvermittlung stattfindet. „Von (Neo-)Korporatismus lässt sich ... dort sprechen, wo der Balanceakt zwischen den zwei Umwelten verbandlicher Interessenpolitik zu einem balancierten Austausch mit und zwischen denselben wird, in dessen Verlauf die im Pluralismus nur ‚vertretenen' Gruppeninteressen in dem Sinn ‚vermittelt' werden als ihre Organisation sie mit Hilfe erweiterter politischer Einfluss- und organisatorischer Kontrollmöglichkeiten an die strategischen Imperative erfolgreicher Zielverfolgung anzupassen vermag. Hierbei treten Organisationsform und Einflussumwelt, und in letzterer aus den oben dargelegten Gründen besonders der Staat, prinzipiell gleichgewichtig neben die lebensweltlichen ‚Rohinteressen' von politischen Mitgliedern..."[44] In diesem Zusammenhang betont Streeck die enge Verbindung der Verbände zum Staat bzw. zum staatlichen Handeln. So beziehen sich die Interessenvermittlungen, wie sie im Korporatismus verstanden werden, vor allem auf die kollektive Beteiligung organisierter ‚Betroffener' an staatlichen Entscheidungsprozessen. Streeck nennt in diesem Zusammenhang die neuen Politikfelder, wie etwa die Umweltpolitik, in denen staatliche wie nichtstaatliche Akteure gemeinsam agieren.[45]

Indem der Neokorporatismus den Blick auf die intermediären Funktionen von Verbänden konzentriert, grenzt er sie von den zivilgesellschaftlichen Vereinigungsformen ab.[46] Zwei Aspekte verdienen eine besondere Beachtung: Zum einen sind die intermediären Funktionen der Verbände eng mit dem staatlich-administrativen Handeln gekoppelt. Dies ist gerade angesichts des zivilgesellschaftlichen Hintergrundes von großer Bedeutung. Intermediäre Organisationen wie die Verbände stehen im Zentrum der politischen Öffentlichkeit und stehen in einem engen Verhältnis zu den zivilgesellschaftlichen Assoziationen, die an der Peripherie der politischen Öffentlichkeit agieren und eng mit der Privatsphäre verbunden sind. Zum zweiten leben die interessenvermittelnden Verbände von der Bündelung von Interessen. Diese Vermittlung von Interessen hat Rucht in vier Grundfunktionen unterteilt: die Generierung, die Aggregation, die

Transformation und die Artikulation von Interessen.[47] „Generierung soll heißen, dass Interessendispositionen, die an bestimmte soziale Lagen bzw. Deprivationen geknüpft sind, von externer Seite stimuliert, ‚geweckt' oder zumindest bewusst gemacht werden. Aggregation meint die organisatorische Bündelung von zunächst vereinzelten Interessen. Dies setzt Selektionsprozesse im Hinblick auf aggregationsfähige, d.h. nicht völlig inhomogene Interessen voraus. Mit Transformation wird der Aspekt der Reformulierung und Umdeutung von Interessen (bis hin zu deren Verfälschung) bezeichnet. In solche Transformationsprozesse werden strategische Kalküle und Eigeninteressen derer einfließen, die Interessen generieren und aggregieren. Artikulation bedeutet die explizite Darstellung von Interessen gegenüber der eigenen Klientel und vor allen externen Adressaten. Damit verbindet sich zum einen eine Repräsentativfunktion für eine nicht artikulationswillige bzw.– fähige größere Gruppierung, zum anderen die Aufgabe der Weiterleitung von Interessen von Gruppierungen, die nicht unmittelbar am Ort bzw. beim Adressaten der Interessenvertretung präsent sind."[48]

Die Vermittlungsleistungen lassen sich hinsichtlich ihrer gesellschaftlichen Funktion wiederum zwischen der Sozialintegration auf der einen Seite und der Systemintegration auf der anderen Seite unterscheiden. Streeck zufolge bringen sie die Notwendigkeit zum Ausdruck, mit mindestens zwei gleich wichtigen Umwelten zur gleichen Zeit interagieren zu müssen. Auf der einen Seite mit den mehr oder weniger freiwilligen Mitgliedern und auf der anderen Seite mit einer institutionellen Umgebung in der sie Organisationen unter anderen sind. Streeck arbeitet heraus, dass beide Interaktionsweisen einer eigenen Logik unterliegen. Er unterscheidet in diesem Zusammenhang zwischen einer Mitgliedschaftslogik und einer Einflusslogik. Während die Mitgliedschaftslogik eine sozialintegrative Funktion innehat, unterliegt die Einflusslogik den Interpretationen der Systemintegration. Beide Logiken sind nicht notwendig kompatibel. Sie können im Gegenteil zu Widersprüchen und Friktionen führen. Beide Wechselverhältnisse kennzeichnen den kausalen Kontext der Interessenvermittlung. Sowohl in sozialintegrativer wie systemintegrativer Hinsicht lassen sich verschiedene Leistungen intermediärer Institutionen zuordnen: Die Filter- und Schutzleistung sowie die Transfer- und Übersetzungsleistung.

3.2.2.1 Sozialintegration

Intermediäre Institutionen vermitteln zwischen Macht – bzw. Entscheidungszentren und Individuen oder Gruppen. Sie filtern aus der Vielzahl von Interessen bestimmte Interessen heraus. Das Kriterium mit dem sie die Interessen filtern hängt von der Leitidee der jeweiligen Institution ab. Damit wird der Blick auf bestimmte Inhalte gelenkt. Das Filtern schützt die Institution bzw. die agierenden Organisationen davor, entweder irrelevante Einzelinteressen weiterzuleiten oder die Einzelinteressen aufgrund von anders gelagerten Gesamtinteressen zu übergehen. Auf diese Weise werden die Adressaten geschützt, sich mit unwichtigen oder unspezifischen Fragestellungen und Interessen zu beschäftigen.

Soll diese Vermittlung erfolgreich sein, dann bedarf sie, oben wie unten, der Übersetzung in jeweils bekannte Kategorien. Solange sie nicht übersetzt werden, können sie nicht gelesen, d.h. nicht verstanden werden. Mit anderen Worten: Bei der Vermittlung von Einzelinteressen an Entscheidungszentren müssen die jeweiligen Adressaten den Eindruck haben, dass es sich um ihre Interessen handelt. Beides sowohl die Filterung als auch die Übersetzung führt zu einer Beeinflussung und Steuerung von Inhalten. Insofern handeln die intermediären Institutionen bereits auf der sozialintegrativen Ebene politisch.[49]

3.2.2.2 Systemintegration:

Systemintegrative Wirkungen erzielen intermediäre Institutionen dadurch, dass sie zwischen den Großorganisationen vermitteln. Dabei finden vor allem die Interessen Berücksichtigung, die zwischen den Einzelnen Institutionen kommunizierbar sind. Der damit verbundene Vorgang des Filterns, führt zu einer Verknüpfung der unterschiedlichen Interessen. Auf diese Weise schützen sie die Interessen vor dem Verlust. Dies gilt insbesondere für die Interessen, die keine große Lobby aufzuweisen haben. Sie können durch die intermediären Institutionen resonanzverstärkend in die Öffentlichkeit bzw. die verschiedenen Machtzentren vermittelt werden. Das Filtern von Interessen auf der Mesoebene macht zugleich deutlich, dass die Verknüpfung von Einzelinteressen zu einem Machtzuwachs in der Öffentlichkeit führt. Auf diese Weise werden die Einzelinteressen vor der fehlenden Resonanz bewahrt; darüber hinaus besteht in den Entscheidungszentren die Möglichkeit mit einer anderen Interessengemeinschaft zu agieren. Dadurch wird die Entscheidungsfindung und die anschließende Durchsetzung bestimmter Interessen erleichtert und erwartbar.

Dies ist jedoch wiederum nur möglich, wenn durch diese Vermittlung, d.h. den Transfer von Einzelinteressen, eine Übersetzung in übergeordnete und allgemeingültige Fragestellungen erfolgt. Für die Öffentlichkeit muss plausibel sein, dass die artikulierten Einzelinteressen gesamtgesellschaftliche Bedeutung haben. Sonst bleiben die Interessen auf eine kleine Gruppe beschränkt. Der Transfer der Interessen bringt eine Aufweichung der Einzelinteressen mit sich.

IV. Kirche als intermediäre Institution

Das Nachdenken über die intermediäre Funktionsweise der Kirche führt zunächst einmal zu ihrer Rolle in den gesellschaftlichen Öffentlichkeiten. Ihrem Selbstverständnis nach ist die Kirche als regulative intermediäre Institution nicht nur in einem gesellschaftlichen Segment präsent, wenngleich sie vor allem an der kulturellen Kommunikation beteiligt ist.[50] Begründet ist diese Vielfalt insbesondere darin, dass sie von ihrem Selbstverständnis her nicht in gesellschaftlichen Funktionszusammenhängen wurzelt, sondern in einer trans-zendenten Wirklichkeit. Das Verhältnis zwischen dieser transzendenten Gotteswirklichkeit und der Wirklichkeit der Welt hat D.Bonhoeffer in seiner fragmentarisch gebliebenen Ethik pointiert beschrieben.[51] Bonhoeffer unterscheidet dabei zwischen einer Gottes- und einer Weltwirklichkeit. Die in Christus gründende Verknüpfung zwischen der Wirklichkeit Gottes auf der einen Seite und der Wirklichkeit der Welt auf der anderen Seite beschreibt Bonhoeffer mit den Kategorien des Letzten und Vor-Letzten. Demnach ist durch die Selbstoffenbarung Gottes in der Menschwerdung, dem Tod und der Auferstehung Jesu Christi die Wirklichkeit Gottes als letzte Wirklichkeit manifest geworden. Die Wirklichkeit der Welt hat hierdurch den Status des Vor-Letzten erhalten. Mit den Worten Bonhoeffers: „Es gibt also kein Vorletztes an sich, so also dass sich irgendetwas an sich als Vorletztes rechtfertigen könnte, sondern zum Vorletzten wird etwas erst durch das Letzte, das heißt in dem Augenblick, in dem es bereits außer Kraft gesetzt worden ist. Das Vorletzte ist also nicht Bedingung des Letzten, sondern das Letzte bedingt das Vorletzte.“[52] Indem Bonhoeffer das Verhältnis auf diese Weise beschreibt, weist er implizit zugleich auf zwei Sachverhalte hin: Zum einen tritt deutlich das Gefälle zwischen den beiden Wirklichkeiten zutage. Die Wirklichkeit Gottes ist die Bedingung der Welt. Das Verhältnis von Grund und Folge kann nicht umgekehrt werden. Zum anderen führt eben diese Begründung der Welt zu einer Aufwertung derselben. Als vorletzte Wirklichkeit erhält sie ihren Status als Vor-letztes erst aus dem Zusammenhang mit dem Letzten. Möglich ist Bonhoeffer eine solche Interpretation nur deshalb, weil er Vorstellungen ablehnt, die eine Trennung oder eine Identifikation der beiden Wirklichkeiten vorsehen.

Das Verhältnis zwischen Kirche und Gesellschaft darf nun nicht einfach mit dem skizzierten Verhältnis zwischen Gottes- und Weltwirklichkeit identifiziert werden. Die Kirche partizipiert ihrem Selbstverständnis nach an beiden Wirklichkeiten. Sie ist Teil der Gottes- und Weltwirklichkeit. Diese Zuordnung ruft einen Aspekt in Erinnerung, der bei den gesamten Überlegungen eine wichtige Rolle spielt. Die Beschreibung der Kirche als intermediäre Institution ist keine Wesensaussage über die Kirche, sondern ein Ergebnis gesellschaftstheoretischer Überlegungen. Als solche kennzeichnet es die besondere öffentliche Funktionsweise der Kirche. Das Spezifikum der kirchlichen Sinnvermittlung liegt darin, dass sie zwischen diesen beiden Wirklichkeiten vermittelt. Wie sich diese Vermittlung vollzieht, das lässt sich anhand der drei Aspekte der Gottes-erkenntnis, Gerechtigkeit und Barmherzigkeit verdeutlichen.

4.1. Kirche und Gotteserkenntnis

In einer pluralistisch organisierten Gesellschaft begegnet die Kirche auf der Ebene der Gotteserkenntnis einer zweifachen Differenz. Es ist zunächst einmal die Differenz zwischen ihrem eigenen Glaubensverständnis und dem Glaubensverständnis anderer Religionsgemeinschaften. Darüber hinaus hat sie ihr eigenes Glaubensverständnis in Beziehung zur Zivilreligion zu setzen. Zivilreligion lässt sich im Anschluss an Vögele, der selbst auf die Definition von Lübbe zurückgreift, folgendermaßen umschreiben: „Zivilreligion ist das Ensemble derjenigen Bestände religiöser Kultur, die in das politische System faktisch oder gar förmlich-institutionell, wie im religiösen Staatsrecht, integriert sind, die somit auch den Religionsgemeinschaften nicht als ihre eigene interne Angelegenheiten überlassen sind, die unbeschadet gewährleisteter Freiheit der Religion der Bürger unabhängig von ihren konventionellen Zugehörigkeitsverhältnissen auch in ihrer religiösen Existenz an das Gemeinwesen binden und dieses Gemeinwesen selbst in seinen Institutionen und Repräsentanten als in letzter Instanz religiös legitimieren, das heißt auch aus religiösen Gründen anerkennungsfähig darstellen."[53] Das Verhältnis zwischen Kirche und Zivilreligion kann mit Vögele in ein Verhältnis der Komplementarität gebracht werden. Die Aufgabe einer sich öffentlich verstehenden Theologie besteht demnach darin, das Wirken und die Wirkungen des Christentums in die Öffentlichkeit der Gesellschaft hinein zu reflektieren.[54] Darüber hinaus hat die öffentliche Theologie die Brücke zwischen Kirche und Zivilreligion zu schlagen. Dabei geht es nicht darum, dass die Kirche in ihrer Verkündigung zivilreligiöse Inhalte, d.h. commn-sense Inhalte aufzunehmen hat. Vögele bemerkt zurecht, dass dies sowohl dem kirchlichen Selbstverständnis wie ihrem Auftrag widersprechen würde. Vielmehr gehört es in den Bereich der öffentlichen Theologie, „die wahrgenommenen zivilreligiösen Phänomene theologisch zu interpretieren und gegebenenfalls zu kritisieren."[55] Gerade die letzten Jahre haben eine Reihe von Konflikten hervorgebracht, in denen das Verhältnis verschiedener Religionsgemeinschaften an der Gestaltung des öffentlichen Lebens thematisiert wurde.[56] Unter verfassungsrechtlichen Gesichtspunkten ist die Frage nach der Ausfüllung einer grundgesetzlich garantierten negativen wie positiven Religionsfreiheit zur Sprache gekommen.[57]

Die Kirche bringt die Gotteserkenntnis sinnvermittelnd zur Geltung, indem sie die vorherrschenden Rationalitäten mit der Rationalität des christlichen Glaubensverständnisses ins Verhältnis setzt. Das gilt für die ökonomische und politische Rationalität ebenso wie für die Rationalität des sog. „gesunden Menschenverstandes" [58]. Entscheidend ist in diesem Zusammenhang, dass der christliche Glaube als eine eigene Rationalität und nicht nur als eine Irrationalität begriffen wird, der einer ominösen allgemeinen Vernunft gegenübersteht.[59] Gegenüber den verschiedenen Rationalitäten hat die Kirche die Rationalität der Gotteserkenntnis wach zu halten. Es entwickeln sich immer wieder Gefährdungen, wenn sich rationale

Monokulturen ausbilden. Sie führen zu einer Reduktion des Wirklichkeitsverständnisses. Entweder die Weltwirklichkeit wird absolut gesetzt, d.h. von der Gotteswirklichkeit abgelöst. Dann gilt die Rede vom homo academicus, dem homo politicus oder homo oeconomicus. Oder die Weltwirklichkeit wird von der Gotteswirklichkeit ganz aufgesogen, wie es in den religiösen Totalitätskonzeptionen in Erscheinung tritt. Die Gotteserkenntnis ist gegenüber allen diesen Verabsolutierungstendenzen in Stellung zu bringen.

Sozialintegrativ wirkt die Kirche dadurch, dass sie ihren Menschen in der Kirche ein Deutungssystem zur Verfügung stellt, die verschiedenen Rationalitätsanforderungen miteinander zu verbinden. Die Rationalität der Gotteserkenntnis und die vielfältigen anderen Rationalitäten können in das Verhältnis von Gottes- und Weltwirklichkeit eingezeichnet werden. Mit diesem Deutungsangebot vermittelt sie den Menschen die Möglichkeit, mit diesen Pluralitätserfahrungen umgehen zu können. Das kann sie jedoch nur, wenn sie intern das Spezifikum der christlichen Gotteserkenntnis profiliert. Erst in der Begrenzung von Pluralitätserfahrungen kann sie als „Interpretationsgemeinschaft“ [60] zur Geltung kommen und eine Identität ausbilden.

Systemintegrativ vermittelt die Kirche ihre Interessen dahin gehend, dass sie sich stark macht für eine Präsenz des Religiösen in der gesellschaftlichen Öffentlichkeit. Indem sie sich mit anderen Gemeinschaften und Institutionen zusammenschließt, kann sie diese Interessen auch in einer sich säkularisierenden Gesellschaft artikulieren. Die besondere Herausforderung besteht darin, die eigenen Vorstellungen und die damit verbundenen Interessen, Menschen das christliche Glaubensverständnis zu vermitteln, zugunsten eines von vielen geteilten religiösen Verständnisses zurückzustellen. Mit dieser komplexen Situation aus Identität und Verständigung trägt die Kirche wesentlich dazu bei, die Quellen gesellschaftlichen Zusammenlebens offenzuhalten.

4.2. Kirche und konnektive Gerechtigkeit

Auf der Ebene der Gerechtigkeit stehen normative Fragen des gesellschaftlichen Zusammenlebens im Mittelpunkt. „Als ‚normativ‘ seien hier Konflikte bezeichnet, bei denen es nicht allein um konfligierende Interessen, sondern um ‚Grundsätzliches‘ geht, das nicht Gegenstand von Kompromissen sein kann, dessen Verfolgung also eventuelle Niederlagen im Prozess politischer Willensbildung oder judizieller Überprüfung überdauert. Normativen Konflikten liegen unterschiedliche Wertorientierungen und – davon ausgehend – unterschiedliche Situationsdefinitionen zugrunde, die es den Konfliktparteien verwehren, sich auf die Perspektive der anderen einzulassen."[61] Auf dieser normativen Ebene haben rechtliche, insbesondere verfassungsrechtliche Fragestellungen eine besondere Bedeutung. Der Blick richtet sich hierbei auf die Umsetzung materialer und formaler Gerechtigkeitsprinzipien angesichts der Spannung zwischen Verfassungsanspruch und Verfassungswirklichkeit.

Für das christliche Glaubensverständnis ist die Bedeutung der Gerechtigkeit als ‚konnektive Gerechtigkeit' grundlegend. Im biblischen Kontext wird die Gerechtigkeit der Menschen zunächst einmal auf Gott als den Geber der Gerechtigkeit zurückbezogen. Dadurch erhält das Gerechtigkeitsverständnis eine besondere Fundierung und zugleich eine spezifische Akzentuierung. Denn die Parteinahme für die Schwachen wird zum Prüfkriterium für die Realisierung der Gerechtigkeit. Dieses Verständnis von Gerechtigkeit ist zweitens in seiner materialen Form mit den altgriechischen bzw. mittelalterlichen Traditionen verbunden. Es handelt sich bei diesem Gerechtigkeitsverständnis um eine Trias aus Tauschgerechtigkeit, Verteilungsgerechtigkeit und Beteiligungsgerechtigkeit. Während sich die Tauschgerechtigkeit auf die Ermöglichung fairer Austauschbedingungen bezieht, die Verteilungsgerechtigkeit auf die Verteilung von Einkommen, Wohlfahrt und Macht achtet, zielt die Beteiligungsgerechtigkeit „auf den Ausbau und die Entwicklung sozialer Institutionen, die allen die aktive und produktive Mitarbeit am Leben der Gesellschaft ermöglichen."[62] Die Beteiligungsgerechtigkeit ist Huber zufolge die Möglichkeit, die Perspektiven der Schwächeren in den Blick zu nehmen. „Politische Maßnahmen zugunsten der Gerechtigkeit haben ihren entscheidenden Maßstab daran, dass sie die Beteiligungschancen derer erhöhen, die von der Teilnahme am gesellschaftlichen Handeln ausgeschlossen sind."[63]

In sozialintegrativer Hinsicht führt die Interessenvermittlung dazu, dass die Mitglieder anhand des kirchlichen Handelns in rechtlicher wie organisatorischer Hinsicht ein Feld vorfinden, in dem normative Fragestellungen auf dem Hintergrund des Glaubensverständnisses behandelt werden. In dieser Perspektive gilt für das Organisationshandeln, was Huber über die Eigenständigkeit und Eigengeartetheit des Kirchenrechts schreibt: „Das Kirchenrecht gehört in den Bereich des menschlichen Antworthandelns. Die Antwort der Menschen auf die Anrede durch Gott aber ist selbst von jeder Vergöttlichung freizuhalten; sie ist allein eine Tat des Menschen.“[64] Dementsprechend bedeutet die Eigenständigkeit des Kirchenrechts, dass die Kirche auskunftsfähig darüber ist, „aus welchen Gründen – beispielsweise im besonders sensiblen Bereich dienstrechtlicher und gehaltsrechtlicher Bestimmungen – bestimmte Regelungen aus anderen gesellschaftlichen Bereichen ... übernommen werden und an welchen Stellen um der Aufgaben der Kirche willen davon abweichende Regelungen notwendig sind. Entscheidend für Eigenständigkeit und Eigengeartetheit des kirchlichen Rechts ist, dass Klarheit über die *Transformationsregeln* besteht, die bei der Rezeption staatlichen Rechts und anderer gesellschaftlicher Regelungen in den Bereich der Kirche angewandt werden.“ (Hervorhebungen im Original, JF)[65] In dieser Transformation ist der exemplarische Charakter des Kirchenrechts begründet. Exemplarisch meint dabei nicht, dass es von Mängeln frei ist. Exemplarisches Recht ist es vielmehr, „weil es auf die Erschließung des Weltbezugs Gottes in Jesus Christus antwortet, der als Herr Knecht wurde, um den Menschen ein Leben in der Freiheit der Kinder Gottes und in wechselseitigem Dienst zu ermöglichen.“[66]

In systemintegrativer Hinsicht orientiert sich das kirchliche Handeln daran, die Gerechtigkeitsprinzipien unter dem Primat der Option für die Schwachen zu realisieren. Dabei erwächst ihr auf dem Hintergrund der zivilgesellschaftlichen Verfassung der Öffentlichkeit eine wichtige Funktion. Zusammen mit anderen Großorganisationen und Verbänden hat sie dafür Sorge zu tragen, dass die resonanzschwachen Interessen verstärkt werden. Dabei bringt sie zum einen eigene Interessen ein und hat in diesem Sinne einen vergleichbaren Status wie andere Interessenverbände oder Parteien auch. Dem Selbstverständnis nach steht sie zugleich am Rand der Öffentlichkeit und kann insofern von ihren eigenen Interessen abstrahierend die schlecht organisierten oder schwachen Interessen stärken. Im Extremfall kann es dabei auch zu Handlungen des zivilen Ungehorsams kommen.[67] Entscheidend dabei ist, dass es sich bei diesen öffentlich und symbolisch eingesetzten Regelverletzungen zwar um einen Rechtsbruch handelt, der sich aber nicht gegen die Verfassungsverhältnisse im Ganzen richtet, sondern gegen bestimmte Einzelunterscheidungen. Das Verständnis konnektiver Gerechtigkeit findet auf diese Weise eine Analogie im öffentlichen Handeln der Kirche.

4.3. Kirche und Barmherzigkeit

Auf der Ebene der Barmherzigkeit handelt es sich vor allem um Fragen des Lebensalltages. Im Zentrum der zivilgesellschaftlichen Überlegungen steht dabei das Zusammenwirken verschiedener sozialer Milieus. Die Individualisierung und Pluralisierung der Lebenswelt hat nur vordergründig zu einer Auflösung von Sozialstrukturen geführt. Es haben sich entlang veränderter Kategorien neue Mechanismen gesellschaftlicher Distinktion gebildet. Die „‚Entökonomisiertheit‘ und lebensphasenspezifische Differenziertheit lassen die sozioökonomischen Verhältnisse an der lebensweltlichen Oberfläche lediglich weniger deutlich erscheinen.“[68] Die Pluralität der Lebensstile führt nicht zu einem Jenseits von Stand und Klasse, sondern hat lediglich zu einer Verfeinerung der Unterschiede geführt.

Unter den Bedingungen der Moderne hat Barmherzigkeit den Namen ‚Solidarität‘ erhalten. Die Solidarisierung mit den Menschen, die an den Rand der Gesellschaft geraten sind, beruht auf zwei Voraussetzungen. Sie ist praktizierte Verbundenheit trotz vorhandener Unterschiede; Solidarität überbrückt Statusunterschiede in der Gesellschaft. Und sie ist praktizierte Verbundenheit wegen vorhandener Unterschiede; sie widersteht der ungleichen Beeinträchtigung elementarer menschlicher Rechte und Interessen.[69] Solidarität trägt den Charakter grenzüberschreitender Anteilnahme. Solidarisches Handeln setzt also die Fähigkeit voraus, den eigenen Standpunkt zu verlassen und sich auf die Lebensbedingungen und die Lebenswelt anderer einzulassen. Solidarisches Handeln gelingt nicht ohne die Bereitschaft, die Relativität der eigenen Perspektive zu erkennen und in freier Selbstzurücknahme die Lebensperspektive anderer in den Blick zu nehmen. Darin geht die Solidarität über die Gerechtigkeit hinaus. Das darf aber nicht darüber hinweg täuschen, dass die solidarische Zuwendung einem umfassenden Ziel dient: der Gerechtigkeit für alle. Demnach geschieht auch die Solidarität nicht um ihrer selbst willen, sondern um der Gerechtigkeit willen.

Für das christliche Glaubensverständnis ist es entscheidend, dass die unterschiedlichen sozialstrukturellen Positionierungen keine grundlegenden Aussagen über die Würde und den Wert eines Menschen fällen. Barmherzigkeit, wie es im christlichen Glauben heißt, bezieht sich nicht auf eine einzelne Tat. Barmherzigkeit meint vielmehr, dass die Wahrnehmung anderer Perspektiven in das eigene Handeln übernommen wird. Es nimmt habituelle Züge an. Das heißt, die barmherzige Haltung der Menschen ist von ihrem Selbstverständnis her als eine Handlungsgrammatik zu verstehen. Insofern gelten die Überlegungen, die Liebau für alle habituellen Handlungsformen entwirft, auch für das barmherzige Handeln, das seinen Grund und seine Quelle im christlichen Glaubensverständnis hat: „Die Handlungsformen werden nicht durch die Anforderungen der je aktuellen, konkreten Situation bestimmt; sie sind nicht nur aus der Situation heraus verständlich, sondern Handlungsformen sind aufgrund ihres Systemcharakters und aufgrund der in sie eingehenden Erfahrungsgeschichte gekennzeichnet, durch relative Unabhängigkeit von den äußeren Determiniertheiten der mittelbaren Gegenwart.“[70]

Als intermediäre Institution wirkt die Kirche sozialintegrativ, indem sie den Unterschied zwischen der Würde der Person und ihre Stellung in der Gesellschaft zur Sprache bringt. Damit werden sozialstrukturelle Konfliktlagen nicht befriedet, jedoch in ein verändertes Licht gerückt. Gerade diese Deutung führt dazu, sich nicht mit dem Status quo anzufreunden, sondern die Hoffnung auf eine Gerechtigkeit für alle präsent zu halten. Die Strukturen der Gesellschaft werden so nicht einfach nur zugeordnet, sondern auf die Unterscheidung zwischen der Gottes- und Weltwirklichkeit bezogen. Die Gesellschaft selbst ist ein Teil der in und durch die Person Jesu Christi angenommenen und versöhnten Wirklichkeit. Aus der kontrafaktischen Hoffnung heraus entwickelte sich etwa eine Theologie der Befreiung, die den Menschen am Rande der Gesellschaft zuerst einmal das Selbstverständnis vermittelte, die eigenen Interessen für artikulationswürdig zu erachten. Erst auf dieser Grundlage war es diesen Menschen möglich, ihre Interessen auch zu organisieren.

Systemintegrative Vermittlung leistet die Kirche dadurch, dass sie trotz der verfeinerten gesellschaftlichen Unterschiede, die Sensibilität für die stummen Interessen behält und sie ins Zentrum der politischen Öffentlichkeit vermittelt.

Auf diese Weise führt sie die Menschen in die Gesellschaft zurück und verhindert, dass sie im Bewusstsein der Gesellschaft verloren gehen. Indem die Kirche diese Funktion übernimmt, handelt sie nicht ohne Interessen. Ihre Interessen orientieren sich aber nicht an der eigenen Existenz, sondern an dem gerechten und guten Leben aller Menschen. Gerade darin erweist sich die Kirche als eine Institution, deren Grund in der Wirklichkeit Gottes liegt und nicht in der Erfüllung gesellschaftlicher Funktionen.

Anmerkung

[1] Überarbeiteter Vortrag auf dem Symposium zur ökumenischen Sozialethik „Kirche(n) und Gesellschaft", 12.–14.Juli 1999.

[2] Vgl. Tocqueville, Alexis de, Über die Demokratie in Amerika. Ausgewählt und hg. von J.P.Mayer, Stuttgart 1994.

[3] Vgl. etwa Hervieu-Léger, Danièle, Die Vergangenheit in der Gegenwart: Die Neudefinition des „laizistischen Paktes" im multikulturellen Frankreich, in: Berger, Peter L., Die Grenzen der Gemeinschaft. Konflikt und Vermittlung in pluralistischen Gesellschaften. Ein Bericht der Bertelsmann Stiftung an den Club of Rome, Gütersloh 1987, 85–153.

[4] Vgl. etwa Frankenberg, Günter, Die Verfassung der Republik. Autorität und Solidarität in der Zivilgesellschaft, Frankfurt/M. 1997, 58ff.

[5] Vgl. Habermas, Jürgen, Faktizität und Geltung. Beiträge zur Diskurstheorie des Rechts und des demokratischen Rechtsstaats, Frankfurt/M. 1992; vgl. zur Kritik an der Position von Habermas: Welker, Michael, Kirche im Pluralismus, Gütersloh 1995.

[6] Vgl. Schüssler Fiorenza, Francis, Die Kirche als Interpretationsgemeinschaft. Politische Theologie zwischen Diskursethik und hermeneutischer Rekonstruktion, in: Arens, Edmund (Hg.), Habermas und die Theologie. Beiträge zur theologischen Rezeption, Diskussion und Kritik der Theorie kommunikativen Handelns, Düsseldorf [2]1989, 115–144, bes. 132ff.

[7] Dibelius, Otto, Das Jahrhundert der Kirche. Geschichte, Betrachtung, Umschau und Ziele, Berlin [3]1927, 192.

[8] Zur begrifflichen Vielfalt bereits 1993: Soosten, Joachim von, Civil Society. Zum Auftakt der neueren demokratietheoretischen Debatte mit einem Seitenblick auf Religion, Kirchen und Öffentlichkeit, in: ZEE 37 (1993), 139–157, 139: „Der Konjunktur des Begriffs in der politischen Tagesrhetorik steht die Polyphonie in der Frage der theoretischen Fassung des Begriffs und der jeweils dahinter stehenden Demokratiekonzepte gegenüber."

[9] Vgl. Bedford-Strohm, Heinrich, Kirche in der Zivilgesellschaft, in: Weth, Rudolf (Hg.), Was hat die Kirche heute zu sagen?. Auftrag und Freiheit der Kirche in der pluralistischen Gesellschaft, Neukirchen-Vluyn 1998, 92–108, 99f.

[10] Huber, Wolfgang, Kirche in der Zeitenwende. Gesellschaftlicher Wandel und Er-

neuerung der Kirche, Gütersloh 1998.

[11] Huber, W., Kirche und Öffentlichkeit (FBESG Bd. 28), München ²1991, 25; vgl. auch ders., Öffentliche Kirche in pluralen Öffentlichkeiten, in: Ev.Theol. (54) 1994, 157–180.

[12] Vgl. Cohen, Jean/Arato Andrew, Civil Society and Political Theory, Cambridge Mass, 1992, 346.

[13] Vgl. dazu: Frankenberg, Günther, Die Verfassung der Republik, 55: „Sie unterscheiden sich damit wesentlich von Vereinigungen, die hierarchisch sind, sich als Geheimbünde organisieren oder sich als Avantgarde verstehen, die kraft ihres vermeintlich überlegenen Wissens zur Stellvertretung aller anderen befugt sei, und insbesondere von Organisationen, die darauf aus sind, Grundrechte, Verfassung und Demokratie in den Dienst eines ‚eingebildeten Kollektivs' zu stellen, wie etwa des Volkes, der Nation oder der Rasse." Die Frage des zivilen Ungehorsams kann hier ausgeblendet werden; vgl. im Unterschied zu Frankenberg: Habermas., J., Faktizität und Geltung, 463.

[14] Habermas, J., Faktizität und Geltung, 443.

[15] vgl. Peters, B., Die Integration moderner Gesellschaften, Frankfurt/M. 1993, zitiert in: Habermas, J., Faktizität und Geltung, 429ff.

[16] Habermas, J., Faktizität und Geltung, 449f.

[17] Vgl. Sauer, Birgit, Der „Runde Tisch" und die Raumaufteilung der Demokratie. Eine politische Institution des Übergangs, in: Nedelmann, Birgitta (Hg.), Politische Institutionen im Wandel (KZfSS 1995 [SH35]), 108– 125, 124: „Der Runde Tisch tradierte Formen der Konspiration und der Geschlossenheit, die dem Politbüro der SED ebenso zu eigen waren, wie den sicherheitspolitischen Entscheidungen parlamentarischer Demokratien. Der Runde Tisch beteiligte sich auf diese Weise an der Produktion des Mythos der Demokratie als einem Aushandlungsprozeß freier, gleicher, rationaler Bürger und neuerdings Bürgerinnen, weil er Herrschaftsstrukturen auch der Zivilgesellschaft nicht thematisierte, sondern sie im Tischrund gewissermaßen aufgehoben sah. Der Runde Tisch hatte dadurch letztlich depolitisierende Wirkung. Der ‚Strukturwandel der Öffentlichkeit' im Übergang von der DDR zur BRD lässt sich somit weniger als Ent- denn als Re-Feudalisierung durch Parteien beschreiben."

[18] Walzer, Michael, Was heißt zivile Gesellschaft?, in: Brink, Bert van den/Reijen, Wilhelm van (Hg.), Bürgergesellschaft, Recht und Demokratie, Frankfurt/M., 1995, 66.

[19] Tocqueville, Alexis de, Über die Demokratie in Amerika. Ausgewählt und hg. von J.P. Mayer, Stuttgart 1994.

[20] Vgl. Forst, Rainer, Kontexte der Gerechtigkeit. Politische Philosophie jenseits von Liberalismus und Kommunitarismus, Frankfurt/M. 1996, 182.

[21] Schluchter, Wolfgang, Neubeginn durch Anpassung? Studien zum ostdeutschen Übergang, Frankfurt/M., 1996, 8.

[22] Vgl. Tocqueville, A. de, Über die Demokratie in Amerika, 266–282. Zur grundlegenden kultursoziologischen Bedeutung der ‚Ehre bei Tocqueville: Zingerle, Arnold, Ehre und Demokratie. Überlegungen im Anschluss an Alexis de Tocqueville, in: Pankoke, Eckart (Hg.), Institution und technische Zivilisation. Symposion zum 65.Geburtstag von Johannes Chr. Papalekas (Soziologische Schriften; 52), Berlin 1990, 231–251.

[23] Vgl. Forst, R., Kontexte der Gerechtigkeit, 181f.

[24] Vgl. Forst, R., Kontexte der Gerechtigkeit, 182.

[25] Vgl. Tocqueville, A. de, Über die Demokratie in Amerika, 184: „Ich nehme hier den Ausdruck *Sitten* in dem Sinne, den die Alten dem Wort *mores* geben; ich wende ihn nicht nur auf die eigentlichen Sitten an, die man Gewohnheiten des Herzens nennen konnte, sondern auf die verschiedenen Vorstellungen, die die Menschen besitzen, die verschiedenen Meinungen, die unter ihnen gelten, und auf die Gesamtheit der Ideen, aus denen die geistigen Gewohnheiten sich bilden." (Hervorhebungen im Original, JF)

[26] Tocqueville, A. de, Über die Demokratie in Amerika, 233.

[27] Vgl. Tocqueville, A. de, Über die Demokratie in Amerika, 238ff.

[28] Rödel, Ulrich, Der aktuelle Diskurs um die Zivilgesellschaft, in: Schröer, Andreas, Die Zukunft der Bildung in der Zivilgesellschaft. Beiträge der Tagung vom 4. Bis 6. November 1996 (Protokolldienst 7/98), Bad Boll 1998, 12–26, 21.

[29] Streeck, Wolfgang, Vielfalt und Interdependenz. Überlegungen zur Rolle von intermediären Organisationen in sich verändernden Umwelten, in: KZfSS 39 (1987), 471–495, 471.

[30] Luckmann, Th., Moral im Alltag, Sinnvermittlung und moralische Kommunikation in intermediären Institutionen. Gütersloh 1998, 35.

[31] Angerhausen, Susanne u.a., In „guter Gemeinschaft"? Die sozial-kulturelle Verankerung von intermediären Organisationen im Sozialbereich der neuen Bundesländer, in: Sachße, Christoph (Hg.), Wohlfahrtsverbände im Wohlfahrtsstaat. Historische und theoretische Beiträge zur Funktion von Verbänden im modernen Wohlfahrtsstaat, Kassel 1994, 115– 154, 120; Vgl., Eichener, Volker u.a. Determinanten der Formung organisierter Interessen in den neuen Bundesländern, in: ders., u.a. (Hg), Organisierte Interessen in Ostdeutschland (Probleme der Einheit, 2. Halbband), Marburg 1992, 545–582, 545: „Als intermediäre Organisationen vermitteln die Verbände zwischen Markt und Staat bzw. zwischen privater und öffentlicher Sphäre in beiderlei Richtungen:
- Einerseits dienen Verbände zur Artikulation der Interessen ihrer Mitglieder gegenüber dem politisch-administrativen System. ...
- Verbände beschränken sich jedoch nicht nur darauf, auf staatliche Entscheidungen durch pressure einzuwirken, sondern sie sind selbst an der Produktion verbindlicher Entscheidungen beteiligt, oder sie treffen sie sogar ‚am Staat vorbei' ... in Eigenregie."

[32] Vgl. Rucht, Dieter, Parteien, Verbände und Bewegungen als Systeme politischer Interessenvermittlung (Veröffentlichungsreihe der Abteilung Öffentlichkeit und soziale Bewegung, des Forschungsschwerpunktes ‚Sozialer Wandel, Institutionen und Vermittlungsprozesse' des Wissenschaftszentrums Berlin für Sozialforschung), Berlin 1991, 5.

[33] Vgl. Rucht, D., Parteien, Verbände und Bewegungen als Systeme politischer Interessenvermittlung, 11ff.

[34] Heberle, Rudolf, Hauptprobleme der Politischen Soziologie, Stuttgart 1967, 10: „Es gibt zwar in jeder wichtigeren, entfalteten sozialen Bewegung organisierte Gruppen, aber Bewegung als Ganzes ist typischerweise nicht organisiert.", zitiert bei: Rucht, D., Parteien, Verbände und Bewegungen als Systeme politischer Interessenvermittlung , 11, Anm. 25.

[35] Rucht, D., Parteien, Verbände und Bewegungen als Systeme politischer Interessenvermittlung, 16.

[36] Angerhausen, Susanne u.a., In „guter Gemeinschaft"? Die sozial-kulturelle Verankerung von intermediären Organisationen im Sozialbereich der neuen Bundesländer,

117: „Als spezifischer Personenkreis, auf den sich eine intermediäre Organisation bezieht, sind entweder Mitglieder, Adressaten, Klienten oder Einzelne Bevölkerungsgruppen anzusehen. Der sozialräumliche Wirkungskreis intermediärer Organisationen kann sich auf die Nachbarschaft, den lokalen oder regionalen Bereich sowie auf die Landes- oder Bundesebene beziehen. Hierbei ist zu berücksichtigen, ob es sich entweder um lokal tätige Initiativen, um Fachverbände, wie die Volkssolidarität oder den Allgemeinen Behindertenverband, ... oder um Spitzenverbände handelt, die im gesamten Bundesgebiet präsent sind."

37 Weinert, R., Intermediäre Institutionen oder die Konstruktion des „Einen", 242.

38 Weinert, R., Intermediäre Institutionen oder die Konstruktion des „Einen", 240f.

39 Rucht, D., Parteien, Verbände und Bewegungen als Systeme politischer Interessenvermittlung, 17: „Die primär vertikal differenzierte ständisch-korporatistische Gesellschaft wird im Zuge des epochalen Demokratisierungsprozesses auf eine primär horizontale Differenzierung umgestellt. Damit schwinden auch privilegierte Zugänge zur Politik. Mit der horizontalen Binnendifferenzierung der bürgerlichen Gesellschaft vermehren sich die u.a. durch Berufsgruppe, Wohnort, Lebenslage, Lebensalter, spezifische Belastungen markierten Ansatzpunkte politischer Interessenorganisation."

40 Weinert, R., Intermediäre Institutionen oder die Konstruktion des „Einen", 242.

41 Luckmann, Th., Moral im Alltag, 19f.

42 Luckmann, Th., Moral im Alltag, 39.

43 Rucht, D., Parteien, Verbände und Bewegungen als Systeme politischer Interessenvermittlung, 5.

44 Streeck, W., Einleitung des Herausgebers, 17.

45 Vgl. Streeck, W., Einleitung des Herausgebers, 18.

46 Streeck, W., Einleitung des Herausgebers, 12; vgl. Czada, Roland, Konjunkturen des Korporatismus: Zur Geschichte eines Paradigmenwechsels in der Verbändeforschung, in: Streeck, W. (Hg.), Staat und Verbände. Politische Vierteljahresschrift SH 25 (1994), 37–64, 38: „Pluralistische ‚pressure groups' sind souverän, nur an die speziellen Interessen ihrer freiwilligen Mitglieder gebundene Handlungseinheiten. Die Wirklichkeit der verbandlichen Interessenverbände sind in weitläufige Beratungs- und Entscheidungsnetzwerke eingebunden, die oft von Regierungen geschaffen wurden oder von ihrer Unterstützung abhängen."[46]

47 Rucht, D., Parteien, Verbände und Bewegungen als Systeme politischer Interessenvermittlung, 7.

48 Rucht, D., Parteien, Verbände und Bewegungen als Systeme politischer Interessenvermittlung, 7.

49 Vgl. Weinert, R., Intermediäre Institutionen oder die Konstruktion des ‚Einen', 241.

50 Huber, W., Öffentliche Kirche in pluralen Öffentlichkeiten, 164ff.

51 Bonhoeffer, Dietrich, Ethik (DBW 6), hg. von Ilse Tödt u.a., München 1992.

52 Bonhoeffer, D., Ethik, 151.

53 Vögele, W., Zivilreligion in der Bundesrepublik Deutschland (Öffentliche Theologie; 5), Gütersloh 1994, 419f.

54 Vgl. Vögele, W., Zivilreligion in der Bundesrepublik Deutschland, 419f.

55 Vögele, W., Zivilreligion in der Bundesrepublik Deutschland, 429f.

56 Vgl. Huber, W., Auftrag und Freiheit der Kirche in der pluralistischen Gesellschaft, in: Weth, R. (Hg.), Was hat die Kirche heute zu sagen? Auftrag und Freiheit in der pluralistischen Gesellschaft, Neukirchen-Vluyn 1998, 11–29, 23ff.

57 Vgl. Huber, W., Kirche in der Zeitenwende, 311ff.

[58] Vgl. Welker, M., Gottes Geist 19f., 40ff; ders., Schöpfung und Wirklichkeit, 26.

[59] Vgl. Für eine Zukunft in Solidarität und Gerechtigkeit. Wort des Rates der Evangelischen Kirche in Deutschland und der Deutschen Bischofskonferenz zur wirtschaft lichen und sozialen Lage in Deutschland, Hannover/Bonn 1997, 9: „Heute ist die Gefahr groß, dass die Wettbewerbsfähigkeit auf Kosten der sozialen Sicherung gestärkt werden soll. Nicht nur als Anwalt der Schwachen auch als Anwalt der Vernunft warnen die Kirchen davor, den Pfeiler der sozialen Sicherung zu untergraben."

[60] Schüssler-Fiorenza, F., Die Kirche als Interpretationsgemeinschaft, 132f: „Mein Vorschlag lautet, dass Kirchen als Interpretationsgemeinschaften des substantiellen normativen Potentials ihrer religiösen Tradition einen solchen institutionellen Ort bereitstellen können. Als religiöse Gemeinschaften sind die Kirchen beständig dabei, das normative Potential ihrer Tradition zu interpretieren. ... Freilich muss diese Interpretationsaufgabe unter den Bedingungen der Fallibilität sowie der Moderne stattfinden, innerhalb deren sich die Kirchen in der Gesellschaft etablieren. Sie muss sowohl die Transformationen der Religion und der Theologie in Betracht ziehen, die Teil des Rationalisierungsprozesses sind, als auch die Fragen, die sich aus den gegenwärtigen Debatten über die Gerechtigkeit und den öffentlichen Bereich ergeben."

[61] Kaufmann, Franz-Xaver, Normative Konflikte in Deutschland: Basiskonsens, Wertewandel und soziale Bewegungen, in: Berger, P.L., Grenzen der Gemeinschaft, 155-197, 156.

[62] Huber, W., Gerechtigkeit und Recht, 195.

[63] Huber, W., ebd.

[64] Huber, W., Gerechtigkeit und Recht, 430.

[65] Huber, W., Gerechtigkeit und Recht, 430f.

[66] Huber, W., Gerechtigkeit und Recht, 445.

[67] Vgl. Huber, W., Gerechtigkeit und Recht, 410ff.

[68] Wahl, Anke, Strukturierte Pluralität. Lebensstile zwischen vertikalen Strukturbedingungen und intervenierenden Faktoren, Frankfurt/M u.a. 1997, 118.

[69] Vgl. Hondrich, Karl-Otto/Koch-Arzberger, Claudia, Solidarität in der modernen Gesellschaft, Frankfurt/. 1992, 13.

[70] Liebau, Eckhart, Gesellschaftliches Subjekt und Erziehung. Zur pädagogischen Bedeutung der Sozialisationstheorien von Pierre Bourdieu und Ulrich Oevermann, Weinheim/München 1987, 69.

Gerhard Prätorius

Globalisierung und Regionalisierung – Gegenläufigkeiten der Weltgesellschaft

I.

Zu Beginn meines Beitrags möchte ich eine kleine Geschichte erzählen, eine Geschichte von einem ungewöhnlichen Geschenk. Das größte Unternehmen der Region Südostniedersachsen hat der Stadt, in der es seinen Sitz hat, im vergangenen Jahr zu deren 60. Geburtstag ein solches Geschenk gemacht. Es hat der Stadt ein Konzept zur Halbierung der Arbeitslosigkeit geschenkt. Aus dem Konzept ist mittlerweile insofern Wirklichkeit geworden, als das Unternehmen Volkswagen gemeinsam mit der Stadt Wolfsburg ein „joint venture" gegründet hat, die Wolfsburg AG, die dieses Konzept realisieren soll. Mithilfe dieses neuen Unternehmens sollen in den nächsten Jahren rund 10.000 Arbeitsplätze geschaffen werden. Seine wichtigsten Bestandteile sind ein Innovationscampus, auf dem durch enge Zusammenarbeit zwischen Wissenschaft und Wirtschaft neue Unternehmen, Existenzgründungen für Arbeitsplätze sorgen sollen; hinzu kommt ein Lieferantenpark für die Neuansiedlung von Zulieferern in der Nähe des Werkes. Ein drittes Element ist die so genannte Erlebniswelt, die insbesondere zusätzliche Besucher, die im Rahmen des Konzeptes der Neuen Autostadt erwartet werden, anziehen und unterhalten soll. Schließlich wird mithilfe einer Personal- und Serviceagentur sichergestellt, dass die Arbeitskräfte und Qualifikationen verfügbar sind.

Ein solches Konzept als „Geschenk" eines Unternehmens an den Standort ist nicht alltäglich und hat entsprechend große Aufmerksamkeit erfahren. Was hat es mit meinem Thema zu tun? Wir finden hier im Kern bereits all die Aspekte wieder, die m.E. auch den Spannungsbogen meiner Themenstellung kennzeichnen: Das Unternehmen – ein global player par excellence – demonstriert mit dem Geschenk nicht nur gesellschafts- und regionalpolitische Verantwortung, sondern verfolgt den nachvollziehbaren Eigennutz der Sicherung seiner eigenen Zukunft, indem es seine Umgebung so gestalten will, dass daraus ein möglichst hoher Grad an Innovationsfähigkeit resultiert. Deshalb der Innovationscampus mit Ingenieurzentrum und Gründerzentrum, um ein kreatives Milieu zu schaffen.

Die Dialektik von Globalisierung und Regionalisierung lässt sich in der ökonomischen Sphäre m.E. vor allem als eine innovationsökonomische Frage behandeln. Ich möchte darauf später ausführlicher eingehen. Auch das damit eng verbundene Thema der Wettbewerbsfähigkeit in einer weltweit schärferen Konkurrenzsituation – paradigmatisch in der Automobilindustrie zu beobachten – lässt sich hier anschaulich darstellen: Die permanente Notwendigkeit der Optimierung von Produktion und Logistik erfährt durch neuartige Lieferbeziehungen und Kooperationen, wie sie durch den Lieferantenpark ermöglicht werden sollen, eine neue Qualität.

Aber das viel gerühmte „Geschenk" hat noch einen weiteren Aspekt, den ich bereits erwähnte: Es soll noch eine Erlebniswelt entstehen, die täglich Tausende von Besuchern aus der ganzen Bundesrepublik anziehen soll. Hier gibt es zum einen ebenfalls ein ökonomisches Motiv. Dienstleistungen im Kontext von Unterhaltung und Belehrung sind in den letzten Jahren geradezu zu „Jobmaschinen" geworden. Und so ist denn auch bei den Wolfsburger „Machern" schon ab und an vom erstrebten „Orlando-Effekt" die Rede – in Anlehnung an das weltbekannte Unterhaltungszentrum in Florida. Aber hier ist zum anderen in den Gesprächen in Wolfsburg auch Unruhe zu verspüren, es kommt mitunter Unsicherheit auf. Ist dieses eine neue, erschlagende Qualität der „McDisneysierung" unserer Städte und Region. Ebnet hier die kulturelle Globalisierung auch die letzten Unterschiede noch ein? Was bleibt von den Eigenheiten der Stadt, von der Identität des Lebensraumes mit seiner Tradition und seinem Eigensinn?

Wolfsburg – diese doch manchmal noch so provinzielle kleine Großstadt – scheint mitunter geradezu „außer Atem" ob dieser Perspektiven: Neue Autostadt und „Orlando" in Niedersachsen. Da werden Fragen gestellt, nicht nur in der Stadt, sondern in der ganzen Region.

Ich habe diese Geschichte mit ihren Fragen an den Anfang gestellt, weil sie zum einen direkt aus dieser Region stammt, zum anderen verweist sie, wie mir scheint, auf beispielhaft anschauliche Weise – wir sind ja zugleich Zeugen und „Mitmacher" dieses Experimentes – auf die zentralen Aspekte des hier gestellten Themas: Das Verhältnis von Globalisierung und Regionalisierung hat einerseits eine ökonomische Dimension und andererseits eine ebenso wichtige kulturelle Dimension. Beide möchte ich im Folgenden behandeln. Natürlich hat das Thema auch noch mindestens eine politische Dimension, insofern die Fragen der Steuerungsfähigkeit und der Angemessenheit der Institutionen auf den verschiedenen nationalen und supranationalen Ebenen zu stellen sind, und eine ökologische Dimension. Beide werde ich nur kurz ansprechen.

II.

Bevor ich nun aber meine Argumentation als Ökonom beginne, möchte ich doch noch gleichsam als Exkurs kurz auf den wörtlichen Titel meines Vortrages eingehen. Er stammt nicht von mir, ich bin aber dem Urheber dankbar, weil er mich zum zusätzlichen Nachdenken veranlaßt hat: „Globalisierung und Regionalisierung – Gegenläufigkeiten der Weltgesellschaft". Der Titel enthält somit vier Substantiva, die je als Paar im Titel und Untertitel in ihrer Lautwirkung unterschiedlicher nicht sein könnten.

„Globalisierung" und „Regionalisierung", die beiden Titelbegriffe, klingen als Neologismen, als substantivische Ableitungen, hart und fremd für das Ohr. Von dem freundlichen Klang ihrer Wortstämme ist nichts mehr geblieben. Sie drücken beide so etwas wie die Unerbittlichkeit der statthabenden Prozesse aus. Treffend sind sie insofern, als darin auch immer das „Bedrohliche" aufscheint, das den

Entwicklungen je eigen ist. Hier das Untergehen im allwaltenden „Konkurrenzfieber", wie es Friedhelm Hengsbach nennt, dort die Entstehung regionaler Fundalismen mit ihrer Abschottung und Verachtung gegenüber Fremden.

Ganz anders dagegen die beiden Substantiva des Untertitels: als Kontrastprogramm zum Titel das ungewöhnliche und altertümlich anmutende Wort „Gegenläufigkeit" und das schöne Kompositum „Weltgesellschaft". In „Gegenläufigkeit" ist noch als Wortstamm das aus dem Mittelhochdeutschen „löufec" Kommende erkennbar, das so viel wie „gangbar, üblich oder bewandert" bedeutete und das sich als „läufig" dann zu seiner bekannten Bedeutung verengte, aber als zusammengesetztes Adjektiv auch noch als „landläufig" oder „weitläufig" vertraut ist. „Gegenläufig" drückt eigentlich das Auseinanderstreben zweier Bewegungen aus. Ob dieses bei den hier vor sich gehenden Prozessen der Fall ist, wird noch zu untersuchen sein.

Auf alle Fälle lädt es gemeinsam mit dem Begriff „Weltgesellschaft" geradezu zum Sprachspiel ein: Durch einfachen Tausch der beiden ersten Lexeme entstehen die Komposita „Weltläufigkeit" und „Gegengesellschaft".

Dann haben wir das je Unabgegoltene der durch „Globalisierung" und „Regionalisierung" beschriebenen Prozesse gleichsam über den Untertitel schon eingefordert: „Weltläufigkeit" ist der ergänzende, aber zugleich auch der Gegenbegriff zur „Globalisierung". Aus der Perspektive des Menschen, der Person, drückt er das Erfahrene – im Doppelsinn des Wortes – aus, auch das Offene gegenüber dem Anderen, das Freundliche gegenüber dem Fremden. „Gegengesellschaft" betont die zur heute dominierenden Wirklichkeit oppositionelle Seite. Darin wäre auch der visionäre Teil des Begriffes „Weltgesellschaft" eingeschrieben, von der unter anderem Ulrich Beck in seiner „Weltbürgergesellschaft" spricht.

Wie immer wir die Lexeme im Untertitel zusammensetzen, sie fordern den Widerspruch zum Titelprozeß heraus. „Gegenläufigkeiten der Weltgesellschaft" – das zeigt die Spannung, die Dynamik, das verweist auf die offenen Enden des Prozesses, auf die Möglichkeiten des Dazwischenkommens und auf die Notwendigkeiten des Einmischens durch die Menschen.

Ich bitte um Nachsicht für den kleinen Ausflug des Germanisten, zu dem mich der Titelgeber angeregt hat. Das Wort hat jetzt zunächst einmal der Ökonom.

III.

Die Geschichte der Ökonomie ist eine Geschichte der Arbeitsteilung und des technischen Fortschritts. Dabei wechseln sich offenbar Phasen beschleunigter Entwicklung und Phasen „gemächlicherer Gangart" ab und es besteht weitgehende Einigkeit, dass wir uns zur Zeit in einer Phase befinden, in der es schneller *voran-* oder sagen wir besser: *zu*geht – damit nicht schon als Fortschritt apostrophiert wird, was zunächst nur eine Veränderung ist. Als Ökonom hat man natürlich für jeden Anschein empirischer Evidenz sogleich auch das Gegenstück parat.

Aber zunächst unabhängig von einer Bewertung kann doch festgehalten werden, dass wir eben in einem Prozess der Veränderung stehen, der insofern eine neue Qualität hat, als eine Internationalisierung der Absatzmärkte und Produktionslinien einhergeht mit einem weltumspannenden System der Finanz- und Kapitalmärkte, deren Volumina und Instrumente exponentiell wachsen. Dieses transnationale System, ermöglicht und getrieben durch die technischen Fortschritte der Informations- und Kommunikationswege, politisch gewollt, induziert und begleitet durch eine umfassende Liberalisierung und Deregulierung der Märkte, führt zu grundsätzlichen Überlegungen hinsichtlich der Rolle von Unternehmen und Wirtschaftsräumen als Standorte. Hier ist nicht mehr leicht auszumachen: Wer ist der Treiber und wer ist der Getriebene.

Die Wertigkeit nationaler Standorte und Währungen unterliegt dem Urteil der Rating-Agenturen und der Research-Abteilungen der großen Finanzinstitute. Ihr Votum ist gefürchtet, sie dosieren Wohlwollen und Sympathieentzug – dadurch verändern sich mitunter schlagartig Zahlen, die ein gewöhnliches Vorstellungsvermögen übersteigen: Hinter den Zahlen stehen aber Menschen, stehen Personen – sie werden ärmer oder reicher, verlieren ihren Arbeitsplatz oder gewinnen einen. Das ganze Gebaren hat – wenn man täglich die Artikel auf den Finanzseiten in den Wirtschaftsblättern liest oder sich der elektronischen Medien bedient – etwas Fieberhaftes, mitunter Unwirkliches. Und doch ist es nichts weiter als das normale Wirken der Märkte: Es treffen je Angebot und Nachfrage – zunächst von Informationen, dann von Produkten – aufeinander, es entsteht ein Ergebnis und das Spiel beginnt von vorne. Business as usual...

Es gibt Ökonomen, die geben sich – fast – mit einer solchen Erklärung zufrieden. Und dieses ist keineswegs abwertend gemeint. Es gehört nun einmal zur Faszination eines Marktsystems, das aus unzähligen atomistischen Aktionen ein allgemein akzeptiertes Gesamtergebnis entsteht. Von Adam Smith mit dem unübertrefflichen Bild der „invisible hand“ bezeichnet, von dem großen Liberalen August von Hayek in provozierender Ehrlichkeit als die nicht anders zu erbringende Steuerungsleistung durch Mobilisierung dezentraler Intelligenz beschrieben – gegen die Anmaßung des „Wissens“: So ist das Marktsystem historisch offensichtlich allen anderen grundsätzlichen Koordinations- und Steuerungssystemen überlegen, zumindest nach allem, was wir heute wissen und kennen.

Für unsere, speziellere Fragestellung des Verhältnisses von Globalisierung und Regionalisierung ist jedoch sozusagen ein „zweiter Blick“ notwendig, um zu Erklärungsgründen für die beobachtbaren Entwicklungen sowohl in den Unternehmen und zwischen den Unternehmen als auch in Bezug auf die Bedeutungsverschiebung von Wirtschaftsräumen als Standorte zu kommen.

Werden Standorte austauschbar? Wenn heute Unternehmen in Echtzeit ihre Informationen aus allen Teilen der Welt beziehen können, wenn Transportmittel durch ausgefeilteste Logistik die Produkte in immer kürzer werdenden Zeiten und mit sinkenden Kosten ebenso wieder auf alle Märkte der Welt streuen können – dann scheint für regionale und nationale Besonderheiten in diesem weltumspannenden Marktsystem kein Platz mehr zu sein. Und dieses trifft in der Tat auf immer mehr Produkte und Produktionssysteme zu. Diesen Trend zu ignorieren, hieße ein wesentliches Moment heutiger Ökonomie nicht zu verstehen. Aber „Produkt" ist nicht gleich „Produkt", ein T-Shirt ist etwas anderes als ein Auto, ist etwas anderes als ein SAP-System, ist etwas anderes als ein Fußball-Spiel.

Die Globalisierung ist nicht nur durch die Internationalisierung der Märkte und ein weltweites interdependentes Finanzsystem charakterisiert, sondern als ein weiteres wesentliches Merkmal dieser „veränderten Veränderung" – wie sie in einem Papier des Ladenburger Diskurses der Daimler-Stiftung treffend genannt wird – kommt im Zuge der Verschärfung des Wettbewerbs eine global wirkende Innovationskonkurrenz hinzu. Eine solche neue Qualität der Innovationskonkurrenz hat tief greifende Auswirkungen sowohl auf die Unternehmen und ihre internen und externen Koordinationsmechanismen als auch auf die Standortumgebung eines Unternehmens, d.h. auf den Wirtschaftsraum. In der Innovationsökonomie setzt sich immer mehr die Auffassung durch, dass es die jeweiligen besonderen Fähigkeiten eines Unternehmens sind, mit dem ein Unternehmen Wissen aufnimmt, erzeugt und verarbeitet – und zwar in möglichst kurzer Zeit zu marktfähigen Produkten und Diensten verarbeitet, die letztlich seinen Innovations- und Wettbewerbserfolg erklären (z.B. G. Dosi). Ein solcher Ansatz kann m.E. auch überzeugend erklären, warum sich Unternehmen von Zeit zu Zeit grundlegend „restrukturieren" müssen, um Anschluss zu halten. Der große österreichische Ökonom Joseph A. Schumpeter sprach bekanntlich von einem Prozess der „schöpferischen Zerstörung" in einem solchen Zusammenhang. Bestimmend für heute sind, schaut man sich die erfolgreichen Unternehmen an, in der internen Koordination flachere Hierarchien, Projektorientierung und allgemein eine größere Flexibilität. Entsprechend verändern sich auch die Kooperationsformen zwischen den Unternehmen. Strategische Allianzen und Joint ventures sind solche zunehmend an Bedeutung gewinnenden Formen offener und flexibler Zusammenarbeit. In der Konsequenz dieser Entwicklung entstehen „virtuelle" Unternehmen, bei denen sich Kernkompetenzen für die jeweiligen Prozessstufen bündeln und die weiteren Ressourcen über einen internen oder externen Wettbewerb bedarfs- und projektorientiert hinzugeholt werden.

Natürlich gibt es in einzelnen Unternehmen und Branchen immer wieder auch die Gegentendenzen zu einer Re-Hierarchisierung oder Re-Zentralisierung. Die Betrachtung über etwas längere Zeiträume zeigt aber insgesamt ein Überwiegen der Dezentralisierungstendenzen mit einer Zunahme an Autonomie für die nachgeordneten Einheiten.

Fügen wir zu den bisher genannten Charakteristika der globalen Innovationskonkurrenz – nämlich grundlegende Veränderungen in den internen und externen Koordinationsmechanismen der Unternehmen – noch die Beobachtung hinzu, dass durch die Bedeutungszunahme inkrementaler Innovationen Modelle sequentieller Technikentwicklung ausgedient haben. Das Bild vervollständigt sich als Innovationsprozeß, der durch simultane Organisation und Aktivität auf allen Prozess- und Wertschöpfungsstufen („simultaneous engineering") gekennzeichnet ist. Dieses bedeutet auch zum Beispiel eine Globalisierung der F&E-Aktivitäten als „weltweite 24-Stunden-Entwicklung", wie sie für die Autoindustrie zunehmend kennzeichnend wird.

Bei unserer Darstellung der Innovationsprozesse haben wir bislang nur die eine Seite, die sich von den „Standortbindungen" löst, betrachtet. Ebnen sich dabei die unterschiedlichen Standortausprägungen wirklich ein? Ist alles zu jeder Zeit an jedem Ort möglich ? Entscheiden dann wirklich nur noch die Kosten, zumal die Kosten für den Faktor Arbeit bei der Standortwahl ? Die Innovationsökonomie hat eine andere, zumindest ergänzende Antwort.

Die Wertschätzung eines Standortes bei der Unternehmensentscheidung etwa über die Verteilung der Hochleistungsaktivitäten wie F&E, Marketing richtet sich zunehmend nach der Beurteilung der Ökonomie der gesamten Wertschöpfungskette und der effizienten Organisation lateraler Beziehungen an einem Standort (A. Gerybadze). Dabei wird eine für Unternehmen vorteilhafte Standortumgebung wesentlich bestimmt durch einen permanenten Innovationsdruck, ausgelöst durch Konkurrenten, Lieferanten und anspruchsvolle Kunden, durch die geografische Konzentration, insbesondere die Verfügbarkeit qualifizierter Arbeitskräfte und die Qualität der betrieblichen und außerbetrieblichen Forschungseinrichtungen (M. Porter).

Letzteres bildet als wissenschaftlich-technische Infrastruktur einer Region eine Art „Nährboden“ für die Innovationsfähigkeit. Sie ist im Unterschied zum Produktionsfaktor Kapital relativ immobil. Sie ist als eine besondere Standortkonfiguration mit entsprechenden institutionellen Arrangements nicht beliebig verfügbar und transferierbar. Solche räumlich strukturierten Standortfaktoren werden durch den Prozess der Globalisierung nicht eingeebnet und damit entwertet, sondern das Gegenteil ist der Fall. Solche räumlichen Bezugspunkte, die die traditionelle Standortlehre in der Ökonomie seit je als „Fühlungsvorteile“, um den bekannten Begriff von Alfred Weber vom Beginn unseres Jahrhunderts zu verwenden, bezeichnet, spielen bei der Gestaltung von Innovationsprozessen eine wichtige, wenn nicht ausschlaggebende Rolle. Im Unterschied zur „Minimierung der Transportkosten“ als dem klassischen Standortkriterium des Industriezeitalters haben nunmehr als Fühlungsvorteile regionale Spezialisierungsmuster und -vorteile (so genannte „Cluster“) mit entsprechend sich entwickelnden institutionalen und personalen Netzwerken eine bedeutende Funktion.

Die räumliche Konzentration wirtschaftlicher Aktivitäten in verwandten Sektoren gekoppelt mit einer hochwertigen wissenschaftlich-technischen Infrastruktur sind gleichsam die materielle Basis für „Innovationsmilieus“.

Erinnern Sie sich an meine Eingangsgeschichte mit dem Innovationscampus für Wolfsburg, dann haben Sie hier sozusagen seine innovationsökonomische – und empirisch mittlerweile gut belegbare – Begründung dafür.

Die Aufwertung der Region als das gleichsam materielle Substrat des Clusteransatzes bedeutet aber keineswegs, einen Gegentrend zur Globalisierung auszumachen, sondern hier haben wir es mit einem sich gegenseitig bedingenden und verstärkenden Prozess zu tun. Globalisierung und Regionalisierung verhalten sich also komplementär und nicht substitutiv zueinander.

Eine solche innovationsökonomische Perspektive bedeutet zunächst einmal aus der Sicht einer Region eine stärkere „Ökonomisierung“, um hier auch eines der Neologismen zu verwenden, das aber auf gutem Wege ist, zu einem formidablen Schimpfwort zu werden – zumindest unter Nicht-Ökonomen. Für die Regionen gelten im zunehmenden Standortwettbewerb nunmehr ebenfalls Kriterien, die vormals nur an Unternehmen angelegt wurden.

Es entspricht der hier vertretenen innovations- und institutionenökonomischen Betrachtungsweise, dass die Region im Zeitalter der Globalisierung eben komplementär eine Aufwertung erfährt. Eine solche Betrachtungsweise ist durchaus mit einer aus den Politikwissenschaften kommenden Auffassung kompatibel, die aus steuerungstheoretischen Überlegungen heraus eine Aufwertung der Region als Handlungsfeld identifiziert. Beispielsweise hat der Politikwissenschaftler Lompe in seinen Arbeiten immer wieder auf diese Aspekte hingewiesen. An die Stelle der klassischen zentralstaatlichen Interventionsmuster treten neuartige regionale Arrangements als Formen freiwilliger Netzwerke aus Unternehmen, Gebietskörperschaften und anderen regionalen Akteuren. Sie können auch als ein Ausdruck neuer Politikmuster mit einem stärkeren partizipatorischen Anspruch gedeutet werden. Aber eine solche politologische Betrachtungsweise ignoriert nicht die global wirkenden Kräfte, sondern sieht hier, wenngleich keineswegs immer widerspruchsfrei, ebenfalls komplementäre Prozesse wirken.

Meine Argumentation hat bislang einen Aspekt weitgehend außer Acht gelassen. Es hieße wohl die Belastungsgrenzen unseres Globus – sowohl als Ressourcenquelle als auch als Aufnahmemedium am Ende wirtschaftlicher Prozessketten – bei weitem zu überschreiten, würden bei heutigem Stand der Technik die Produktions- und Konsumtionsmuster der entwickelten Industriegesellschaften auf den Rest der Welt übertragen. Die ökologische Gefährdung unseres Planeten und damit unserer Zukunft wird kaum mehr bestritten, auch wenn daraus bislang höchst unterschiedliche, um nicht zu sagen gegensätzliche Schlussfolgerungen gezogen werden.

Unter der Spezifik meiner Fragestellung wird als ein Ausweg mitunter ein Regionalisierungsansatz im Sinne autonomer Ökonomien als Gegenpol zur wirtschaftlichen Globalisierung vertreten. Ich halte diesen Ansatz nicht nur für unrealistisch, sondern auch für falsch. Ohne weiteren Diskussionen vorzugreifen: da die Umweltprobleme global sind, können sie zunehmend auch nur global gelöst werden. Gerade für die Lösung der Umweltprobleme brauchen wir eine „Weltgesellschaft“ mit einer „Weltinnenpolitik“ (Jürgen Habermas).

Eine solche dezidierte Internationalisierung der Umweltpolitik wendet sich nicht gegen die stärkere Betonung kreislaufwirtschaftlicher Konzepte etwa auch im Sinne der Aufwertung regionaler Wertschöpfungsketten und Märkte. Diese müssen aber ökonomisch durchsetzungsfähig werden und dürfen nicht durch Protektionismus als künstliche Nischen erzeugt werden. Unsere Lösungen in den entwickelten Industriegesellschaften müssen beispielhaft sein, etwa im Bereich der Mobilität oder der Energieerzeugung. Hier kann die Politik durch eine intelligentere Ingangsetzung der Marktkräfte nachhaltig wirken. Dass dabei die Marktorientierung gerade gegenüber denjenigen durchgesetzt werden muss, die sich gemeinhin als die Gralshüter des Marktes verstehen, sollte nicht verwundern. Das gehört zur Geschichte der Innovationen sowohl auf dem Feld der Ökonomie als auch auf dem Feld der Politik.

Ich möchte ein kurzes Zwischenresümee ziehen: Meine innovationsökonomische Betrachtung – ergänzt um einige politikwissenschaftliche Steuerungsüberlegungen – sieht das Verhältnis zwischen Globalisierung und Regionalisierung weitestgehend als ein komplementäres. Insofern könnte der Untertitel irreführend sein. Aber – ich habe es bei meinen kurzen „Sprachspielen“ schon angedeutet: Es gibt da in den jeweiligen Prozessen noch etwas Unabgegoltenes, das durch die Spannung zwischen dem Titel meines Beitrages und dem Untertitel zum Ausdruck kommt.

Ökonomische Effizienz via Marktsteuerung produziert nicht – das zeigt die Geschichte der Industriegesellschaft – per se soziale Teilhabe und ökologisch verträgliche Strukturen mit. Ein Blick auf die gegenwärtige Situation könnte eher zu der Vermutung Anlass geben, dass sich die Ziele einander auszuschließen scheinen. Aber ein solcher Eindruck entsteht, wenn die Arbeitsteilung zwischen den Sphären nicht beachtet wird, und es so zu Überforderungen einerseits und – in der Sprache der Ökonomie – zu Fehlallokationen andererseits kommt. Das Auseinanderdriften fundamentaler gesellschaftlicher Ziele kann nur durch politische Normgebung wieder eingeholt werden. Hier liegt der noch unabgegoltene Teil.

Die Einbindung sozialer und ökologischer Maßstäbe, wobei die Ökologie eigentlich ein Platzhalter für die sozialen Rechte der kommenden Generationen ist, vervollständigen erst die Konzeptualisierung von Innovationen als einen sozialen Prozess im normativen Sinn. Ein solches weit gefasstes Verständnis von Innovationen stößt sich aktuell an einer instrumentell technischen Innovationsauffassung. Technische und soziale Innovationsfähigkeit hingegen als zwei Seiten einer Medaille zu betrachten, heißt nicht nur sich auf einen angemessenen analytischen Pfad zu begeben, sondern bietet auch die Möglichkeit, das historisch Unabgegoltene industriegesellschaftlicher Entwicklung als normative Setzung einzubinden.

Gerade vor dem Hintergrund der in den vorhergehenden dargelegten Entwicklungstendenzen in der Wirtschaft und der durch sie entfesselten Innovationskonkurrenz stellt sich die normative Frage nach deren sozialen Auswirkungen. Die durch den beschleunigten wirtschaftlichen wie technischen Strukturwandel verursachte Entwertung von Qualifikationen, Können und Wissen gekoppelt mit der Ungewissheit nicht nur in Bezug auf den aktuellen Arbeitsplatz – sofern es ihn überhaupt gibt –, sondern oft einen erwerbsarbeitsbezogenen Lebensentwurf generell, führt zu einem Herausfall aus gewohnten Prozeduren, zur Zerstörung gesichert geglaubter Perspektiven.

Hier nun kommt die Region ein weiteres Mal als Handlungsraum ins Spiel. Sie ist nämlich für ihre Bewohner mehr als ein Wirtschaftsraum. Sie ist Lebensraum, sie ist der Ort für Engagement und Teilhabe. Einen solchen weiter gefassten Regionsbegriff im Sinne einer „soziokulturellen Einheit", der nicht im Gegensatz zu den vorherigen Analysen und Befunden steht, sondern deren Bild vervollständigt, möchte ich in meinem abschließenden Kapitel ansprechen.

IV.

Wenn wir uns die Konnotationen, die mit den Begriffen „Globalisierung" und „Regionalisierung" verbunden werden, vor Augen führen, so stellen wir eine interessante Verschiebung fest, je nachdem, ob die ökonomische oder die kulturelle Perspektive überwiegt und ob eher eine kritische oder affirmative Haltung dominiert.

Bei einer kritischen Haltung konnotiert der Begriff „Globalisierung" als ökonomischer Prozess überwiegend negativ, während die kulturelle Perspektive dieses Prozesses positiv konnotiert, allerdings begrifflich eher erfasst als Kosmopolitismus, Weltläufigkeit etc., weil der Begriff „Globalisierung" nur ökonomisch interpretiert wird. „Regionalisierung" konnotiert bei einer kritischen Haltung ökonomisch eher positiv im Sinne einer regional autonomen Kreislaufwirtschaft, kulturell eher negativ im Sinne eines abgeschotteten Provinzialismus.

Bei einer eher affirmativen Haltung ist es – cum grano salis – gerade umgekehrt. Hier konnotiert Globalisierung als wirtschaftliche Entwicklung eindeutig positiv, wohingegen Reserven gegenüber einem kulturellen, das Nationale einebnende Globalisierungsverständnis mobilisiert werden. Der Begriff „Regionalisierung" als das Heimische abgegrenzt gegen das Fremde konnotiert hier positiv, während er wirtschaftlich eher negativ besetzt ist.

Zugegeben ist dieses eine etwas schematische Zuordnung, aber sie verdeutlicht doch die Vielschichtigkeiten, die Gegenläufigkeiten der hier beobachtbaren Prozesse und Haltungen.

In kultureller Perspektive wird die mit der Globalisierung einhergehende vermeintliche Einebnung der Unterschiede oft kulturpessimistisch beklagt. Es droht die „McDisneysierung" der Kultur und der Räume, die „Festivalisierung" (Häußermann) der Städte und Regionen. Es sind dieses Befürchtungen, die ernst zu nehmen sind. Man versetze sich nur für einen kurzen Augenblick in den „benjaminschen" Flaneur des vergangenen Jahrhunderts, der durch die damaligen Städte ging und der es heute wieder täte. Eine Einkaufsmeile in Paris, Berlin, Amsterdam, auch in Warschau und Moskau, in

Beijing und Melbourne. Die Geschäfte und Auslagen in Augenhöhe sind fast ununterscheidbar. Erst ein Heben des Kopfes gibt einem heute die geografische Orientierungsgewissheit.

Aber es gibt auch noch einen anderen Eindruck: Ist es nicht so, dass man sich fast heimisch fühlt, wenn man in einem entlegeneren Teil des Globus auf das „vertraute" McDonald-Signet trifft. Also, mit den Zuordnungen ist es nicht so einfach, auch nicht mit den Bewertungen, den Bilanzierungen der Gewinne und Verluste durch die weltumspannenden Austauschbeziehungen via Satellitenschüsseln etc. Zurückhaltend sollte man mit vorschnellem Urteil sein. Kultureller Eigensinn ist nicht so leicht unterzukriegen und kulturelle „Einebnungsversuche" hat es in den vergangenen Jahrhunderten zum Teil in massiverer Form als heute gegeben. An den kulturpessimistischen Globalisierungskritikern ist m.E. zu kritisieren, dass sie fast ausnahmslos – gleichsam mit negativem Vorzeichen – teleologisch argumentieren. Lassen wir diese Überhöhung beiseite, dann ist die Symptomkritik oft zutreffend und zu beherzigen: zumal in der Stadt- und Raumplanung, in der in der Tat fast unwiederbringliche Verluste aufgrund globaler architektonischer Uniformität zu beklagen sind.

Die Region ist heute – und ich denke, dass dieser Aspekt in Zukunft eher noch an Bedeutung zunehmen wird – ein überschaubarer Lebensraum in einer atemlos scheinenden Zeit. Ein bisschen Halte- und Ruhepunkt, sie ist in diesem Sinne Heimat, wenn auch nicht mehr wie früher als lebenslanger Wohnort für die Mehrzahl der Bevölkerung. Aber auch für die, die aufgrund ihrer beruflichen Entwicklung zu einem mehrfachen Ortswechsel in ihrem Leben gezwungen sind oder die es bewusst so planen, ist Region jeweils so etwas wie „Heimat auf Zeit". Hier entsteht Identität – sprachlich, kulturell –, aber es wäre ein Missverständnis zu glauben, es gäbe so etwas wie ein Monopol der Identitätsstiftung. Für die Region viel typischer sind heute doch gleichsam – als contradictio in adjecto formuliert – „multiple Identitäten". Zum Beispiel die Braunschweiger Verkäuferin, die bei der amerikanischen WalMart-Gruppe arbeitet und sich allmorgendlich mit den Kollegen durch gemeinsame Sprechchöre auf die Ziele des Unternehmens einstimmen lässt, um den Kunden freundlich zu bedienen; der Stuttgarter DaimlerChrysler

Arbeiter, der jetzt mit seinen amerikanischen Kollegen in eine gemeinsame „Unternehmenskulturzukunft“ geführt werden soll – hier zeigt sich anschaulich: Es werden neue Identitäten geschaffen, die aber die alten nicht ersetzen müssen. Die Verkäuferin bleibt Braunschweigerin, der DaimlerChrysler-Kollege Schwabe. Die Identitäten mögen manchmal gegenläufig sein, manchmal entdeckt man die gleichen Grundelemente. Die Region als nähere Umgebung wird als ein identitätsstiftender Lebensraum im Zeitalter der Globalisierung nicht nur erhalten bleiben, sondern wohl noch an Bedeutung zunehmen. Regionale Identität ist ein wesentliches Stabilisierungselement unserer Gesellschaft, aber sie muss sich durch Offenheit und Austausch, nicht durch Abgrenzung und Schließung definieren. Oder wie es bereits in der „Politik“ des Aristoteles – hier auf die Stadt bezogen – heißt: „Eine Stadt besteht aus unterschiedlichen Arten von Menschen; ähnliche Menschen bringen keine Stadt zuwege.“

V.

Gestatten Sie mir noch eine kurze Zusammenfassung meiner Überlegungen: Mit „Globalisierung“ wird ein Prozess beschleunigten technischen und wirtschaftlichen Wandels bezeichnet, der fundamentale Auswirkungen auf die Unternehmen und ihre Umgebung als Standort hat. Aber durch diesen Prozess wird die Region als räumlicher Bezugsrahmen nicht entwertet, sondern als je regional spezifische Standortkonfiguration erfährt sie vor dem Hintergrund einer global verschärften Innovationskonkurrenz eine eindeutige Aufwertung. Neben diesem innovationsökonomischen Kern meiner Thesen ist auch die soziokulturelle Bedeutung der Region als identitätsstiftender Lebensraum nicht durch globale Einebnung gefährdet, sondern wird sich behaupten. So mögen zwar viele einzelne Symptome der Regionalisierung und Globalisierung gegenläufig erscheinen oder sein, grundsätzlich haben wir es aber eher mit einander ergänzenden Prozessen zu tun. Deren Marktergebnisse werden aber nicht ohne politischen Rahmen zu sozialer Teilhabe und ökologischer Nachhaltigkeit führen. Hier liegt der historisch unabgegoltene Teil dieser Prozesse, der als Aufgabe und „konkrete Utopie“ (Ernst Bloch) einer „Weltgesellschaft“ bestehen bleibt.

Bernd Wannenwetsch

Wovon handelt die „materiale Ethik"? Oder: warum die Ethik der elementaren Lebensformen („Stände") einer „Bereichsethik" vorzuziehen ist Oswald Bayer zum sechzigsten Geburtstag

1. Wovon handelt die „materiale Ethik"?

Die Frage: wovon handelt die Ethik[1], unterscheidet sich von der geläufigen Frage nach der Aufgabe der Ethik. Während die Antwort auf letztere ungeachtet der Differenzierungen innerhalb der jeweiligen Konzepte auf die Eigenart der Praxis ethischer Urteilsbildung mitsamt ihren einzelnen Praktiken (etwa der Wahrnehmung von Situation, der Begründung ethischer Regeln und Normen, der Rechenschaft und dem Urteilen im engeren Sinn) zielt, wird all dies in der Frage nach dem, wovon die Sozialethik handelt, vorausgesetzt. Das Handeln ist bestimmt, die Frage nach dem „Wovon" bleibt. Fragt man nach der Bestimmung dieses „Wovon", lässt sich zunächst aufzählen, was heute im Bereich der „materialen Ethik" verhandelt wird: Politik, Wirtschaft, Familie, Partnerschaft, Ökologie, Medizin, Medien, Technik etc. So geläufig uns diese (erweiterbare) Reihe ist, so viele Fragen birgt sie in sich. Zwei Grundfragen möchte ich im folgenden ansprechen und auf dem Weg theologischer Überlegungen in Richtung einer Antwort bewegen.

Die erste: In welcher Weise lässt sich dieses „Wovon" angemessen – auch theologisch angemessen – bestimmen? Haben wir es mit „Bereichen" zu tun, mit „Handlungsfeldern", „Themen", „Gegenständen" – oder wie sollten wir davon reden? Dies ist nicht nur eine Frage der Nomenklatur. Die sprachliche Bestimmung jenes „Wovon" im Sinne eines „Auf-den-Begriff-Bringens" verrät bereits etwas Wesentliches darüber, wie die Aufgabe der Ethik konzeptionell begriffen wird, welcher Typ von „Handlung" bzw. ethischer Praxis verfolgt wird, und schließlich sagt es auch etwas darüber aus, welche Antwort auf die zweite Frage zu erwarten ist. Diese zweite Frage lautet: Wie verhalten sich die jeweiligen „Wovon" zueinander und zu der Frage nach einer ethischen Grundlogik? Sind sie als je selbstständige Gebilde oder Bereiche anzusehen, deren Ethik einer eigenen Logik folgt, gibt es Überlappungen, Interaktionsräume und gegenseitige Herausforderungen oder sind sie in ihrer Pluralität lediglich als „Anwendungsfälle" ein und derselben Regel zu begreifen?

In einem ersten Schritt möchte ich zunächst das vorherrschende Paradigma der „angewandten Ethik" bzw. „Bereichsethik" charakterisieren und auf seine theologische Problematik hin befragen. Als Alternative möchte ich dann in einem zweiten Schritt zeigen, warum es angemessener ist zu sagen: Die Sozialethik handelt von elementaren Lebensformen. Hierzu wird zunächst aufgenommen, was Johannes Fischer unter dem Stichwort von „sittlichen Lebensverhältnissen" unlängst erinnert hat. Die Grenze dieser Figur wird dann mit Hilfe einer theologische Analyse der Dreiständelehre, wie sie von Martin Luther akzentuiert wurde, aufgezeigt und transzendiert. Als konstruktiven Vorschlag möchte ich dann zu bedenken geben: Die „materiale Ethik" sollte – zumindest in ihrer theologischen aufgeklärten Version – nicht von einer stetig wachsenden Zahl von „Lebensbereichen" handeln, sondern gerade angesichts dieser Diversifikation von der klassischen Trias elementarer Lebensformen: ecclesia, oeconomia und politia, auf die jene „Bereiche" heuristisch bezogen werden können. In dieser theologisch begründeten „materialen" Verbindlichkeit liegt eine Erschließungskraft für das ethische Urteilen, die im anwendungsorientierten enzyklopädischen Ansatz eher verpufft.

2. *Theoretische Ethik und angewandte Ethik*

Wenn von „materialer Ethik" die Rede ist, geschieht dies gemeinhin in Unterscheidung zur und im Rückbezug auf die „formale Ethik"; in diesem Bezugsschema, das auf die aristotelische Kategorienlehre von forma und materia zurückgeht, weist die formale Ethik auf die Prinzipien des ethischen Urteilens hin (in Gestalt von Normen oder Regeln), während die materiale Ethik den Gegenstandsbereich bezeichnet, in dem diese Prinzipien zur Anwendung kommen. Der Begriff der „angewandten Ethik“ (applied ethics) stammt aus dieser Zuordnungslogik, wonach das Allgemeine (Norm, Regel) sich zum Konkreten begibt und wonach die materiale Ethik sich mit der „Umsetzung“ bzw. „Anwendung“ der im formalen Begründungsgang gewonnenen Prinzipien beschäftigt.

Für diese Verhältnisbestimmung von theoretischer und angewandter Ethik steht die neuzeitliche Wendung im Selbstverständnis der Wissenschaft Pate, wonach die Theorie – seit Francis Bacons epochaler Bestimmung – ausschließlich Praxistheorie ist[2]; ihre Geltung bemisst sich nicht mehr wie für die klassische „Theorie“ an dem, was sie sichtbar macht (etwa aus dem Reich der Ideen), sondern allein darin, was sie funktionieren macht. Umgekehrt ist für die Praxis nun wesentlich, dass sie sich als Anwendung einer Theorie versteht und nicht etwa selbst theoretische Momente etwa im Sinn kontemplativ-reflexiver Praktiken enthält.

Die so zur Herrschaft gelangte funktionale Bezugsbestimmung von Theorie und Praxis führte geradezu zwangsläufig zu der Annahme, dass beide in möglichst *reiner* Form projektiert werden müssten. Auch in ethischer Hinsicht musste die Theorie nun darauf zielen, den vollständigen Begründungsgang der Normen mit sich selbst abzumachen, wie dies im charakteristischen Stichwort der „Letztbegründung“ ausgesagt ist, das unter dem Anspruch des neuen Wissenschaftsideal zum Postulat ethischer Theoriebildungen werden musste. Diese Logik ist von Immanuel Kant[3] in epochaler Weise dann auch argumentativ entfaltet worden. Für Kant kommt die „reine Vernunft“, also die theoretische Rationalität, auch was die Erkenntnis der Pflichten als sittlicher Gebote angelangt, durchaus mit sich selbst zurecht. Nur diejenige moralische Forderung, die sich dem Forum der Vernunft so aussetzt, dass sie selbst als in dieser begründet erwiesen werden kann, kann berechtigten Anspruch auf den Status der Moralität erheben.

Dabei ist der Plausibilisierungswert der Universalisierungsforderung Kants im Blick auf die Formulierung und Geltung ethischer Normen als jedem vernünftigen Menschen einleuchtend zu machende durch die zunehmende weltanschauliche Pluralisierung der westlichen Gesellschaften bis in die Gegenwart ungebrochen hoch. Angesichts der Vielzahl miteinander konkurrierender Lebensorientierungen muss die Ethik, so scheint es, als formal-prozedurales Unternehmen der Normenbegründung konzipiert werden. Sie muss eindeutig und nachvollziehbar darüber Auskunft geben, wie Normen ungeachtet der weltanschaulichen oder religiösen Heterogenität einer Gesellschaft als für alle verbindlich erwiesen werden können.

Ob dieser „Erweis der Vernünftigkeit“ nun wie bei Kant selbst als idealtypisch von jedem einzelnen Vernunftträger vollzogen werden können soll oder ob dieser Erweis – wie in der heute in Konjunktur stehenden Diskursethik – als gemeinschaftliche Aktivierung „kommunikativer Vernunft“ vorgestellt wird: Der Kern der Ethik ist jedenfalls universalistisch konzipiert. Im Zentrum steht die Forderung nach Allgemeinheit der Normen und ihrer Begründung. Für das Besondere bleiben gewissermaßen nur die „Randzonen“ der Ethik übrig: die Motivation, diese Normen auch wirklich zu befolgen, und eben deren „Umsetzung“ in konkrete Handlungen der „materialen Ethik“.

a. Motivation:

Obwohl also die (wesentlichen) Inhalte der moralischen Pflichten (die Maximen) auf dem Weg rein theoretischer Reflexion zu gewinnen sind, geht Kant nicht wie Plato davon aus, dass aus dem rechten Wissen automatisch auch das rechte Handeln fließt. Seiner pessimistischeren Einschätzung nach, die mit der Realität des Bösen rechnet, benötigt diese Umsetzung einen eigenen Antrieb im Menschen: eine „Motivation“. An dieser Stelle, der Erfordernis der praktischen Vernunft also, kommt nun auch das weltanschaulich Gebundene, das Religiöse zum Tragen. „Gott, Freiheit, Unsterblichkeit“ sind die Postulate, welche die Übereinstimmung von Moralität und Glückseligkeit vor Augen stellen, aus der die moralischen Subjekte zum Tun des Rechten bewegt werden. Diese Postulate zielen auf die Motivation, die das abstrakte Verfahren der Normenbegründung nicht leisten kann.

Für die christliche Ethik hatte sich dieser Gedanke seither angeboten, ihr eigenes „Proprium“ in eine allgemeinvernünftig begründete Moralkonzeption einzubringen. Zwar haben religiöse Überzeugungen inhaltlich, für die Kernbestimmungen einer solchen Moralität, nichts mehr zu sagen – hier regieren Abstrakta wie „Reziprozität“, „Fairness“ usf.; im Bereich der Motivation aber kann das „unterscheidend Christliche“ unangefochten und sozusagen durch die Hintertür wieder eingebracht werden. Hier kann es so partikularistisch christlich zugehen wie gewünscht, hier lässt sich so viel Proprium zeigen, wie gewollt – denn im Bereich der Motivation gilt ja anders als bei der substantiellen Bestimmung der Inhalte der Moral eine prinzipielle Pluralität und Nichtkonkurrenz[4]. Alle Motivationen sind willkommen und mögen sie noch so heterogen oder gar gegensätzlich ausfallen, solange sie zur Umsetzung der allgemeinen Prinzipien der Moral taugen. Motivationen sind prinzipiell so gut, wie ihre Wirkung stark ist. Im Ergebnis macht es keinen Unterschied, *was* es ist, das zum Tun des Rechten bewegt. Zwar ist Motivation unverzichtbar, doch ist sie dies wiederum nur „als solche" und nicht in ihrem jeweiligen So- oder Anderssein – wie Kants Postulate der praktischen Vernunft ja die „Ideen" von Gott, Freiheit, Glückseligkeit sind und nicht als Entitäten behauptet werden müssen, um ihre motivationale Wirkung zu zeitigen. Darum ist jede Motivation zur Ethik auch prinzipiell austauschbar: Ohne Substanzverlust an Moralität können Motivationen sich wandeln, ineinander übergehen oder auch in logisch bedenklichen Mischformen (etwa synkretistischer Religiosität) vorliegen.

b. „Umsetzung"

Bildet die Motivation vom Zentrum der Moralität – der Normenbegründung und Formulierung – aus gesehen gewissermaßen die linke Flanke, so kommt auf der anderen Seite die „Umsetzung" bzw. „Anwendung" jener Theorien, Normen und Prinzipien in bzw. auf die konkreten Aufgabenbereiche zu stehen. Auch die Umsetzungsregeln sind freilich derselben Allgemeingültigkeit unterworfen, wie sie für die Normen selbst Geltung beansprucht wird. Sie sollten ebenso nachvollziehbar sein und jedermann jederzeit einsichtig zu machen sein. Die konkreten Lebenswelten kommen sozusagen nur im Sinn einer Anwendungsstufe in Blick, ihre Besonderheit macht keinen Unterschied für das ethische Regelwerk aus. Maß genommen wird nicht an ihnen, sondern das Maß wird aus der theoretischen Reflexion gewonnen und von dort an diese gelegt.

Weil an der Besonderheit jener Anwendungsbereiche für die wesentlichen Fragen – das Zentrum jener ethischen Perspektive – nichts liegt, darum können sie für eine „angewandte Ethik" auch ganz prosaisch benannt werden: „Bereiche", Material („materiale Ethik),

„Handlungsfelder“, „Themen“ (issues) oder „professional ethics“; auch für den Umfang der Liste von solchen Kandidaten für eine eigene Ethik ergibt sich von dort aus keine besondere Bedeutung; sie kann so oder so aussehen, kann kürzer oder länger ausfallen und ist grundsätzlich unabschließbar. Die Formalität und Allgemeinheit der Theorie lässt eine unbestimmte und unbestimmbare Zahl von Anwendungen zu, sodass die Zahl der „Bereichsethiken“ mit der gesellschaftlichen Ausdifferenzierung immer mehr zunehmen dürfte. Und dieses Mitwachsen wäre dann als Ausweis der Funktionalität der ethischen Theorie zu begreifen, die sich jeder neuen Herausforderung stellt und in der Lage ist, diese als neuen Anwendungsfall der immer gleichen Regel zu integrieren.

So lässt sich der Zusammenhang des in der Neuzeit leitenden Verständnisses der auf das Formale konzentrierten theoretischen Ethik mit der Tendenz zur ebenso formalen Bestimmung dessen verstehen, wovon die „angewandte Ethik“ handelt: von „Bereichen“, „Themen“ etc. Was hier zunächst ganz harmlos als propädeutisches Begriffsinstrumentarium erscheinen mag, auf das es wenig ankommt, gerät freilich in ein anderes Licht, wenn die Parameter des Verständnisses von Ethik nicht einfach der kantischen Perspektive folgen. Tatsächlich ist diese lange (zumindest kontinental-europäisch) bestimmende Perspektive in jüngerer Zeit heftigen Erschütterungen ausgesetzt. Sowohl aus philosophischer wie aus theologischer Argumentation[5] ist gegen ihren eigenen Anspruch auf Universalität ihre eigene Partikularität und die ihrer Voraussetzung – der Annahme einer allgemein menschlichen Vernunft – aufgewiesen worden.

Die von verschiedenen Seiten vorgetragenen Argumentationen sind hier im Einzelnen nicht zu verfolgen. Sie kreisen gemeinsam um die Kritik an der Abstraktheit des Kantischen Ethikverständnisses: seiner Absehung von der geschichtlichen, sinnlich-affektiven und kulturellen Einbettung der Moral. Statt dessen lenken sie – im Anschluss an aristotelische Vorstellungen der Einbettung des „guten Lebens“ in einen politischen Gemeinzusammenhang und Hegels Kantkritik – die Aufmerksamkeit auf die sozialen Lebensformen selbst, in denen sich die Tradierung und Reflexion des jeweiligen Ethos vollzieht. Im Blick auf eine solche „Sittlichkeit“ muss die scharfe Trennung von (rein) theoretischer und (rein) praktischer Vernunft, von „Fakt“ und „Wert“, von Normativität und Deskriptivität etc. als künstlich, ja realitätsfern erscheinen. Wenn nun aber die sittlichen Lebensformen selbst mit ihren jeweiligen ethischen Proportionen und Maßen in den Blick geraten, dann wird die Frage ihrer Subsumierung unter einen Begriff von einer marginalen nomenklatorischen Angelegenheit zur *Politik von Begriffsbildungen*, die ideologiekritisch aufgeklärt werden muss.

Darum möchte ich im folgenden Abschnitt den Versuch machen, der Logik der gängigen Bezeichnungen nachzuspüren und dem, was mit ihnen im Sinn ihrer illokutiven Rolle mehr oder weniger deutlich „geäußert" wird.

3. *Zur Politik der Begriffsbildungen*

a. „Themen"

Die Begriffe, die den höchsten Grad an Formalität aufweisen, „Themen" oder „issues", korrespondieren dem herrschenden Ansatz zwar im Blick auf dessen Formalismus; dennoch führen sie eine Konnotation mit sich, die eine wesentliche Wahrnehmung zumindest anbahnen kann: Themen „gibt" es nicht für sich genommen, sie werden vielmehr immer erst auf die Tagesordnung gesetzt und repräsentieren damit die Verfasstheit der öffentlichen Meinung bzw. die Versuche, diese zu beeinflussen. In dem hier mitschwingenden Moment der Setzung und der Konjunktur weisen diese Begriffe darauf hin, dass mit der Begrifflichkeit des „Wovon-Handelns" der Ethik die Konstituierung des Gegenstandes selbst verbunden ist; mit diesen Begriffen wird nicht einfach „Vorhandenes" benannt, vielmehr wird ein Gegenstandsbereich der Ethik erst aufgemacht, indem er semantisch ausgewiesen wird. Dieses Moment der Konstitution wird im Begriff der „Bereichsethik" oder auch im Begriff der „Handlungsfelder" eher positivistisch verschleiert, sofern diese den Anschein erwecken, sich auf einfach „Gegebenes" zu beziehen.

b. „Bereiche"

Nun ist der Begriff der „Bereichsethik" in jüngster Vergangenheit seinerseits in einer weniger formalen als vielmehr kritischen Akzentuierung gegenüber der „angewandten Ethik" verwendet worden. Diese Wendung lässt sich einerseits positiv aufnehmen, ist andererseits aber dazu angetan, die Problematik auch eines solchen „starken“ Begriffs von Bereichsethik zu verdeutlichen. In einem Sammelband mit dem bezeichnend changierenden Titel: „Angewandte Ethik. Die Bereichsethiken und ihre theoretische Fundierung“[6] begründet der Herausgeber Julian Nida-Rümelin, warum angesichts des Diskussionsstandes in der philosophischen Ethik besser von „Bereichsethik“ als von „angewandter Ethik“ die Rede sein sollte. Er analysiert die rationalistische Herkunft und Beschränktheit des Anwendungsmodells (57), das sowohl den „moralischen Intuitionen“ bzw. „Überzeugungen“ als auch den diese ausprägenden Sozialbeziehungen keinen gebührenden heuristischen Rang für die Moraltheorie zuzuweisen vermag, und kommt zu der Schlussfolgerung, „... dass für verschiedene Bereiche menschlicher Praxis unterschiedliche normative Kriterien angemessen sind, die sich ... nicht auf ein einziges System moralischer Regeln und Prinzipien reduzieren lassen. Zumindest scheint es heute heuristisch zweckmäßig, größere Komplexe menschlicher Praxis, denen jeweils spezifische Charakteristika gemeinsam sind, einer eigenständigen normativen Analyse zu unterziehen. Statt von ‚angewandter Ethik mit ihren unterschiedlichen Fokussierungen‘ sollte man daher m. E. besser von ‚Bereichsethiken‘ sprechen“ (63).

Mit dieser Akzentuierung ist zweifellos etwas gewonnen. „Bereiche“ werden nicht mehr einfach als formale Entitäten verstanden, sondern als Praxisbereiche ausgemacht. Damit ist der Blick auch auf die jeweils eigenen Erfordernisse gerichtet, die einer bestimmten Praxis innewohnen. Die Kriterien würden daher anders als im Modell „angewandter Ethik“ nicht von außen an die jeweilige Praxis herangetragen und ihr übergestülpt, sondern würden mit Respekt vor der tradierten Verfasstheit einer sozial eingelassenen Praxis zumindest auch nach deren eigenen Abmessungen und Regularien fragen lassen.

4. Die Problematik der Bereichsethik

a. Unklare Zuordnung von Praxis und Praktiken

Das normative Problem ist freilich mit der Wendung zur Bereichsethik nicht gelöst, sondern erst verschoben. Ist beispielsweise die

„Gentechnik“ eine eigene Praxis, die eine eigene auf sie spezialisierte Ethik an sich binden sollte? Oder käme es nicht gerade darauf an, die (auf den Menschen bezogene) Gentechnik teleologisch als Praktik innerhalb einer umfassenderen Praxis[7] (etwa der Therapie) zu begreifen, die ihre eigenen „Güter“ (etwa der helfenden und heilenden Zuwendung) in sich begreift, sodass von dort aus heuristisch und kriteriell Licht auf jene Praktik fallen kann? Mit einer solchen teleologischen Zuordnung wäre freilich normativ etwas ausgesagt: Die Gentechnik wäre damit nicht abstrakt als „Verbesserungstechnik“ am Humanmaterial klassifiziert, sondern mit der Aufgabenbestimmung im Dienst therapeutischer Praxis wären die Einsatzmöglichkeiten ethisch orientiert und beschränkt. Würde die Gentechnik alternativ und in bestimmendem Maße auf die Praxis der „wissenschaftlichen Forschung“ hin orientiert, sähe die Sache anders aus. Dann würde der „Forschungsfortschritt“ als eigener Wert und als eigenes Gut erscheinen. Natürlich könnte dies dann ethisch mit anderen Werten „abgeglichen“ werden wie etwa den Persönlichkeitswerten des Forschers oder derer, die von der Forschung unmittelbar betroffen sind. Die ethische Wendung bliebe in diesem Fall aber eine sekundäre Relationalisierung, anstatt sich als eine primäre Relation ausgewiesen zu sehen, die es ethisch auszuloten gilt.

Der aristotelisch grundierte Vorschlag Nida-Rümelins, die ethisch zu behandelnden Bereiche von der jeweiligen Praxis her zu fassen, die sie konstituieren, ist zwar dazu angetan, die Abstraktion des rationalistischen Schemas zu überwinden; ohne die Frage nach der Zuordnung verschiedener Praxen (etwa im Schema von Praxis und Praktik) zueinander zu stellen, bleibt jedoch eine andere Gefahr virulent: die positivistische Annahme der jeweiligen Eigendynamik eines Praxisbereiches im kriteriellen Sinn, die dann jede Kritik auf den Status der Frage nach besserer oder schlechterer Funktionalität herabdrückt.

Je mehr das Teleologische, die Frage nach der Zuordnung der Praxisbereiche (Praktiken) zu größeren Praxiskomplexen, außen vor bleibt, drängt sich nämlich das utilitaristische Paradigma hinein. Oder anders gesagt: Nutzen- oder Güterabwägung ist das, was übrig bleibt, wenn die Praxisverhältnisse nicht geklärt sind[8]. So lässt sich die Frage kaum von der Hand weisen, ob in der Konstituierung „neuer Bereiche“ der Ethik nicht auch die Weigerung enthalten ist, die Zuordnungsfrage zu klären: Zu welchem Praxiskomplex gehört eine bestimmte Praxis, worauf ist sie ausgerichtet und woher bezieht sie ihr inneres Maß? Nur unter Umgehung dieser Zuordungsfrage lässt sich dann mit der behaupteten „Neuheit" des Bereiches für die darin Bewanderten jenes „Expertenwissen" einschließlich einer exklusiven Sprache kultivieren, das den Zusammenhang mit anderen Praktiken und größeren Praxiskomplexen noch weiter herunterspielt[9]. Angesichts der vermeintlichen Neuheit scheint weniger die Erfahrung im ethischen Urteilen gefragt als vielmehr ein spezialisiertes Wissen im Sinne des Informationsvorsprungs, der den Experten im moralischen Diskurs eine ähnliche Stellung verschafft wie im wissenschaftlichen Forschungszusammenhang.

Die Behauptung oder Etablierung eines „neuen" Ethikbereiches ist also ein Vorgang, der eher ideologiekritische Aufmerksamkeit erregen sollte als zur Selbstberuhigung motivieren, nach dem Motto: „Wir haben ein neues Problem, doch ruhig Blut: Die Ethik zieht mit".

b. Die Konstitution von Ethikbereichen: Ehe-, Sexual-, oder Partnerschaftsethik?

War die Moderne im Blick auf Wissenschaftsbereiche insbesondere mit Methodenfragen beschäftigt, so hat die Diskussion um die Postmoderne eine Aufmerksamkeit auf die ideologische *Konstitution* von Bereichen gelenkt. Das dekonstruktivistische Bemühen postmodernen Denker wie Michel Foucault, Jacques Derrida und anderen gilt dem Aufweis, wie sich die moderne „Bearbeitung" von Bereichen als heimliche Konstitution derselben verstehen lassen[10]. Von dieser Aufmerksamkeit, so meine ich, könnte die Theologie lernen, ohne den offenen, radikalisierten Konstruktivismus jener Denker teilen zu müssen. An einem Beispiel möchte ich ansatzweise zeigen, was die Konstruktion eines „neuen" Ethikbereiches an heimlichen Veränderungen vollzieht.

Ein „neuer" Bereich tritt, wie sich zeigen lässt, nicht einfach „neben" einen benachbarten, bisher etablierten Bereich; vielmehr bringt die Etablierung des „neuen" eine spezifische Requalifizierung des „alten" mit sich. Auch wenn dessen Berechtigung nicht bestritten wird, beinhaltet die Konstitution des „neuen" Bereiches eine bestimmte Interpretation des „alten", die dessen eigenem Selbstverständnis durchaus zuwider laufen kann. Mit anderen Worten: Das jeder Konstruktion innewohnende Gewaltpotential – die Notwendigkeit vorheriger Dekonstruktion im Blick auf das „Material“, das neu zu fügen beansprucht wird – wird auch für die Bereichsethik zu analysieren sein.

Mein Beispiel ist die Sexualethik. Was geschieht, wenn „Sexualethik“ als eigenes Unternehmen etabliert wird? (Eigentlich müsste man genauer sagen: „geschah“, denn gesellschaftlich gesehen ist diese Konstitution bereits vollzogen und das gilt weitgehend auch für die Kirchen.) Was geschieht also, wenn „Sexualethik“ von der traditionellen Eheethik oder wenigstens Partnerschaftsethik verselbstständigt und desintegriert wird? Sicher ist: Dass Sexualität als eigenes Thema, eigener Gegenstand auch moralischer Betrachtung abspaltbar ist, spiegelt die gesellschaftliche Tendenz zur funktionalen Betrachtung menschlicher Potenzen wider; demnach hat das sexuelle Erleben einen Eigenwert, der zunächst auch unabhängig von den spezifischen sozialen Beziehungen, in denen der Mensch lebt, Geltung beansprucht. Ob auto-erotisch oder auf einen anderen Menschen gerichtet: Als „sexuelles Bedürfniswesen“ hat der geschlechtsreife Mensch ein natürliches Recht und – so scheint es angesichts psychologischer Popularismen von „krank machender Abstinenz“ – auch die mindestens seiner psychischen Gesundheit geschuldete Pflicht zur genitalen Aktivität.

Selbstverständlich lässt sich im Rahmen einer „Sexualethik“ auch thematisieren, wie sich die Erfordernisse „gesunder Sexualität“ zu der Frage sozialer Beziehungen verhalten. Als eigenes Geschäft muss die Sexualethik keineswegs in die Idealisierung auto-erotischer oder hedonistischer Lebensweise münden. Gleichwohl: Auch dort, wo die soziale Einbettung der genitalen Aktivität sexualethisch empfohlen wird, und selbst dort noch, wo dies in einer stabilen Dauerbeziehung wie der Ehe als am besten gewährleistet gesehen wird: Die funktionale Logik ist klar und unumkehrbar. Die sozialen Beziehungen und Lebensformen kommen unter dem Gesichtspunkt ihrer Funktionalität für ein „gesundes“ Sexualleben in den Blick, dessen Kriterien in relativer Selbständigkeit von diesen Lebensformen gewonnen werden. Stellt man die ideologie-kritische Frage, ob es „Sexualität als solche“ überhaupt geben kann oder ob sich in dieser Annahme und der ihr folgenden Konstitution einer „Bereichsethik“ nicht lediglich die unaufgeklärte Tendenz der Gesellschaft spiegelt, das sexuelle Empfinden und Geschehen immer mehr zu entpersonalisieren, zu „versachlichen" und aus sozialen Zusammenhängen zu desintegrieren, kommt dies einer Infragestellung der Sexualethik als solcher gleich.

Dieselbe Bewegung lässt sich in der Diskussion um homosexuelle Lebensformen ausmachen. Auch hier geht die Konstituierung eines Gegenstandes – „der Homosexualität" – der Konstituierung einer Bereichsethik voraus. Kennzeichnend für die bisherige Diskussion ist die Tendenz zum Essenzialismus, wonach festzustehen scheint, dass es „Homosexualität" (und demzufolge dann auch „Heterosexualität") im Sinn schierer Tatsächlichkeit unverrückbarer Determination des sexuellen Empfindens und Handelns „gibt". Dass die hypostasierende Rede von „Homosexualität" eine geistige Geburt des letzten Drittels des 19.Jh. ist[11] – während bis dato nur adjektivisch davon im Hinblick auf bestimmte Verhaltensweisen die Rede war – wird dabei ebenso übersehen wie die postmoderne Herausforderung durch Konstruktivisten wie Michel Foucault; in konstruktivistischer Perspektive ist die menschliche Sexualität auch nach ihrer bio-physischen Seite eine Angelegenheit des selbstbestimmten, kreatorischen Lebensentwurfes, der nicht von äußerlichen Determinanten wie der Ausbildung bestimmter Geschlechtsorgane abhängig zu sein braucht[12].

Auch wenn ein solche Auffassung und der ihr korrespondierende Lebensentwurf die christliche Überzeugung von der Geschöpflichkeit des Menschen als Mann und Frau negiert, ist sie doch zumindest analytisch geeignet, die ideologische Behauptung einer ein- für allemal feststehenden „Sexualität" zu unterminieren. Der geläufige „Essenzialismus" der Moderne mit seinem „Wesensmythos" von Homo- bzw. Heterosexualität dürfte für die christliche Ethik nicht weniger problematisch erscheinen als jener postmoderne Konstruktivismus. Auf der herrschenden Linie essenzialistischer Auffassung ist es dann freilich nachvollziehbar, dass über kurz oder lang auch die Vorstellung einer übergreifenden „Sexualethik" bestritten werden muss. Sie wird sich weiter ausdifferenzieren und die Reihe der Bereichsethiken um eine eigene „Homosexualethik" erweitern, für die dann auch eigene Kriterien entwickelt werden – etwa im Blick auf die Frage nach häufigeren Partnerwechsel bzw. der sexuell stärker desintegrierten Treuevorstellung, und so fort. Die

Tendenz wird sich mit innerer Notwendigkeit fortsetzen: Schon ist die Forderung einer jeweils selbstständigen „Schwulenethik", „Lesbenethik" oder „Bisexualethik" am Horizont auszumachen.

Die Konstitution eines „ethischen Bereiches" bringt also jeweils spezifische Parameter mit sich, die den jeweiligen Fragehorizont bestimmen und begrenzen. Lässt sich die christliche Ethik erst einmal darauf ein, einer solchen Bereichslogik zu folgen, nimmt sie damit Reduktionen in Kauf, die ihrem eigenen Anliegen zuwiderlaufen, eine christliche Lebenslogik[13] zu artikulieren, die in allen Lebensbezügen bewährt werden kann (Kol. 3,17: Alles, was ihr tut, mit Worten oder mit Werken, das tut alles im Namen des Herrn Jesus und dankt Gott, dem Vater, durch ihn"). Bestimmte Fragen – etwa nach der Verbindlichkeit der sexuellen Treue – haben dann nur noch innerhalb der Eheethik ihren Platz und werden auf deren „Binnenbereich" beschränkt, während sie andernorts (etwa im Rahmen einer „Schwulenethik") als im wahrsten Sinne des Wortes und mit einem gewissen logischen Recht als „deplatziert" behauptet werden können[14].

c. Verlust der Differenzwahrnehmung

Was mit der Konstituierung verschiedener „Bereiche" und ihrer respektiven Ethiken ebenfalls einhergeht und nicht weniger als Problem für die christliche Ethik empfunden werden muss: Die spezifischen Logiken der einzelnen Lebensformen werden in ihrer gegenseitigen Herausforderung gar nicht mehr wahrgenommen, wenn sich die Ethik lediglich im jeweiligen Innenbereich entfaltet und nach dem eigenen inneren „Maß" jener Bereiche urteilt. Die „Ethisierung" der Bereiche – ihre Würdigung als eigene Entitäten durch die Etablierung einer eigenen Ethik – spielt das Konfliktpotenzial herunter, das in der Differenz der Bewegungsrichtungen der Lebensformen liegt.

Um es anhand unseres Beispiels zu sagen: Wenn die Eheethik zur „Partnerschaftsethik" wird, vollzieht sich nicht einfach eine durch die empirische Tendenz in der Gesellschaft begründete „Ausweitung" des Gegenstandsbereiches; es geht damit auch die Differenzwahrnehmung verlustig, die für die christliche Urteilsbildung essenziell ist: Während „Ehe" an der Grundlogik des „Bundes" ausgerichtet ist, worin die bedingungslose Zusage von Gemeinschaft dieselbe trägt, ist „Partnerschaft" wesentlich durch die Vertragslogik bestimmt, wonach die Partner autonom über ihre Gemeinschaft, ihr Zustandekommen und ihre Aufkündigung verfügen. Wird die Eheethik also zur „Ehe- und Partnerschaftsethik“ oder überhaupt als Sonderfall in die Partnerschaftsethik überführt, so wird damit die Tendenz bestärkt und legitimiert, auch die Sozialform Ehe mehr und mehr nach dem Muster einer Vertragsbeziehung zu verstehen und zu leben. Es handelt sich dann um eine Art „self-fulfilling prophecy“ – wo die Konstitution einer „Ethik“ die Lebensverhältnisse nicht nur unkritisch spiegelt (im Sinn bestimmter, herrschender Tendenzen), sondern sie ihrerseits in eine bestimmte Richtung drängt. Will die christliche Theologie an der in kirchlichen Erklärungen immer wieder beschworenen „Leitbildhaftigkeit“ der Ehe wirklich festhalten, müsste sie der Tendenz zur Bereichsethik kritischen Widerhalt entgegenstellen.

Die Ehe würde dann als „elementare Lebensform“ im Sinn des umfassenden Praxiskomplexes in den Blick treten, und „Sexualethik“ oder „Partnerschaftsethik“ müssten dementsprechend als Teil der Eheethik entfaltet werden und dürften sich nicht verselbstständigen. Dies müsste nicht im Geringsten bedeuten, die „tatsächlichen Lebensverhältnisse“ und ihre Wandlungen zu ignorieren, sondern wäre vielmehr eine praktikable Möglichkeit, diese in größerer Tiefenschärfe wahrzunehmen – eine Möglichkeit, die dadurch entsteht, dass die Frage nach der distinkten Logik von Lebensformen durch die Differenzerfahrung (etwa von Ehe und Partnerschaften) wach gehalten oder wachgerufen wird. Nicht alle Partnerschaften werden nach der Vertragslogik gelebt, und nicht alle Ehen nach der Bundeslogik. Dennoch erlaubt erst die unterscheidende Wahrnehmung der Logik der Lebensformen ein ethisches Urteil auch im Einzelfall, denn nur auf dem Hintergrund der so zu gewinnenden Kategorien lässt sich in der notwendigen ethischen Differenziertheit beispielsweise ein dialektischer Fall beurteilen, in dem Menschen innerhalb einer Lebensform (z.B. Partnerschaft) nach einer anderen Logik (z.B. Ehe) leben, als diese Lebensform selbst artikuliert.

„Elementare Lebensform“, so wie ich den Ausdruck gebrauchen möchte, wäre die Ehe dann in diesem Sinn, dass im gesamten Bereich des geschlechtlichen Zusammenlebens für die christliche Ethik kein Urteil gebildet werden soll, das sich ohne Reflexion auf die besondere Logik dieser Lebensform und ihre Verbindlichkeit gewinnt. Wenn die materiale Ethik sich nicht als Anwendungsethik verstehen will, sondern den „Bereichen“, von denen sie handelt, eine eigene Wahrnehmung angedeihen lassen will, wird sie nicht ohne die Frage nach solchen „elementaren“ Lebensformen auskommen. Von diesen lassen sich dann die einzelnen Praktiken im Blick auf ihre Hinordnung qualifizieren und alternative Lebensformen lassen sich von dort aus klassifizieren.

d. Eigengesetzlichkeit

Wollte man auf diese teleologische Frage verzichten und also nur jeweils die „Bereiche“ oder einzelne Lebensformen für sich genommen zum Gegenstand der Ethik machen, wird dasjenige Phänomen unausweichlich, das die theologische Tradition unter dem Stichwort der „Eigengesetzlichkeit“ bzw. „Autonomie“[15] beschrieben hat. Dann zählt nur noch die interne Funktionalität eines solchen Bereiches oder einer Lebensform, ohne die Herausforderung durch die Gegenwart alternativer bzw. elementarer Lebensformen zu gewärtigen. Dies muss keineswegs ohne Ethik auskommen. Vielmehr kann die Ethik selbst gewissermaßen als Implikation des guten Funktionierens eines solchen sozialen Systems behauptet werden: Das im Bereich der Wirtschaftsethik in Mode gekommene Motto „morality pays“ kann hier als Beispiel angeführt werden: Die wohlverstandene Verfolgung des wirtschaftlichen Eigeninteresses im Sinn der Gewinnmaximierung macht „ethisches Verhalten“ nicht nur möglich, sondern, so wird gesagt, sogar notwendig, wenn das Vorteilskalkül nicht kurzsichtig, sondern längerfristig angelegt ist und also beispielsweise eher auf konstante Vertragsbeziehungen als auf kurzfristige Gewinnmitnahmen setzt. So wird die Ethik als Bestandteil der Systemrationalität eines „Bereiches“ integriert.

Mit der Eigengesetzlichkeit der Bereiche ist also mehr und etwas anderes gemeint, als dass sie ihr jeweils eigenes inneres Maß haben, auf das es zu achten gilt. „Eigengesetzlichkeit“ bedeutet vielmehr, dass sie eine „reine“ Eigenvernunft beanspruchen, die „von außen“ weder verstanden noch gar hinterfragt werden kann. Eigengesetzlichkeit schließt die Tendenz zur „autopoiesis“[16], zur Selbstabschottung eines Bereiches gegen andere ein; zwar kann und soll es durchaus zu Interaktionen oder Kooperationen mit anderen kommen, diese sind aber als bloße Außenwirkungen konzipiert, die keinen transformativen Rückschluss auf den Bereich oder die Lebensform selbst zulassen. „Die Wirtschaft“ muss zwar nolens volens mit „der Politik“ verhandeln – dass solche Verhandlungen aber auch auf die politische Dimension der Wirtschaft selbst zurückverweisen, ihr Aktandentum in der Gesellschaft, die Notwendigkeit von Absprachen und Meinungsbildung etc. – kommt umso weniger in den Blick, je mehr die „wirtschaftliche Rationalität“ als selbstständiges Wesen auch gegenüber der Politik behauptet wird[17].

Die aus der Biologie auf die Gesellschaft übertragenen Systemtheorien verschaffen dieser Binnenorientierung konzeptionelle Legitimation, indem sie die zunehmende Ausdifferenzierung des Gesellschaftssystems in Subsysteme und deren fortschreitende Spezialisierung als notwendige „Entwicklung“ begreifen und die eigensinnige Spezialisierung der Bereiche im Sinne ihrer Funktionsverbesserung prinzipiell gutheißen. Im Hintergrund dürfte der Gedanke Adam Smiths stehen, wonach gerade die Freilassung der individuellen Egoismen mit ihrem Gewinnstreben die Mehrung des Nutzens für das Gesamtsystem verheißt: den „Reichtum der Nationen“, wie Smiths epochale Studie überschrieben ist. Die systemische Logik der Bereichsethik wäre demnach also gewissermaßen als eine im Kern kapitalistische Logik zu begreifen.

Gibt es nun aber, so müssen wir fragen, einen Weg, den die Ethik jenseits der Alternative: „abstrakter Anwendungslogik oder Eigengesetzlichkeit der Bereiche“ gehen kann? Muss sie in diesem Pendel schwingen oder lässt sich die materiale Ethik auch noch anders verstehen? Bevor wir diese Frage im Rekurs auf die reformatorische Ständelehre und der verbindlichen Heuristik elementarer Lebensformen zu beantworten suchen, soll eine Zwischenüberlegung als Wegweiser dienen.

Im Begriff des „Berufsethos“ ist, wie mir scheint, ein Weg angezeigt, der als Gratwanderung beschritten werden kann, ohne nach einer der beiden Seiten stürzen zu müssen. Ein Berufsethos, wie wir es heute noch in traditionellen Handwerksberufen und in Restbeständen auch in anderen sozial anerkannten Berufen finden können, zeichnet sich gerade dadurch aus, dass es einerseits sehr spezifische Regeln kennt, die nur für den jeweiligen Beruf gelten (die ärztliche Schweigepflicht gilt nicht für den Bäcker), andererseits aber doch auch von der Überzeugung getragen ist, dass die jeweils eigene berufliche Tätigkeit eine konstruktive Bedeutung für die Gesellschaft insgesamt hat. Ein „guter Kaufmann“ führt nicht nur seinen Laden ordentlich, sondern bietet auch einen Umschlagplatz für die Neuigkeiten im Ort und ist für die Organisation des jährlichen Dorffestes zuständig.

Nun geht mit der Tendenz zur gesellschaftlichen Ausdifferenzierung und ihrer nachfolgenden Segmentierung der Ethik in „Bereiche“ freilich gerade auch ein Wahrnehmungsverlust im Blick auf das Phänomen der Berufsethik einher. Diese wird mehr und mehr ersetzt durch ein anderes Postulat: das der „Professionalität“. Wie sehr hier ein Äquivalent etabliert wird, das an die Stelle des Berufsethos gesetzt wird und nicht etwa nur eine Ergänzung oder Näherbestimmung desselben bieten will, geht nicht zuletzt daraus hervor, dass dieser Begriff mit einem gesteigerten Sendungsbewusstsein in Richtung gesellschaftliche Modernisierung ausgerufen wird. Dabei gibt es für die christliche Ethik gute Gründe, diesen Begriffswandel mit der gleichen kritischen Aufmerksamkeit zu verfolgen wie die Hinwendung zur Bereichsethik. Denn beide Bewegungen hängen eng miteinander zusammen. Das Problem lässt sich mit einem Vergleich näher in den Blick rücken, wenn wir „professional ethics“ nicht einfach als englisches Äquivalent zur Berufsethik verstehen – was in manchen Entwürfen freilich ausdrücklich beabsichtigt ist –, sondern als bereichsspezifische Ausformung des Professionalitätspostulates.

e. Professional Ethics oder Berufsethos?

Das Spezifikum einer „Berufsethik“ liegt in der jeweiligen *bestimmten* Praxis, deren spezifische inhärente Güter zu den Kriterien einer solchen Ethik werden. Das Berufsethos eines Arztes wäre demnach um einen Güterkanon wie „Hilfe“, „Heilung“, „Pflege“ etc. organisiert. Professional ethics aber kann sich um die *universellen* Standards der „Professionalität“ herum organisieren wie effizienter Mittelgebrauch, kompetente Ziel-Durchführungs-Rationalität, messbarer und vergleichbarer Leistungsausweis, optimiertes Kosten-Nutzen-Verhältnis und -Bewusstsein und so fort. In welchem Bereich diese Standards auch immer aufgerufen werden, sie schlagen das Besondere über den stets gleichen Leisten des Allgemeinen: der „Professionalität“.

Die spürbare Verunsicherung in bestimmten Berufsbereichen wie etwa den diakonischen dürfte in nicht geringem Maß aus der Gleichzeitigkeit und Inkompatibilität von „professional ethics" und Berufsethos resultieren. Wenn nun auch im Pflegebereich die Effektivität zum obersten Gebot der professionellen Arbeit ausgerufen wird, heißt das realiter nicht selten, dass damit eine Reihe von Verhaltensweisen pflegerischer Zuwendung in Misskredit gezogen werden, die bisher zum Berufsethos gehört haben mögen, nun aber als ineffektiv wegrationalisiert werden müssen, um die Konkurrenzfähigkeit auf dem Pflegemarkt zu erhalten oder zu verbessern. Immerhin macht das entstehende Unbehagen auf vielen Seiten – von Betreuten und Betreuern – deutlich, dass das Berufsethos mindestens als Defiziterfahrung noch lebendig ist. Dies dürfte auch deshalb gelten, weil die Tendenz zur Professionalisierung nicht nur den „Gegenstandsbereich" verobjektiviert – wie in der neuen Sprache etwa des Pflegemanagements deutlich wird, wenn sehr spezielle Verhältnisse wie die zum Patienten oder Pflegebedürftigen ... in die allgemeine semantische Währung der „Kundschaft" eingeschmolzen werden –, sondern auch die Identität des „Aktiven", des Profis selbst, infrage stellt.

Während ein Berufsethos nämlich immer darauf angewiesen war und ist, durch die Persönlichkeiten seiner Träger praktiziert und lebendig erhalten zu werden, ist Professionalität ein rein funktionaler Standard. Dementsprechend kommt es (aus Sicht eines Patienten) nicht mehr darauf an, „dass ich auch heute wieder von Schwester Else verbunden werde"; den Vorgang „Wundversorgung" kann jede ausgebildete Kraft an jedem Kunden einer medizinischen Versorgungsstätte äquivalent vollziehen. Professionelle Standards haben die Tendenz, zwar nicht die Menschen als Funktionsträger (Wundversorgung), wohl aber die Personen (Schwester Else) als Träger der in den Funktionen aufgehobenen „Güter" (helfende Zuwendung) überflüssig zu machen. Da „Personalität" immer interaktiv konstituiert ist, kommt mit dem verschwindenden Bedarf an Personalität im Professionalitätsparadigma zunehmend auch die Identität der die Leistungen „anbietenden" Personen zum Verschwinden. So erweist sich das, was meist unter „professional ethics" verstanden wird, als kompatibel mit der Bereichsethik, sofern sie der gleichen Logik folgt: der Verobjektivierung bestimmter, teleologisch grundierter Praxiskomplexe und ihrer Güter zu „Arbeitsbereichen" professioneller Funktionäre.

Gleichwohl könnte die Vorstellung einer auf die berufliche Tätigkeit bezogenen ethischen Orientierung gewissermaßen mithilfe des

Berufsbegriffes konstruktiv auch gegen diese Tendenz gelesen werden. Dies gilt zunächst für die noch gar nicht religiös qualifizier te „aristotelische" Fassung des Berufsbegriffes. Für die gesellschaftliche Wünschbarkeit einer aufmerksamen Wahrnehmung der notwendigen Praktiken und Güter, die die berufliche Tätigkeit eines Arztes oder einer Krankenschwester, eines Altenpfleger etc. ausmachen, dürfte es noch genügend gesellschaftliche Konsenspotenziale geben. Nicht zuletzt die sich verschärfende Lage auf dem Kostensektor „Gesundheit" wird aber dazu beitragen, dass diese Güter kaum davor gefeit sind, ihrerseits zu „Werten" zu werden, für die ein gesellschaftlicher Preis ausgemünzt wird, der Grenzwerte leicht überschreiten kann. So werden diese Güter selbst zu „Kostenfaktoren", die sich die Gesellschaft jedenfalls nicht mehr insgesamt für alle ihre Glieder leisten kann oder will.

Hier wird eine „aristotelische" Lesart der Berufsethik kaum ausreichend Widerstand gegen die gesellschaftliche Tendenz zur Ökonomisierung der Lebensbereiche leisten können; ohne eine erneuerte Überzeugung wie diejenige, die hinter der reformatorischen Fassung des Begriffs steht, wonach der Beruf als Bewährungsfeld der Antwort auf den Ruf Gottes zur liebenden Hinwendung an den Nächsten und Mitwirkung am Gemeinwesen begriffen wird, dürfte der Trend zur Professionalisierung kaum aufzuhalten sein. Nun ist hier nicht der Raum für die Untersuchung der Chancen und Schwierigkeiten einer Wiedergewinnung des Berufshorizontes in einer Gesellschaft von „job-holders" (H. Arendt). Im Blick auf die hier zu verhandelnde Frage nach dem Sinn des Begriffs und Unternehmens einer „professional ethics" muss es mit dem Hinweis sein Bewenden haben, dass ein solches Unterfangen die gesellschaftliche Wirklichkeit in ihren Wandlungen nicht nur widerspiegelt, sondern mindestens auch rekonstituiert. Welche Art von Ethik wir betreiben, ist selbst also schon eine ethische Frage, die im Blick auf ihre gesellschaftlichen Wirkungen stärker als es bisher der Fall ist reflektiert werden müsste.

Dabei lässt sich an der Kompatibilität des Professionalitätsparadigmas mit der Bereichsethik ein wichtiger Punkt markieren: Die Ausdifferenzierung auf der einen Seite (in verschiedene untergliederte Bereiche und ihre respektiven Ethiken) führt auf der anderen Seite (im Blick auf die ethischen Parameter) zu einer neuen Homogenisierung und gegen ihren eigenen pluralistischen Anspruch gerade zur Einschmelzung produktiver Differenzen.

Auch dieser Zusammenhang ist von Analysanten der „condition postmoderne" in das kritische Bewusstsein gerufen worden. Wie Jean-F. Lyotard in seinem gleichnamigen Werk ausführt, ist die geistige Lage der Gegenwart nicht nur davon gekennzeichnet, dass die „großen Erzählungen" als Deutehorizonte verblasst sind. Deren *legitimierende* Kraft findet zwar in der postmodernen Unübersichtlichkeit einer Pluralität von „Kurzgeschichten" kein Äquivalent; im Blick auf die das Leben der Gesellschaft faktisch *determinierenden* Kräfte hingegen gibt es sehr wohl eine Tendenz zur Einheit, nämlich in Richtung auf die technologische Systemeinheit, die um das Zentrum der „Effizienz" rotiert. „Effizienz" wird zum totalen Kriterium, dem sich auch moralische Güter wie „Gerechtigkeit" und „Wahrheit" fügen müssen. Gerecht sind dann nur noch solche Normen, die der Effizienz dienen, und so kommt es zu einem regelrechten „Terror" gegen das Abweichende[18]. Die vermeintliche „Autonomie" der Bereiche, sich ihren jeweils eigenen Erfordernissen und Maßen entsprechend gestalten zu lassen, entlarvt sich als Verschleierungsbegriff für die tatsächlich leitende Logik, welche sich uneingestanden umso leichter durch alle Lebensbereiche hindurchzieht.

Eine theologische Zuspitzung desselben Zusammenhangs leistet der Philosoph Robert Spaemann im Blick auf die katholische Debatte um eine „autonome Moral", wenn er von einer spezifischen *Indirektheit* der „Autonomie der Lebensbereiche" spricht: „Unter dem Anspruch Gottes als des absoluten Sinnes ergibt sich allerdings so etwas wie eine ethische Autonomie der Sachbereiche, und zwar indirekt, nämlich aus der Unmöglichkeit, sie auf ein endliches Telos hin zu funktionalisieren, während die autonome Ethik die totalitäre Tendenz hat, die Autonomie der Sachbereiche durch deren gesellschaftliche Funktionalisierung aufzulösen, den Arzt, den Pädagogen, den Richter als Funktionär gesellschaftlicher Programme zu begreifen und das jeweilige Berufsethos ‚teleologisch' in ein universelles Gesellschaftsethos zu transformieren."[19]

In theologischer Perspektive lässt sich an dieser Stelle bereits festhalten, was oben noch weiter zu entfalten sein wird: dass die „Bereiche" nicht als Systemeinheiten zu betrachten sind, die sich in ungeleiteten „Prozessen" einer inneren Gesetzmäßigkeit zufolge

(„Eigengesetzlichkeit) entwickeln, sondern gewissermaßen politisch verstanden werden müssen – als Größen, die stets „regiert" werden müssen, um nicht zu entarten. Wo dieser politische Charakter im Namen einer vermeintlichen „Autonomie" bestritten wird, empfiehlt sich umso mehr die Frage, wer oder was denn heimlich „im Regimente" sitzt. Hier wäre an Hannah Arendts weises Diktum zu erinnern, dass die Auslieferung der Gesellschaft und ihrer Institutionen an einen anonymen „Prozess", an die „Herrschaft des Niemand" um so totalitärer ausfallen muss, je mehr dies als Freiheitsgewinn gepriesen wird. „Aber dieser Niemand, nämlich die hypothetische Einheitlichkeit des ökonomischen Gesellschaftsinteresses wie die hypothetische Einstimmigkeit der gängigen Meinungen in den Salons der guten Gesellschaft, regiert deshalb nicht weniger despotisch, weil er an keine Person gebunden ist."[20]

So weit haben wir uns die Problematik der Tendenz vor Augen gehalten, den Gegenstand der materialen Ethik im Sinne einer Bereichsethik aufzufassen, wie dies auch für die theologische Ethik neuerdings etwa von Martin Honecker empfohlen wird[21]. Nun muss es darum gehen, zu zeigen, wie eine Alternative aussehen kann. Es ist bereits angedeutet worden, dass ich sie in der Vorstellung von einem Kanon „elementarer Lebensformen" sehe, denen die Ethik nachdenken kann. Als einen Zwischenschritt auf dem Weg möchte ich zunächst die Aufmerksamkeit auf den von Hegels Idee der Sittlichkeit der Verhältnisse inspirierten Versuch des Zürcher Sozialethikers Johannes Fischer[22] lenken, einleuchtend zu machen, dass sich die Ethik in primärer Weise mit „sittlicher Lebensverhältnissen" zu befassen hat: „Christliche Ethik hat ihrer Orientierung in der Sittlichkeit von Lebensverhältnissen" (41). Hiermit lässt sich, dem Anspruch Fischers entsprechend, eine „Brücke" zwischen allgemeiner und christlicher Ethik zu schlagen (12), gewissermaßen eine philosophische Vorklärung betreiben für die kritische Rekonstruktion der theologischen Ständelehre, wie ich sie vorschlagen möchte.

5. *Ethik sittlicher Lebensverhältnisse*

a. „Leben"

Im Zentrum der Argumentation Fischers steht der Begriff des „Lebens". In diesem Begriff sieht Fischer angezeigt, dass sich die

Ethik als Handlungswissenschaft nicht allein auf die intersubjektive Konstitution von Handlungsräumen durch Handeln beschränken kann, sondern auch in den Blick nehmen muss, was dem Handeln seinerseits an kommunikativen Momenten des Daseins bedingend vorausgeht. Im Lebensbegriff liegt beides ineinander: das was Menschen tätig zu verantworten haben, und das was ihrer tätigen Verantwortung vorausliegt. So wie wir trotz der tätigen Pflege von Kommunikationsbedingungen „Kommunikation" nicht „machen" können, sieht Fischer auch das „Leben" als ein Phänomen an, das wir streng genommen nicht „führen" können, sondern woran wir „teilhaben" (35). Hierauf verweist bereits der Begriff „Ethos", der einerseits „Gewohnheiten" und „Sitte" bezeichnet, andererseits aber auch die Bedeutung von „Lagerplatz" und „Wohnstatt" umfasst und also das „Herkommen" unseres Handelns zumindest seiner Topik nach in den Blick rückt. So ist der Lebensbegriff nach Fischers Meinung als „ethischer Fundamentalbegriff" geeignet, „die ethische Sensibilität über die bloß moralische Perspektive hinaus auf die Verbindlichkeiten von Lebensphänomenen hin zu erweitern" (7).

b. Horizontale und vertikale Begründung

Ausgehend von dieser Betrachtung des Lebensbegriffs gelangt Fischer dann zu der Unterscheidung zweier verschiedener Typen von Begründungen in der Ethik, die sich gegenseitig nicht ausschließen, sondern ergänzen. Er unterscheidet eine horizontale Begründungsform von einer vertikalen. Die horizontale Form repräsentiert die klassische Form der „moralischen Frage". Sie fragt nach der Begründung von moralischen Urteilen im intersubjektiven Rechenschaftszusammenhang. Hier geht es darum, die Handlungsgründe durch Argumente zu plausibilisieren. Das leitende Kriterium dieses Begründungstyps ist die Universalisierbarkeit der Handlungsmaximen und ihr Stoff sind die Normen, die sich daraus ergeben. Im Rahmen meiner Darstellung – das sei hier angemerkt – befinden wir uns damit auf der Seite dessen, was an theoretischer Ethik der angewandten Ethik korrespondiert.

Gerade angesichts der Hegemonie dieses Begründungstyps in den Ethikdebatten unserer Zeit betont Fischer nun, dass es daneben noch einen anderen, „vertikalen" Typ von Handlungsgründen gibt, der ungeachtet seiner Vernachlässigung in der ethischen Theoriebildung im „wirklichen Leben“ umso bedeutsamer ist. Sittliches Verhalten ist vielfach nicht in der Anerkennung moralischer Maximen begründet – also dessen, was man für „recht“ oder „gut“ hält –, sondern vielmehr in den konkreten sittlichen Lebensverhältnissen, in die Menschen miteinander gestellt sind. Als Beispiel führt Fischer den Vater an, der seinem arbeitslosen Sohn finanziell unter die Arme greift. Er tut dies nicht, weil dies „gut zu begründen“ ist – so zu fragen würde geradezu als ethisch unangebracht empfunden werden –, sondern aufgrund des „Gutes“ der Familie, von dem eine Verbindlichkeit eigener Art ausgeht. „Die Evidenz des Guten, von Werten und Würdebestimmungen ist in diesen Fällen in der Evidenz von Lebensverhältnissen fundiert“ (26).

Damit plädiert Fischer für eine heilsame Begrenzung des moraltheoretisch generierten „Begründungsradikalismus“: Dessen Begrenzung ergibt sich durch die schlichte Anerkennung der Grenzen des Begründungs*bedarfs*. „Vertikale“ Handlungsgründe, die in der Verbindlichkeit von Lebensverhältnissen wurzeln, sind nicht in gleicher Weise begründungspflichtig wie deren „horizontale“ Pendants. Am Beispiel des Ödipus-Mythos erläutert Fischer, wie diese Verbindlichkeit der sittlichen Verhältnisse auch zur Schuldanerkennung im außermoralischen Sinne führen kann. Ödipus hat – moralisch gesehen – keine Schuld, denn er wusste weder, dass der im Streit Getötete sein Vater war, noch dass es sich bei der Geheirateten um seine Mutter handelte; dennoch trieb ihn seine Tat in den Wahnsinn, weil sie das Lebensverhältnis verletzt hat, in dem er zu diesen Personen gestanden hat – nicht „intersubjektiv“ im Sinne der durch Handlungsbezüge hergestellter Weise, aber dennoch real.

c. Sittliche Lebensverhältnisse

„Lebensverhältnisse haben dabei einen eigentümlichen Status. Sie sind nicht zu verwechseln mit konkreten Beziehung zwischen Individuen. Ödipus wird nicht an der Beziehungen schuldig, die er zu jener Frau hatte, sondern an dem Lebensverhältnis, in dem er unwissentlich zu ihr gestanden ist. Andererseits bestimmen und strukturieren Lebensverhältnisse die Beziehungen zwischen Individuen.“ Hierfür erinnert Fischer an das angeführte Beispiel von dem Vater und seinem arbeitslosen Sohn als „eine Handlung, die in ihrer Begründung so evident ist, dass sich Begründungsforderungen erübrigen. Dasjenige, wovon dies Evidenz ausstrahlt, ist offensichtlich nicht die konkrete Beziehung zwischen *diesem* Vater und *diesem* Sohn, die wir möglicherweise gar nicht kennen, sondern das Vater-Sohn-Verhältnis, das zu derartiger Solidarität verpflichtet" (37).

Mit dieser Einsicht, dass intersubjektive Beziehungen immer schon eingebunden sind in solche Lebensverhältnisse und ihre Spielregeln von dort her erhalten, setzt sich Fischer ausdrücklich ab von einer Diskursethik, „welche die Gemeinschaft der Kommunizierenden aus der intersubjektiven Orientierung des Diskurses begründen will. An Stelle der dort getroffenen Unterscheidung zwischen idealer und realer Kommunikationsgemeinschaft steht hier die Unterscheidung zwischen Lebensverhältnis und konkreter Lebensbeziehung" (38).

Anhand einiger Beispiele macht Fischer plausibel, wie sich die Orientierung der Ethik an solchen sittlichen Lebensverhältnissen in der Diskussion aktueller Problem unterscheidend auswirkt. So lässt sich etwa in der Diskussion um die Personalität des menschlichen Lebens im Mutterleib wegkommen von der Fixierung auf Eigenschaften, an denen das Personsein festgemacht werden soll – und an deren Fehlen es dementsprechend negiert werden kann –, wenn die Personenwürde im Medium des tatsächlichen Lebensverhältnisses verstanden wird, mit dem die Eltern zum Fötus stehen: wenn sie über seinen Namen nachdenken, sein Zimmer einrichten und die ankommende Person in ihren Lebensplan integrieren. Der in der „Personalität" prädizierte Würdebegriff bezeichnet demnach den „Status ..., den Lebewesen innerhalb von Lebensverhältnissen haben"(40); da diese nicht intersubjektiv hergestellt werden, lässt sich der Würdebegriff „Person" auch nicht einem Lebewesen entziehen, das an diesen Verhältnissen Anteil hat; andernfalls würde es sich dabei – nach Kants epochaler Unterscheidung – ja um einen „Wert-" und nicht um einen „Würdebegriff" handeln.

Nun lässt sich Fischers Konzeption gewiss positiv würdigen, sofern sie dazu anleitet, aus der faktisch bestehenden Verbindlichkeit von Lebensverhältnissen die notwendigen Schlüsse für die ethische Theorie zu ziehen. Es ist kaum zufällig, dass sich Fischer für sein „integratives" Konzept ausdrücklich auf Thomas von Aquin beruft (59), wenngleich dieser Hinweis unausgeführt bleibt. Wie Robert Spaemann in einen wichtigen Beitrag mit dem Titel „Wer hat wofür Verantwortung"[23] ebenfalls im Rekurs auf den Aquinaten gezeigt hat, ist Verantwortung keine allgemeine Währung, sondern sachgemäß nach dem jeweiligen Maß des Lebensverhältnisses zu bestimmen[24] und darum am besten abgestuft (403f) nach dem Prinzip der Subsidiarität (von „subsiduum": Hilfstruppe) zu begreifen. Sowohl Eltern als auch der Staat haben eine spezifische Verantwortung für die Heranwachsenden, aber Elternverantwortung muss der staatlichen Verantwortung für die Kinder prinzipiell vorgeordnet sein. Die Anerkennung dieser subsidiären Stufung und Verschiedenheit von Verantwortung kennzeichnet ein gutes Gemeinwesen, während die Nivellierung dieser Verschiedenheit ein totalitäres Staatswesens ausweist.

Spaemann verweist auf das berühmte Beispiel des Thomas, wonach es ebenso gut die moralische Pflicht des Königs ist, nach einem Delinquenten fahnden zu lassen, wie es die moralische Pflicht der Ehefrau ist, diesen vor seinen Häschern zu verstecken. Wir sollen, so folgert Thomas, nicht wollen, was Gott will (denn Gottes Wille kann uns nicht immer vorab bekannt sein), sondern wollen, was Gott will, dass wir es wollen: als diejenigen, die in jeweils bestimmten moralisch qualifizierten Verhältnissen miteinander stehen, die jeweils eigene Güter beinhalten. So hat die Ehefrau Verantwortung für das bonum familiae, der König aber für das bonum rei publici, und nur Gott ist Verantwortung als einheitliches Phänomen präsent; nur Gott ist zuständig für das „bonum universi" (404, vgl. Sth qu. 19 art. 10). Wir werden sehen, dass diese Aufmerksamkeit auf die verschiedenen Verantwortungen, die sich aus der Anerkennung der Vorgegebenheit von Lebensverhältnissen ergibt, durchaus mit der reformatorischen Akzentuierung der Ständelehre kompatibel ist.

d. Nächstenschaft: die Grenze von Fischers Konzeption

Wenn wir nun nach der positiven Würdigung auch nach der Grenze einer solchen Ethik sittlicher Lebensverhältnisse fragen, wie sie Johannes Fischer empfiehlt, dann scheint diese dort auf, wo Fischer die generelle Vorordnung des Allgemeinen vor dem Besonderen, die er im Sinn des kantischen Formalismus kritisiert, selbst reproduziert, indem er mit den sittlichen Lebensverhältnissen gewissermaßen auf ein besonderes Allgemeines baut. Die theologische Figur, die für Fischer seiner allgemeinvernünftigen Ableitung des ethischen Sollens aus dem Sein sozialer Beziehungen entspricht, ist die der „Nächstenschaft".

Die Allgemeinheit dieser Kategorie entspricht der des „Lebens“ deshalb, weil nach Fischers Meinung für die neutestamentliche Perspektive gilt, „dass wir unabhängig von unserem aktuellen Wollen und Verhalten immer schon in solchem Verhältnis zu anderen Menschen stehen“. Die Liebe, wie sie im Gleichnis vom barmherzigen Samariter geboten ist und exemplarisch vom Samariter verwirklicht wird, ist „ein Bestimmtwerden bzw. Sich-Bestimmen-Lassen durch Lebensverhältnisse“ (42). Nun vermag uns aber ein genauerer Blick auf das Gleichnis, auf das sich Fischer beruft, auf die Problematik einer solchen Ethik hinweisen, die ihr Rationale von „immer schon“ gegebenen Verhältnissen bezieht, unter die auch die Kategorien der Nächstenschaft und Liebe eingeordnet werden. Dies verkennt nämlich gerade die hier waltende biblische Logik.

Die Tatsache, dass Jesus im Anschluss an die Erzählung fragt, wer nun dem unter die Räuber Gefallenen zum Nächsten *geworden* (gegonenai, V. 36) ist, lässt sich nicht mit der Behauptung Fischers harmonisieren, dass „eigentlich“ auch schon Priester und Levit „Nächste“ gewesen wären, sich nur eben nicht dementsprechend verhalten hätten. Die Frage Jesu, wer zum Nächsten geworden ist, setzt nicht weniger als eine Umkehrung der Frage des Pharisäers voraus, mit der die Erzählung motiviert wurde: „Wer ist denn mein Nächster“? Wo mit dieser Frage vom „Nächsten“ nach der Reichweite seiner schon bestehenden Nächstenschaft gefragt wird, kehrt sich durch das Gleichnis Jesu die Perspektive um: Nächstenschaft wird zur Berufung. Wer sich durch die Not des Anderen rufen lässt, *wird* diesem selbst zum Nächsten[25].

Die entscheidende Differenz liegt in der Umkehrung von Subjekt und Objekt. Nächstenschaft heißt dann nicht mehr, dass sich ein „moralisches Subjekt“ über sein immer schon bestehendes moralisches Verhältnis zum Nächsten klar wird und dies dementsprechend in seinem Handeln umsetzt; auch nicht die Anerkennung des Anderen qua Anerkennung des Lebensverhältnisses der „Nächstenschaft“ ist hier im Blick; vielmehr geht es im Gleichnis darum, dass ein Mensch wird, was er nicht war; dass er dem Anderen zum Nächsten wird, indem er den Anruf von dessen Not gewahr wird. Hier ist dann der Andere nicht mehr das „Objekt“ der Hilfeleistung, sondern er ist es, der das „moralische Subjekt“ zur Nächstenschaft beruft. Während Fischers Ethik der Lebensverhältnisse gewissermaßen an der Frage des

Pharisäers orientiert bleibt – welche Lebensverhältnisse bestimmen die Nächstenschaft und mit welchen Verhältnissen ist die Grenzlinie bestimmt, jenseits derer der Verantwortungsbereich endet: beim Mitbürger, beim Asylanten oder wo? –, gilt es im Sinne der biblischen Tradition damit zu rechnen, dass ethische Verantwortung ein dramatischer Vorgang der Berufung in die Nächstenschaft hinein ist.

e. Berufung zur Verantwortung

Dieses Gefälle zwischen bestehender und emergierender Verantwortung ist besonders eindrücklich in der „Philosophie des Anderen" von Emmanuel Lévinas[26] herausgearbeitet worden. Für Lévinas ist dieses Berufungsgeschehen, das Hineinstellen in die „radikale Verantwortung" mit der „Epiphanie des Antlitzes" des Anderen verbunden: Wenn er mich ansieht, bin ich bereits in einer moralisch qualifizierten Beziehung mit ihm, die mein Antworten verlangt – ob ich will oder nicht. Dabei ist diese „Be-Rufung" durch die Epiphanie des Antlitzes nicht von der verbalen Ausdrücklichkeit – etwa eines Notrufes – abhängig. Im Ansehen liegt der Ruf: „Das Antlitz spricht. Die Erscheinung des Antlitzes ist die erste Rede" (221). Diese Unmittelbarkeit der Anmutung des Anderen, in der sich kein „Deuten" zwischen mich und ihn schiebt, bezeichnet Lévinas als „Nacktheit des Antlitzes". „Das Antlitz ist Not ... und in der Direktheit, die auf mich zielt, ist es schon inständiges Flehen" (222f).

Dies gilt Lévinas für den zwischenmenschlichen Bereich. Allerdings wird auch deutlich, wie diese ethische Grundsituation gewissermaßen religiös grundiert ist, wie sie von der Erfahrung des Erscheinens des Antlitzes Gottes und mithin von der Ursituation der Verantwortung her gewonnen wird. „Dieses Band mit dem Anderen, das sich nicht auf seine Vorstellung (die wir uns von ihm machen), sondern auf seine Anrufung zurückführt ... nennen wir Religion. Das Wesen der Rede ist Gebet". Für diese „Bewegung zum Anderen ohne Rückkehr" findet Lévinas keinen anderen Ausdruck als den der „Liturgie". Diese findet ihren Platz „nicht als Kult neben den Werken und der Ethik. Sie ist die Ethik selbst" (218).

Hieran ist für unseren Zusammenhang zweierlei bemerkenswert. Zunächst: Das Besondere (die konkrete Verantwortung der Nächstenschaft) wird nicht über die Vergewisserung eines Allgemeinen eingeholt – ob in Form einer transzendental begründeten Norm oder eines Lebensverhältnisses; das Besondere erscheint vielmehr „nackt“: unmittelbar, im Hören des Anrufes, der ohne Vorwarnung trifft. Fischers Ethik bleibt dagegen eine reine Ethik des Sehens, auch wenn sein Blickradius weiter als andere gezogen ist; ihm geht es um das Sichtbarwerden des „Lebens“ in seiner sozialen Komplexität und seiner eigenen Verbindlichkeit; dies bleibt ein wichtiges Motiv. Dennoch wird vom biblischen Denken her als empfindlicher Mangel zu konstatieren sein, dass eine solche Ethik der Lebensverhältnisse im Grunde ohne das Wort in seiner schöpferischen Kraft auskommt. Auch die Gebote artikulieren dann nur das, was qua Lebensverhältnis „immer schon“ Geltung beanspruchen kann[27].

Wie sich demgegenüber an der Auslegung des Dekalogs im Kleinen Katechismus zeigt, wo jeder Auslegung eines einzelnen Gebotes die des ersten Gebotes als cantus firmus mitgegeben wird (Wir sollen Gott fürchten und lieben, dass wir ...), wusste Luther die ethische Anerkennung von Lebensverhältnissen, wie sie in der zweiten Tafel angesprochen werden, mit der Offenheit für das Wort zu verbinden, von dem es auch im Blick auf diese Lebensverhältnisse das Entscheidende zu hören gibt. Ich möchte darum nun an Luthers Verständnis der „materialen Ethik“ erinnern, weil es mir in der Lage scheint, einen Weg jenseits der Alternative von „Bereichsethik“ oder „Lebensethik“ zu weisen. Luthers Sozialethik kann in der gegenwärtigen Lage m.E. einen höchst fruchtbaren Anstoß geben, weil sie einerseits die eigene Würde der Lebensverhältnisse – in traditioneller Sprache: der Stände – theologisch qualifiziert, ohne andererseits aber die Maßstäbe für das ethische Leben in den Ständen unmittelbar aus diesen selbst gewinnen zu wollen. Vielmehr verhält es sich nach Luthers Auffassung mit diesen Lebensformen ganz ähnlich wie mit einem Sakrament: Das Elementare wird erst durch das hinzukommende Wort Gottes qualifiziert.

6. *Ethik der elementaren Lebensformen: Verschränkung von Stand und Wort*

Es ist das Verdienst von Oswald Bayer, Luthers Ständelehre in ihrem inneren Zusammenhang und ihrer Aufgeschlossenheit für gegenwärtige Fragestellungen erinnert zu haben[28]. Dabei markiert Bayer den entscheidenden Punkt folgendermaßen: „Die Hauptpointe dabei liegt in der unauflöslichen Verschränkung von ‚Element und Einsetzung'. Sucht man Luthers Verständnis mit den Fragestellungen gegenwärtiger Anthropologie und Soziologie kritisch zu vermitteln, bietet sich als entsprechendes Begriffspaar ‚Natur und Institution' an" (117).

a. ecclesia, oeconomia, politia – ins Wort gefasst

Was ist nun unter jenen „Ständen" zu verstehen? „Erstlich, die Bibel redet und leret de operibus Die, da ist kein zweiffel an; diese aber sein geteilet in drei hierarchias: Oeconomiam, politiam und ecclesiam" (WA TR 5, 218,14ff). Hier sind nicht die sozialen Schichtungen einer ständischen Gesellschaft wie der des Mittelalters angesprochen, sondern die paradigmatischen Lebensverhältnisse der Menschen als Gottes Geschöpfe. Diese gelten als zusammen mit den Menschen geschaffen: „concreatae sint" (WA 40 III, 222,35f). Deshalb könnten sie auch als „Schöpfungsordnungen" bezeichnet werden, wenn der Begriff aufgrund seines theologiegeschichtlichen Missbrauchs nicht lieber vermieden werden soll. Luthers eigene Terminologie ist uneinheitlich. Er redet generisch abwechselnd von „Orden", „Hierachien", „Ständen", „ordinationes", „Stiften", und auch die Benennung der einzelnen dieser „elementaren Lebensformen", wie ich sie für den gegenwärtigen Sprachgebrauch vorschlage, variiert: Statt eher allgemein von Kirche, Ökonomie und Politik kann Luther auch zugespitzt von „diesen dreien" reden: „Priesteramt", „Ehestand" und „weltliche Obrigkeit". (WA 26, 504,30).

Wesentlich ist nun der konstitutive Bezug dieser Lebensformen auf das schöpferische Wort. Zunächst gilt es, dies im Sinne ihrer „Einsetzung" durch Gott zu bedenken, „dass solche drei Stifte oder Orden in Gottes Wort und Gebot gefasst sind". Wiewohl die Stände nicht media salutis, also selbst „Mittel zum Heil" sind, so sind sie doch „heilig", eben als (durch das Wort) geheiligte Größen (WA 26, 505,8–10.) Als Bewährungsraum der Heiligung bezeichnen sie zugleich den „Beruf" eines Christenmenschen.

b. Die Erkenntnis des Berufs

In Luthers Rede vom „Beruf"[29] tritt die von Bayer hervorgehobene Verschränkung von Element und Einsetzung deutlich vor Augen. Einerseits zielt der Beruf auf konkrete sittliche Verhältnisse: zu

Ehepartnern, Kindern, Kunden, Kollegen, Schülern, Mitbürgern etc.; zugleich aber gilt es, in diesen Verhältnissen den Ruf Gottes zu hören, der diese erst zum „Beruf" macht. So sehr diese Verhältnisse auch zum natürlichen Leben gehören mögen: ihre „Erkenntnis" erschließt sich der vernünftigen Betrachtung nicht von selbst.

So beschreibt Luther beispielsweise für die Ehe eine spezifische Erkenntnisaufgabe[30]. „Es ist gar viel eyn ander ding, Ehlich seyn und ehlich leben erkennen. Wer ehlich ist und ehlich leben nicht erkennet, der kan nymer mehr on unlust, mühe und jamer drynnen leben. Er muss klagen und lestern wie die heyden und unvernunfftige, blinden menschen. Wer es aber erkennet, der hatt lust, liebe und freude drynnen" (294, 22–25). Diese Erkenntnis vollzieht sich nicht anders als im Hören auf das Wort. „Die sinds aber , die es erkennen, die festiglich glewben, das gott die ehe selbs eyngesetzt ... hat. Denn sie haben gottis wort darauff, des sie gewiss sind, das er nicht leugt, Gen.1. Darumb sie auch gewiss sind, das yhm der stand an yhm selbs gefellet mit allem seynen weßen, wercken, leyden und was drynnen ist" (294, 27–32). Mit der Erkenntnis dieser Lebensform ist auch ein diakritisches Vermögen verbunden, die Differenzen zu anderen, phänotypisch ähnlichen Verhältnissen, wie etwa nicht-ehelicher Partnerschaft, in ihrer Tiefendimension zu erfassen: „Daher ists komen, das man so ein gauckelspiel aus dem ehestand gemacht und allenthalben so leichtfertig davon geredet hat, Das fleust alles daher, das es dem hurn leben so nahe und gleich sihet. Darumb ists die höheste kunst, die allein fur die Christen gehört und die Christen sein wollen, das man das eheliche leben von der hurerey wisse zu unterscheiden, das ein ehman gewis sey und sagen könne: das weib hat mir Gott gegeben, bey der sol ich wonen" (HP 52,27 – 54,3). So wird deutlich, dass die Bedeutung des Hörens auf das Wort nicht allein der „Stiftung" im Sinn der einmaligen Einsetzung des Standes gilt, sondern, dass „Einsetzung" bzw. „Stiftung" in gewiss machender Weise aktuell begriffen werden kann als Zusage: „Diese Frau, diesen Mann hat mir Gott gegeben".

Dabei ist die „reformatorische" Stoßkraft in Luthers Modifizierung der Ständelehre darin zu sehen, dass der göttliche Ruf zur Glaubensbewährung nun nicht mehr in abgestufter Weise primär dem „geistlichen Stand" der Kleriker und Monasten gilt, sondern allen drei Ständen gleichermaßen. Nun gilt kein hierarchisches Gefälle mehr, vielmehr werden „Knechte und Mägde" ein Orden mit „Richter, Amtleute, Kanzler, Schreiber" (WA 26, 505,5f).

Nun hat die reformatorische Berufsethik den „Beruf" freilich nicht auf die jeweilige Profession beschränkt, der ein Mensch nachgeht, sondern auch das „Amt" eines Menschen als Ehefrau und Ehemann, als Kind seiner Eltern etc. als Beruf verstanden: als Berufung zur Bewährung des in der Liebe tätigen Glaubens in allen Lebensbereichen. Mit der reformatorischen Entschränkung des im Mittelalter auf die geistlichen Stände monopolisierten „vocatio"-Begriffs war nun aber nicht nur die Aufwertung der sittlichen Lebensverhältnisse und ihre (erst geistliche, dann auch weltliche) Emanzipation aus der Ständehierarchie verbunden. Ebenso wichtig ist die Tatsache, dass im Berufsgedanken mit der Betonung von Glaube und Liebe als Stand „über allen Ständen" zugleich die Durchgängigkeit der christlichen Logik gegenüber einer diese spezifische Emanzipation missverstehenden Eigengesetzlichkeit der Lebensbereiche festgehalten wird. Demnach ist der Glaube „über allen Ständen, in allen Ständen und durch alle Stände" (WA 12, 126,17f.)

c. Der Orden der Liebe: die Permeabilität von Stand und Evangelium

So gesehen ist die Dreiständelehre ein Modell für die Permeabilität des Evangeliums auf alle Lebensbereiche hin (CA 16: „in talibus ordinationibus exercere caritatem") und bildet den notwendigen Rahmen, innerhalb dessen die Zwei-Regimenten-Lehre nicht zu jener heillosen „distinctio metaphysica"[31] verkommen muss, indem sie das Evangelium auf das Reich zur Rechten beschränkt.

Einem solchen in der Geschichte des Luthertums wirksam hervorgetretenen Missverständnis gegenüber findet sich bei Luther folgende Logik: „Über diesen drei Stiften und Orden ist nur der (all)gemeine Orden der christlichen Liebe, darin man nicht allein den drei Orden, sondern auch insgemein einem jeglichen Bedürftigen mit allerlei Wohltat dienet." Wie Luther diese „allerlei Wohltat" dann spezifiziert, verweist eindrücklich auf die Verschränkung von Element und Einsetzung, auf das Ineinander von natürlicher Erkenntnis von Lebensverhältnissen und der Notwendigkeit, das Wort dazuzuhören. So fährt Luther exemplifizierend fort: „... wie: speisen die Hungrigen, tränken die Dürstenden" und so weit reicht die innere Logik der „Lebensverhältnisse“, denn welcher Vater wird seinem Kind einen Stein geben, wenn es um Brot bittet (Mt 7.9); dann fährt Luther mit der Aufzählung aber folgendermaßen fort: „...vergeben den Feinden, bitten für alle Menschen auf Erden, leiden allerlei Böses auf Erden“ (WA 26, 505,11–15). Hiermit ist das, was das Wort „hinzusagt“, angezeigt, denn die geforderte tätige Liebe liegt ja wohl kaum im Lebensverhältnis der Feindschaft begründet.

Wie die Erkenntnis der Lebensverhältnisse und ihrer respektiven Ethiken für die reformatorische Auffassung am Wort hängt und nicht selbstevident ist, lässt sich an einem Beispiel aufzeigen. Dass es Väter gibt und gewisse, kulturübergreifende moralische Standards des spezifischen Lebensverhältnisses, in dem Eltern zu ihren Kindern stehen, ist das eine; der theologisch springende Punkt für die evangelische Ethik ist freilich, dass die christliche Interpretation der Vaterrolle nicht aus diesem Lebenswissen ableitbar ist, sondern von der Funktion der Stellvertretung, die den Eltern in spezifischer Weise zugesprochen und zugemutet ist: dass sie bei ihren Kindern Christus vertreten, indem sie ihnen sein Wort ausrichten. „Denn gewisslich ist vater und mutter der kinder Apostel, Bischoff, pfarrer, ynn dem sie das Euangelion yhn kundt machen“ (WA 10 II, 301, 23ff) Die Evangeliumsverkündigung im eigenen Haus ist somit als vornehmste Aufgabe des Elternamts bestimmt. Da das Evangelium aber niemals mit Zwang mitgeteilt werden kann, ist das Paradigma des Elternamtes also insgesamt nicht der Druck („denn er will nicht Buben und Tyrannen zu diesem Amt und Regiment haben“, BSLK, 603), sondern das Locken und Reizen, wie Luther immer wieder betont.

Und nun gehört es zu den aufregenden, aber meist unterschlagenen Wendungen des Reformators, dass er auch die politische Machtausübung vom Paradigma solcher elterlicher Machtausübung verstehen wollte. „Aus der Eltern Oberkeit fleußet und breitet sich aus alle andere“ (BSLK 596), wie es in der Auslegung des Großen Katechismus zum vierten Gebot heißt. Was vielfach als „paternalistisches“ oder „patriarchalisches“ Politikverständnis des „Fürstenknechts Luther“ verstanden wurde, birgt geradezu die gegenteilige Pointe: Auch die politische Machtausübung hat sich am „elterlichen“ Grundsatz: Locken vor Drohen, Barmherzigkeit vor Vergeltung etc. zu orientieren und nur im Notfall zur jeweils schlechteren Alternative zu greifen; als Christ hat sich der Fürst nicht als oberster Polizist, sondern eben als „Landesvater" zu verstehen. So erkennt Luther zwar durchaus die Diversifikation der Stände an, ihre jeweilige Eigenart und eigene Würde; die gleiche christliche Berufung stellt sich für den Fürsten anders dar als für den Bauern, und für den Theologen wieder anders als für den Fürsten. Aber es handelt sich eben doch um die gleiche Logik: des Glaubens und der Liebe „über allen Ständen, in allen Ständen und durch alle Stände". So hat der Fürst einerseits jene Schwertgewalt, die der Bauer nicht hat; andererseits heißt, in christlicher Weise davon Gebrauch machen eben, gerade auch vom Bauer zu lernen, der seinem Haus liebevoll vorsteht[32].

Hier, am Beispiel der „dreierlei Väter in diesem Gebot" (BSLK 601), zeigt sich, wie die elementaren Lebensformen sich gegenseitig herausfordern und miteinander auf spezifisch theologische Weise (im Amt des Wortes, an dem Pfarrer, Eltern und politische Machthaber je auf ihre Weise Anteil haben) zusammenhängen. Gegen die fatale „distinctio metaphysica von Christperson und Weltperson, von Beruf und Professionalität, von Ökonomie und Politik etc. gilt es mit Luthers Dreiständelehre also gerade, die Durchformung allen Lebens mit dem Evangelium zu erkennen und lernen: Dies lässt sich niemals auf ein Prinzip wie etwa das der Gewaltlosigkeit herunterdeklinieren, das dann nur umgesetzt werden müsste. Vielmehr gilt es, das Leben in den elementaren Lebensformen als „Amt" zu begreifen: als eine *politische* Rolle. Das zentrale Amt des Christenmenschen ist es, „Mitbürger der Heiligen und Hausgenosse Gottes" zu sein (Eph 2,19), als Glied der Kirche Jesu Christi zugleich in Gottes Ökonomie und Polis zu leben. Dieses zentrale Amt, an dem alle Gläubigen teil haben, gilt es dann in den verschiedenen Lebensverhältnissen, Rollen und Tätigkeiten – als Staatsbürger, Ehemann, Mutter etc. – zu bewähren.

d. Heilige Stände: sakrosankt oder emanzipatorisch?

Nun ist das kritische Potenzial der Dreiständelehre im letzten Gedanken – der gegenseitigen Herausforderung der Stände – bereits angesprochen worden. Allerdings lässt sich angesichts der quasi „sakramentalen" Kennzeichnung des Wesens der Stände die Frage nicht von der Hand weisen, ob damit nicht eine Sakro-Sanktierung weltlicher Phänomene vollzogen wird, die diese jeder Kritik entzieht.

Hierauf antwortet Luthers Unterscheidung von „selig“ und „heilig“: „Selig werden wir allein durch Christus, heilig aber sowohl durch diesen Glauben als auch durch diese göttlichen Stifte und Orden. Es können auch Gottlose gewiss viel Heiliges haben, sind aber darum nicht selig drin“(WA 26, 505,18–21). Die quasi „sakramentale“ Kennzeichnung der Stände im Dual von „Element und Einsetzung“ macht sie also noch keineswegs zu Sakramenten. Sie sind keine Heilsmittel, sondern nur Heiligungsmittel. Doch was heißt hier „nur“? Dass Gott durch Glauben *und* Stifte den Christenmenschen heiligen will, spricht diesen Lebensformen eine höchste Würde zu. Diese ist mit der geläufigen Formel von „Bewährungsräumen des Glaubens“ offensichtlich unterbestimmt. Heiligung geschieht nach Luthers Meinung nicht lediglich kontextuell „in“ diesen elementaren Lebensformen, sondern eben auch vermittels derselben. Sie sind, wie Luther am Beispiel der Ehe ausführt, nicht allein Gegenstand des tätigen Glaubens, sondern ihre vom Schöpfer gestiftete anspruchsvolle Eigenart (der Gleichnisfähigkeit auf Christus und die Gemeinde hin in lebenslanger Liebe und Treue) macht es aus, dass sie den Glauben geradezu „hineinzwingen“, weil sie ohne die gewissmachende Kraft desselben gar nicht wirklich bewährt werden können.

„Wo der Herr nicht das Haus baut, arbeiten umsonst, die daran bauen, wo der Herr nicht die Stadt behütet, wacht der Wächter umsonst.“ So führt Luther zu diesem Psalm 127 aus: Wo die Menschen spreche: „ego feci“ und meinen, selbst causa finalis und efficiens, Schöpfer und Vollender von politia und oeconomia sein zu wollen – und heute müsste man wohl noch hinzufügen, auch die Kirche zu managen –, werden diese elementaren Lebensformen korrumpiert. Luther kennt keine Autonomie der professionellen Vernunft: „So hat Gott das Haus- und Stadtwesen nicht also erschaffen, wie der Baumeister oder Zimmermann das Schiff macht, welcher, wenn der Bau fertig ist, davon geht und befiehlt, das Schiff dem Schiffmann zu regieren: sondern Gott der Herr bleibt bei seinen Kreaturen, regiert und erhält beide, Haus, Land und Leute“[33].

So schärft der Psalm für Luther die bleibende Angewiesenheit des Lebens in den Ständen auf das lebendige Wort ein: „Dies (die Regierungskunst) lehrt er (David) auf eine solche Weise, dass kein Philosoph noch Gelehrter, ja auch kein Mensch je davon geredet oder geschrieben hat. Denn er alle Regimente auf den Glauben führt, und lehrt, dass alle Weisheit, Land und Leute zu regieren und alles, was in den Regimentern und in der Haushaltung vorgenommen wird, von Gott seinen Anfang, Regierung und Erhaltung haben muss".[34] In der Angewiesenheit, die hier für die Stände auf Gottes Regiment und das davon ergehende Wort ausgewiesen wird, liegt nun gerade die emanzipative und kritische Kraft der Ständelehre. Denn im Bezug darauf lässt sich gewissermaßen der Stand auch gegen die Standesvertreter und seinen jeweiligen status quo aufrufen.

Diesen Zusammenhang hat Hans Joachim Iwand erkannt und eindrücklich charakterisiert. In seinem Aufsatz „Stand und Sakrament"[35] markiert Iwand zunächst durchaus die bereits angesprochene Gefahr bei Luthers Argumentation, „dass die Ständelehre eine sakramentale Würde bekommt" (250). Luther hat allerdings, wie Iwand zeigt, diese einfache Identifizierung doch wieder aufgehoben, indem er die Differenz zwischen dem Element im Sakrament, das dem Wort „stillhält", und dem Repräsentanten des Obrigkeitsstandes, der dem Wort auch widerstehen kann, in die Funktionsbestimmung der „Ständepredigt" aufgenommen hat, die bei ihm nicht selten in scharfe Gesellschaftskritik mündet.

„Der Stand verlangt – von Gottes Gebot und Befehl her angesehen – mehr und oftmals ganz anderes, als was wir in unserem ‚Standesbewusstsein' daraus machen. Hier liegt die Bedeutung der auf das öffentliche Leben bezogenen Predigt. In ihr wird der Stand aufgerufen gegen die Standesvertreter, das Richteramt gegen die Richter, das Predigtamt gegen die Prediger und das Staatsamt gegen seinen Träger. … Luther hat gesehen, dass der ‚Stand' zur ‚Larve' werden kann, unter der nicht Gottes Ruf und Befehl, sondern des Teufels Verführung an die Menschen ergeht. Dann wird Ungehorsam zum Gebot. … Der christliche Konservativismus des 19. Jahrhunderts hat diese kritische Kraft der Erhaltung der Ordnungen mitten durch die schonungslose Kritik ihrer Anwendung hindurch nicht mehr gehabt und ist darum reaktionär, d. h. als geschichtsgestaltende Größe ohnmächtig geworden" (263, umgestellt).[36]

e. Gewissheit oder Vergewisserung?

In einer abschließenden Betrachtung der Dreiständelehre möchte ich das Augenmerk darauf lenken, dass Luther ausdrücklich von einer Trias paradigmatischer bzw. elementarer Lebensformen handelt und nicht wie Johannes Fischer von einer unbestimmten Pluralität von sittlichen Lebensverhältnissen. Als exemplarische Lebensformen haben sie bei Luther verbindliche Bedeutung und Orientierungskraft für alle menschlichen Lebenszusammenhänge. An einem Beispiel wird der Unterschied beider Konzepte deutlich. Fischer spricht von der Notwendigkeit für die christliche Ethik, die intersubjektive Orientierung und die Lebensorientierung in gegenseitiger „Entsprechung zu halten". Für das Problem der Homosexualität heißt das für Fischer dann einerseits: dass sich auf der Ebene der intersubjektiven Orientierung durch den „wissenschaftlichen Erkenntnisstand" , wonach es sich bei Homosexualität „um eine Anlage handelt, für die man nichts kann", der Status der Homosexualität im Lebenszusammenhang verändert. Andererseits wirkt die Lebensorientierung (dass es auch stabile homosexuelle Verbindungen gibt) auf die intersubjektive Orientierung (fortschreitende Akzeptanz dieser Lebensform) weiter ein[37].

Dieses Verfahren empfiehlt sich, wenn die „Lebenszusammenhänge" – die Elemente – jeweils für sich selbst betrachtet werden und nicht auf die elementaren Lebensformen bezogen werden, die „ins Wort gefasst sind". Die Aufmerksamkeit für den Zusammenhang von Element und Einsetzung würde hingegen deutlich werden lassen, dass das hier infrage kommende Wort der Einsetzung (Gen 1f; Mt 19) dezidiert für die Gemeinschaft von Mann und Frau gilt und dass das Verheißungswort für diese Gemeinschaft nicht von den „Elementen" (der Geschlechterdifferenz) abstrahiert werden kann. So aber tritt an die Stelle der von Luther für die Ethik grundlegende Gewissheit, welche aus dem Hören auf das Wort stammt (die Ehe einzugehen ist gut, dies ist dein Mann ...) für Fischer ein „unabschließbarer Vergewisserungsprozess", den die Ethik immer „weiterzuführen" habe[38].

7. *Der Vorzug der Ständeethik vor der Bereichsethik*

Abschließend soll noch einmal festgehalten werden, warum die theologische Ethik in besonderer Weise von den elementaren Lebensformen im Sinne der Trias von ecclesia, oeconomia und politia handeln und sich nicht auf die Spur einer „angewandten" oder Bereichsethik" locken lassen sollte. Hier lässt sich aus reformatorischer

Perspektive zunächst sagen: Dies empfiehlt sich schon deshalb, weil diese Lebensformen in elementarer Weise zum geschöpflichen Leben gehören: Als „Konkreaturen" zusammen mit dem Menschen geschaffen, markieren sie nicht nur den guten Lebensraum menschlichen Lebens, sondern das Mittel zur Heiligung desselben. Wenn darum unbefangen für die Bejahung jener Lebensformen und gegen die verbreitete Institutionenverdrossenheit geworben werden sollte, ist zugleich daran zu erinnern, dass diese paradigmatischen Stände nicht identisch mit den historischen Ständen und ihren Wandlungen, gegen die sie nötigenfalls aufzurufen sind. Göttliche Ordnung ist demnach: die politische Autorität, nicht der jeweilige Staat; die Haushaltung, nicht die jeweilige Wirtschaftsordnung; die Kirche, nicht irgendeine Konfession.

Die Ständetrias steht mithin auch gegen offene und verdeckte Versuche, die einzelnen Lebensformen gegeneinander auszuspielen: die Kirche im Staat aufgehen zu lassen, oder den Staat in der Kirche; die Ökonomie unter staatliches Diktat zu bringen, oder die Politik unter die Knute der ökonomisch Mächtigen; freilich auch: die Kirche der Herrschaft des ökonomischen Denkens oder politischer Interessen auszuliefern, oder die Politik zu verkirchlichen, die Familie zu politisieren oder die Politik zu familiarisieren[39] und so fort.

Die heilsame gegenseitige Begrenzung der elementaren Lebensformen ist allerdings von der Tatsache abhängig, dass ihre Zahl (bei Luther auf jene Trias) begrenzt ist und sie nicht eine unabsehbar fortzuschreibende Liste von Bereichen angeben, die dann nicht mehr in exemplarischer Gegenseitigkeit aufeinander bezogen werden könnten. (Allenfalls Überlappungen von einzelnen „Handlungsfeldern" wären dann zu untersuchen.)

Für die praktische Arbeit der Ethik soll die Orientierung an jener exemplarischen Trias elementarer Lebensformen nun freilich nicht etwa bedeuten, dass nur noch Politik-, Wirtschafts- und Kirchenethik betrieben werden sollte. Was damit aber sehr wohl gesagt ist: Die einzelnen auch „neuen" Arbeitszweige der Ethik – Medienethik, Medizinethik etc. – lassen sich nur dann sinnvoll behandeln, wenn sie jeweils auf diese Trias elementarer Lebensformen bezogen werden: dass sie also auf ihre politische, ökonomische und religiöse Bedeutung befragt werden. Dies kann praktisch so geschehen, dass die einzelnen Topoi unter die elementaren Lebensformen rubriziert werden, im Sinne der teleologischen Logik von Praxis und zugeordneten Praktiken.[40]

Da sich die elementaren Lebensformen aber nicht nur gegenseitig begrenzen, sondern in ihrem notwendigen Miteinander auch herausfordern, genügt es nicht, für den Staat eine politische Ethik zu machen, eine ökonomische Ethik für die Wirtschaft und eine religiöse für die Kirche. Die Kirche betreibt – als Haushalts-Polis Gottes – unausweichlich selbst eine politische und ökonomische Ethik. Und ebenso betreiben Staat und Gesellschaft eine religiöse Ethik (etwa im Sinn politischer Theologie oder der metaphysischen Voraussetzungen der Nationalökonomie), die der Aufmerksamkeit ethischer Reflexion nicht entgehen sollte. So empfiehlt sich, die heuristische Bedeutung der Trias elementarer Lebensformen auch dahingehend auszuloten, dass der politische, ökonomische und theologische Bezug wie ein quer laufendes Filter jeweils über die jeweils betrachteten Gegenstände gezogen wird.

Erst dieser Bezug auf die verbindlichen Lebensformen macht die Ethik zur Sozialethik. Diese Erfordernis gilt dann freilich für vermeintlich „individualethische" Themen (Liebe, Partnerschaft, Konsum etc.) nicht weniger als für die klassischen sozialethischen Themen (Arbeit, Gerechtigkeit etc.). Eine unbestimmt plural bleibende „Bereichsethik" begibt sich dieser wesentlichen Erkenntnisquelle. Sie kann dann entweder sich der systemischen Eigendynamik eines Bereiches aussetzen und zur „techne" degenerieren, die lediglich im Bereich der Mittelwahl versucht, ethische Standards zu wahren; oder aber sie besteht auf der Überprüfung der Zwecke; dann aber kann sie nur von allgemeinen Prinzipien ausgehen, die genügend abstrakt und formal sein müssen, damit sie auf alle möglichen Bereiche „angewandt" werden können. Während die Bereichsethik der kantischen Logik mitsamt deren Begrenzungen verhaftet bleibt, vermag die hier rekonstruierte reformatorische Ethik der elementarer Lebensformen die postmoderne Hinwendung zur personalen Ethik positiv aufnehmen, sofern sie den Menschen nicht primär als Pflichtträger, sondern als Amtsträger versteht: in der Verschränkung von Element und Einsetzung.

Anmerkung

[1] Der Anklang an einen Beitrag von Robert Spaemann: Wovon handelt die Moraltheologie? Bemerkungen eines Philosophen. (in: ders., Einsprüche. Christliche Reden; Einsiedeln 1977, 65ff) ist gewollt. Wenngleich Spaemann die Frage eher locker als sprachanalytisch prägnant fasst, so finden sich doch inhaltliche Parallelen, auf die im Fortgang hingewiesen wird.
[2] Charles Taylor, Sources of the Self. The Making of the Modern Identity; Cambridge (USA) 1989, 23ff.
[3] Grundlegung zur Metaphysik der Sitten; in: Kant. Werke in zehn Bänden; hg. von Wilhelm Weichschedel, Sonderausg., Darmstadt 1983, Bd. 6, 11–102.
[4] Eine solche Motivationsethik vertritt im evangelischen Bereich etwa Martin Honecker. Demzufolge bringe der Glaube „für die theologische Ethik keinen Zuwachs an ethischer Erkenntnis". Seine Bedeutung für die Ethik liege in der „Motivation zum Gebrauch der Vernunft und zum Vollzug der Affirmation des Anrufs des Gewissens". Vernunft, Gewissen, Glaube. Das spezifisch Christliche im Horizont der Ethik; in: ZThK 77 (1980) 339.
[5] Vgl. etwa: für die philosophische Diskussion: Alasdair MacIntyre, The Return to Virtue Ethics; in: The 25th Anniversary of Vatican II: A Look Back and a Look Ahead; hg. von Russell E. Smith; Browntree, Massachusets; Pope John XIII Center 1991, 239–249. Und für die theologische Argumentation: Stanley Hauerwas / David Burell, From System to Story: An Alternative Pattern for Rationality in Ethics in: Stanley Hauerwas, Truthfulness and Tragedy: Further Investigations into Christian Ethics; Notre Dame 1977, 15–39.
[6] Ein Handbuch; hg. von Julian Nida-Rümelin; Stuttgart 1996. Darauf beziehen sich die folgenden Seitenangaben im Text.
[7] Eine Praxis lässt sich im Anschluss an Aristoteles immer auch als teleologischer Komplex verschiedener Praktiken beschreiben, welche ihr Telos nicht in sich selbst, sondern eben in der Praxis haben, die sie gemeinsam bilden. So sind etwa die Herstellung einer Flöte, das Erlernen der Fingersätze und des Mundansatzes einzelne Praktiken, die mehr sind als isolierte Handgriffe und ihre eigene Form und Schönheit besitzen, aber dennoch erst von ihrem Telos her, dem Musizieren, vollständig verstanden und beurteilt werden können. Leider gehen die Termini in der vor allem im angelsächsischen Sprachraum betriebenen Diskussion um dieses Phänomen z.T. auch etwas durcheinander. So hat etwa Alasdair MacIntyre, der diese Diskussion maßgeblich angeregt hat, mit dem Begriff „practice" (Praktik) eher das umschrieben, was ich „Praxis" nenne, wie aus seiner oft zitierten Definition in „After Virtue" (After Virtue 2. Aufl., Notre Dame 1984, 187, die deutsche Übersetzung ist an dieser Stelle wenig gelungen) klar hervorgeht. „By a ‚practice' I am going to mean any coherent and complex form of socially established co-operative human activity through which goods internal to that form of activity are realized in the course of trying to achieve those standards of excellence which are appropriate to, and partially definitive of, that form of activity, with the result that human powers to achieve excellence, and human conceptions of the ends and goods involved, are systematically extended." Mittlerweile scheint sich freilich der Sprachgebrauch durchzusetzen, in dem „practice" sozusagen eine Stufe tiefer gelegt wird und zwar auch noch jeweils „zusammenhängende und komplexe Formen sozial etablierter menschlicher Zusammenarbeit" bezeichnet, deren Güter aber als der Aktivität eben nicht schlechthin

„intrinsisch" gelten, sondern nur insofern, als sie als Formen einer umfassenderen Praxis betrieben werden.

[8] Nida-Rümelin selbst weist darauf hin, wie etwa das Modell der Technikfolgeabschätzung mit dem Verfahren der Wertbaumanalyse von einem solchen utilitaristisch-konsequentionalistischen Paradigma getragen ist. AaO., 58.

[9] Vgl. zur Ideologie des Expertentums: Alasdair MacIntyre, Der Verlust der Tugend. Zur moralischen Krise der Gegenwart; übs. von Wolfgang Rhiel; Theorie und Gesellschaft 5; Frankfurt/M., New York 1987, 111ff.

[10] Michel Foucault, Der Wille zum Wissen. Sexualität und Wahrheit 1; 6. Aufl., Frankfurt/M. 1992.

[11] Zum Essentialismus und Konstruktivismus in der Sexualforschung und Sexualethik vgl. Gunter Schmidt, Sexuelle Verhältnisse. Über das Verschwinden der Sexualmoral; Reinbek 1998, 133ff. Schmidt weißt auf den „Urtext" des Essenzialismus von Karl Heinrich Ulrichs aus den sechziger Jahren des 19. Jahrhunderts hin, in dem zum ersten Mal der „Homosexuelle" als Typ erscheint; aaO., 134.

[12] Foucault, aaO.

[13] Zur Erfordernis einer solchen „homologen" christlichen Identität vgl. die Ausführungen in meinem Band „Gottesdienst als Lebensform. Ethik für Christenbürger"; Stuttgart u.a. 1997, 228ff.

[14] So bringt sich die Kritik zur Geltung, die etwa Vertreter des Arbeitskreises „Homosexuelle und Kirche" (HuK) an der gegenwärtigen kirchlichen Strategie anbringen, wonach die Anerkennung homosexueller Lebensformen gewissermaßen um den Preis ihrer Unterwerfung unter die ihnen fremde Logik der heterosexuellen Ehebeziehung mit ihren Treuestandards vollzogen werden soll. Vgl. dazu meinen Beitrag: Das „Natürliche" und die „Moral". Zur neueren Diskussion um die Homosexualität in der Kirche; ZEE 38 (1994), 179ff.

[15] „Es gibt keine schlechthinnige ‚Autonomie der Sachbereiche'. Es gehört zu jedem endlichen Sachbereich, auf andere zu verweisen. Eine zum Selbstzweck gewordene Medizin ist ebenso unmenschlich wie eine zum Selbstzweck gewordene Produktion von Automobilen." Robert Spaemann, Wovon handelt die Moraltheologie?, 84.

[16] Niklas Luhmann, Soziale Systeme. Grundriss einer allgemeinen Theorie; 2. Aufl., Frankfurt/M. 1988.

[17] In dieser Hinsicht ist die Analyse aufschlussreich, die Jochen Cornelius über den „hierarchischen Primat des Teilsystems Wirtschaft" in Luhmanns Theorie vorgenommen hat. Die Wirklichkeit der Weltgesellschaft; in: M. Welker (Hg.), Theologie und funktionale Systemtheorie. Niklas Luhmanns Religionssoziologie in theologischer Diskussion; Frankfurt/M. 1985.

[18] Jean F. Lyotard, La condition postmoderne; Paris 1979; vgl. dazu auch: Sven Andersen, Postmoderne und theologische Ethik; NZSTh 41 (1999), 283–296.

[19] Robert Spaemann, Wovon handelt die Moraltheologie, 84.

[20] Hannah Arendt, Vita Activa oder vom tätigen Leben; München 1967, 41.

[21] Ich beziehe mich auf ein freundlicherweise zur Verfügung gestelltes Manuskript mit dem Titel: Grundlagen der Sozialethik. Von der Dreiständelehre zur Bereichsethik; der Beitrag wird in der ZEE erscheinen.

[22] Handlungsfelder angewandter Ethik. Eine theologische Orientierung; Stuttgart u.a. 1998. Darauf beziehen sich die folgenden Seitenangaben im Text.

[23] Zum Streit um deontologische und teleologische Ethik; Herder Korrespondenz 36 (1982), 345–350; 403–408. Darauf beziehen sich die folgenden Seitenangaben im Text.

[24] Sittliche Lebensverhältnisse sind für Spaemann: „Freundschaft, Ehe, das Verhältnis zwischen Eltern und Kinder, zwischen Arzt und Patient, zwischen Lehrern und Schülern, zwischen Berufskollegen usw.". Dabei läuft seine Argumentation parallel zu der Fischers. „Die Pflicht, ein Versprechen zu halten, ergibt sich gar nicht als Funktion eines Gesamtnutzens, also etwa der Erhaltung jener Annehmlichkeit, die sich aus dem allgemeinen Vertrauen unter Menschen ergibt. Es handelt sich gar nicht um die Pflicht primär gegen eine unbekannte Zahl unbekannter Personen, die irgendwo von einer Vertrauensverletzung mitbetroffen wären, sondern um eine Verantwortung, die dich aus dem konkreten sittlichen Verhältnis ergibt, in das ich mich begeben habe, als ich ein Versprechen gab. Dieses Verhältnis zieht seinem Wesen nach ein Engagement nach sich: das Einlösen des Versprechens. Verantwortung ergibt sich stets aus Situationen, in denen wir uns befinden, aus „*sittlichen Verhältnissen*" (349).

[25] Vgl. dazu meine ausführlicheren Analysen im Band: Gottesdienst als Lebensform, 232ff.

[26] Die Spur des Anderen. Untersuchungen zur Phänomenologie und Sozialphilosophie; hg. von W. Krewani; 3. Aufl., Freiburg, München 1992. Darauf beziehen sich die folgenden Seitenangaben im Text.

[27] Fischer, aaO, 48f.

[28] Oswald Bayer, Natur und Institution. Luthers Dreiständelehre; in: ders., Freiheit als Antwort. Zur theologischen Ethik; Tübingen 1995, 116–146. An diesem Beitrag ist die folgende Darstellung orientiert.

[29] Vgl. dazu: Gustav Wingren, Luthers Lehre vom Beruf; München 1952.

[30] Die folgenden Seitenangaben im Text beziehen sich auf die beiden genannten Schriften „Vom ehelichen Leben" (WA 10,2, 275–304) bzw. mit dem Kürzel HP auf die „Hochzeitpredigt" (WA 34,1, 50–75). Vgl. zu Luthers Ehetheologie meinen Band: Die Freiheit der Ehe. Das Zusammenleben von Frau und Mann in der Wahrnehmung evangelischer Ethik; Neukirchen-Vluyn 1992, insbesondere 42ff.

[31] WA TR 3, 669–674 (Nr. 3868); vgl. dazu Bayer, aaO., 132.

[32] Die eindrucksvollste Entfaltung des theologischen Zusammenhangs der drei Stände findet sich in Luthers Auslegung zu Ps. 127, 1: „Wo der Herr nicht das Haus baut, arbeiten umsonst, die daran bauen (oeconomia), wo der Herr nicht die Stadt behütet, wacht der Wächter umsonst (politia)."

[33] Zitiert nach: Luthers Psalmenauslegung, Bd 2.; hg. von Chr. Eberle, Stuttgart 1987, 315.

[34] AaO, 307f.

[35] in: ders., Glaubensgerechtigkeit. Gesammelte Aufsätze II; hg. von G. Sauter, München 1980. Darauf beziehen sich die folgenden Seitenangaben im Text.

[36] Eine interessante und aktuelle Parallele zum reformatorischen Berufsethos hat unlängst Peter Koslowski im Anschluss an Thomas v. Aquin mit dem Begriff des „Amtes" anvisiert, der, wie er meint, in gemeinwohlorientierter Akzentuierung aus seiner gegenwärtigen bürokratisch-funktionärshaften Konnotation befreit werden könnte. Demnach würde sich die Auffassung, dass die Verantwortungsträger in Wirtschaft und Politik dem Gemeinwohl verpflichtet sind, eben darin artikulieren, dass sie als Amtsträger (Mandatare) der Institutionen (also etwa ihres Betriebes oder des Staats und aller Angehörigen dieser sozialen Größen) auftreten. Die emanzipatorische Kraft des Amtsgedankens richtet sich mithin nicht nur, wie dies in der Geschichte im Vordergrund war, gegen die kriterielle Rolle der Selbstinteressen der Machtträger und ihrer Souveränität, sondern auch gegen ein heute verbreitetes moralisch indifferentes

Treuhändermodell, wonach sich die Verantwortungsträger in Politik und Wirtschaft (Manager) als Mandatare ihrer Wählerschaft oder shareholder verstehen. Demgegenüber wird das Verständnis einer Machtposition im Sinne des am Gemeinwohl orientierten Amtsgedankens sämtlichen „stakeholder“ eines Betriebs bzw. allen Bürgern eines politischen Gemeinwesen verpflichtet sein und in diesem Sinn den Lebensbedingungen der Institutionen selbst. P. Koslowski, Gemeinwohl und Selbstinteresse im Marktprozess und im Abstimmungsprozess der Demokratie; in: Das Gemeinwohl zwischen Universalismus und Partikularismus. Zur Theorie des Gemeinwohls und der Gemeinwohlwirkung von Ehescheidung, politischer Sezession und Kirchentrennung; hg. von Peter Koslowski; Stuttgart-Bad Cannstatt: 1999, 45ff.

[37] J. Fischer, aaO., 53.

[38] AaO., 54.

[39] Vgl. hierzu meinen Beitrag: Ehe und Familie in theologischer Perspektive. In: Die Bedeutung der Familie in unserer Gesellschaft; hg. von AK Evangelischer Unternehmer i.D. und der Evangelischen Studiengesellschaft für Sozial- und Wirtschaftsethik; Karlsruhe 1998, 21–35.

[40] So ordnet etwa Hans G. Ulrich in seinem im Erscheinen begriffenen Band „Wie Geschöpfe leben. Explorationen evangelischer Ethik“ die materiale Ethik unter die klassische Trias von politia, oeconomia und ecclesia.

Josef Römelt

Materiale Ethik – Diskursethik
Eine Alternative?

Die Diskursethik, welche sich von ihrer Genese und Systematik her als eine ethische Antwort auf den modernen Pluralismus versteht, wird im Allgemeinen in die Tradition des kantischen Formalismus der Ethik gestellt. Das heißt, gerade der Versuch, die Konflikte heutiger komplexer Gesellschaft in ihrer pluralen Verfasstheit nicht durch ethische Vorgaben *inhaltlicher* Art, sondern *durch Regeln* der friedlichen Konsensfindung und -bildung im Diskurs ethisch zu orientieren, wird mit dem grundsätzlichen Konzept kantischer Philosophie verglichen, in dem die Beschreibung der Bedingungen der Möglichkeit vernünftiger Orientierung im Moralischen überhaupt als Grundlage der ethischen Theorie reflektiert wird.

Die Diskursethik selbst bestreitet die Berechtigung des Vorwurfs der *formalistischen Reduktion* nicht nur gegenüber der transzendentalen Philosophie[1], sondern auch ihrem eigenen Ansatz gegenüber[2] und verweist auf die inhaltlichen (substantiellen) Implikationen sowohl der Transzendentalphilosophie als auch der Transzendentalpragmatik. Aber das Interesse an der Spannung zwischen materialer Ethik und formaler Ethik begründet sich gegenwärtig auf Probleme und Konflikte, die sich im Vergleich zur Zeit Immanuel Kants enorm ausgeweitet und differenziert haben. Ging es in der Auseinandersetzung mit Immanuel Kant noch lediglich vorrangig um Fragen der Deutung von Vernunft, Autonomie und Freiheit im Sinne transzendentaler Begriffe, so werden im Kontext heutiger komplexer Gesellschaft die Konsequenzen der formalen Konzeption von Ethik als prozedurale Ethik diskutiert: Die Auswirkungen eines solchen Verständnisses moralischer Orientierung für den Vollzug von Demokratie, ob deren Sicherung nur formaler Vollzugsregeln oder aber der Basis fundamentaler inhaltlicher Wertüberzeugungen bedarf; die

Bewältigung konkreter praktischer Probleme im Bereich der Ökologie und der Medizin (Biotechnik), die angesichts der drängenden Radikalität Menschen und Natur bedrohender Konflikte eine rein formale Konzeption ethischer Grundlagenreflexion unfruchtbar erscheinen lässt; und die Frage nach der postmodernen Delegitimation aller inhaltlichen moralischen Traditionen, was in der Ethik die Tendenz zu Indifferentismus und Relativismus zu bewirken scheint. Die Spannung zwischen formaler und materialer Ethik ist über eine erkenntnistheoretische und wissenschaftstheoretische Fragestellung weit hinaus zu einem strittigen Punkt kultureller Interpretation heute geworden.

1. Von der erkenntnistheoretischen zur kulturellen Fragestellung

Während Max Scheler sich in seiner Kritik der formalen Ethik Kants[3] noch vor allem über einen falschen Vernunftbegriff, welche die transzendentale Philosophie vertrete[4], mit seinen Folgen für das Verständnis der Person beklagt, lassen sich heute an diese Probleme einer Spannung zwischen der formalen und der inhaltlichen Seite *ethischer Theorie* konkrete *praktisch politische* Probleme anschließen: Die Totalitarismusforschung weist darauf hin, dass mit der zunehmenden Indifferenz gegenüber *inhaltlichen* Werten innerhalb der heutigen Kultur die Gefahr eines Umschlags in Radikalismus droht. Der Streit zwischen der Sorge vor neuem Fundamentalismus auf der einen Seite und der Frage nach der postmodernen Beliebigkeit auf der anderen bewegt die zeitgenössischen Analysen. Im Bereich der Theorie der Demokratie wird zudem auf die zunehmend bewusst werdende notwendige Absicherung der formalen demokratischen Vollzüge durch eine gleichsam unabstimmbare Wertbasis hingewiesen, damit das demokratische Projekt in der immer radikaleren Pluralisierung der „multikulturellen Gesellschaft“ nicht scheitere. Zugleich aber bleibt eine Spannung zwischen solchen Anliegen kultureller Integration auf der einen Seite und den grundlegenden Werten demokratischer Toleranz auf der anderen bestehen.

a) Postmoderne und der Widerstand gegen totalitäres Denken

Postmodernes Denken bemüht sich gerade darum, die heutige Pluralität als unhintergehbare Realität zu akzeptieren, diese Pluralität über alle inhaltliche Festlegung hinaus als ein formales Grundprinzip friedlicher, gewaltloser Kultur zu verstehen. An die Stelle einer erreichbaren Versöhnung des moralischen Bewusstseins mit seiner Pluralität, systemischen Komplexität und fortwährenden Delegitimation soll danach die Idee der Annahme, ja, geradezu der Offenhaltung der Fragmentierung und Schwäche des Bewusstseins gestellt werden[5]. Das Problem dabei bleibt, dass am Ende solcher Bemühung eine umfassende „Demoralisierung des Subjekts“[6] stehen kann: eine Aufforderung zur distanzierten „Unterscheidung der Unterscheidungen“ in der Vielfalt der moralischen Positionen, in deren „dünnen“, „zu dünnen Luft“[7] das ethische Engagement leidenschaftslos unwirklich wird.

b) Demokratie und Wertbewusstsein

Gerade auf diese Spannung zielt auch die heutige Theorie der Demokratie ab, wenn sie nach einer Vermittlung zwischen dem fundamentalen moralischen Basiskonsens auf der einen Seite und der unverzichtbaren Offenheit demokratischer Entwicklung – auch im Blick auf die ethische Orientierungssuche – forscht. „Das Verhältnis zwischen Demokratie als politischer Struktur und gesellschaftlicher Lebensform steht ... für die (post)moderne Demokratie heute wieder neu zur Diskussion: Hatte die Grundwertedebatte der 60er und 70er Jahre eine fraglose Zuordnung zwischen demokratischer Rechtssetzung auf dem Hintergrund funktionaler Konsensbildung einerseits und einem unabhängigen gesellschaftlichen Wertebewusstsein in weltanschaulich tragenden Gruppen wie den Kirchen andererseits behauptet“ und diese Zuordnung „als Lösung für die Fragen nach den unabdingbaren Voraussetzungen demokratischer Kultur (Achtung der Menschenwürde, der Gewissensfreiheit, der Familienstruktur) verstanden, so steht gegenwärtig die Beziehung zwischen gesellschaftlich pluralen Weltanschauungen und Grundwerten, zwischen Voraussetzungen demokratischer Verfassung und konkreten Inhalten demokratischer Kultur, zwischen dem Unabstimmbaren und dem je neu zu suchenden Konsens in der Gesellschaft wieder infrage.“[8] Hier ist das Problem: Muss die innere Kreativität demokratischer Kultur mehr sein als die bloße Einigung auf ‚Minima Moralia'? Kann demokratische Kultur als politische und gesellschaftliche Lebensform nur gelingen, wenn sich jenseits eines bloß formellen Konsenses über die demokratischen ‚Spielregeln' ein „Fundus gemeinsamer Grundauffassungen" bildet: die „Einigkeit über das Unabstimmbare", die „relative Homogenität" (besonders in Bezug auf konkrete moralische Grundwerte), ohne die sich Demokratie nicht „durchhalten"[9] lässt?

c) Ökologische Ethik und deontologische Wertintuition

Die radikale Verwiesenheit demokratischer Vollzüge auf inhaltliche moralische Wertvorstellungen hat vor allem Hans Jonas wie kein anderer im Blick auf die ökologische Problematik gegenwärtiger technischer Kultur formuliert. Dabei wird die Konflikthaftigkeit ethischer Wahrheitssuche zwischen notwendiger *unaufschiebbarer und konkreter Entschiedenheit und Ernsthaftigkeit* auf der einen Seite und *bleibender freiheitlicher Offenheit sowie formaler Prozesshaftigkeit* auf der anderen – selbst vor den drängendsten moralischen Konflikten der Gegenwart – deutlich.

Die ökologische Ethik von Hans Jonas entwirft auf der einen Seite auf dem Fundament der Deontologie eines metaphysisch begründeten kategorischen Imperativs eine Prozessethik (im Sinne der Tatsachenwissenschaft von den Fernwirkungen menschlicher Technik und einer Heuristik der Furcht). Zugleich aber denkt Jonas über die Möglichkeit einer Dispens demokratischer formaler, prozeßhafter ‚Wahrheitssuche' aus den Zwängen ökologisch-ethischer Handlungsnöte heraus nach.

Sucht Jonas mit seiner Ethik der Verantwortung nach einer Heuristik als Weg-orientierte Haltung, die der metaphysischen Reflexion über den kategorischen Imperativ, dass eine Menschheit sein soll, konkret korrespondiert und innerhalb der modernen Unsicherheit zukunftsrelevanten Handelns des Menschen zu konkreten Schritten ökologisch-ethischer Kausistik *zwingen* soll, so geht er in dieser Grundlegung einer realistischen Ethik so weit, dass er um der Sicherung der Natur willen sogar den äußersten Gedanken einer zeitweiligen Dispens der Demokratie durchdenkt[10]. Was Jonas dabei aber „mit der potentiellen Möglichkeit einer Tyrannei als *äußerster* Rettungsmaßnahme" meint, ist „einzig dem vergleichbar, was sein wird, wenn ein Haus brennt oder ein Schiff untergeht. Dann nämlich kann man keine Abstimmung mehr machen und dann kann man nicht die normalen Gesetzesverfahren laufen lassen, sondern es müssen gewisse Notmaßnahmen ergriffen werden..."[11]

Die Ernsthaftigkeit einer solchen Überlegung, aber auch ihre Risiken liegen auf der Hand. Kann eine sozusagen *materiale, inhaltliche Wertdikdatur* auch um noch so hoch stehender moralischer Ziele willen die ethisch verantwortbare Reaktion auf Konflikte menschlichen Handelns sein?

d) Kulturwissenschaftliche Integrationsversuche

Einen anderen Weg zur Überwindung der heutigen ethischen Paradoxien moderner Entwicklung geht angesichts solcher Fragen eine neue Forschungsinitiative innerhalb der Geisteswissenschaften, die unter dem Namen der kulturwissenschaftlichen Integration bekannt geworden ist. Parallel dazu meldet sich innerhalb der Ausdifferenzierung der philosophischen Disziplinen in die theoretische und die *praktische* Philosophie auf seine Weise das Anliegen einer neuen materialen Füllung der Ethik nach einer langen Periode formaler wissenschaftstheoretischer Überlegungen. So werden Konzepte einer integrativen Ethik[12], einer kulturwissenschaftlichen Reflexion[13] und der Bestimmung der Geisteswissenschaften als Kompensations- bzw. sogar Orientierungswissenschaften[14] vorgenommen.

e) Theologische Ethik zwischen Freiheitstheologie und Suche nach objektiver moralischer Orientierung

Innerkirchlich befindet sich die Diskussion *christlicher Ethik* im Blick auf diese kulturellen Spannungen in einer schwierigen Situation. Protestantische und katholische Ethik der zweiten Hälfte unseres Jahrhunderts hat die Differenzierung des Freiheitsgedankens, wie sie in den Entwicklungen der pluralistischen Gesellschaft der Nachkriegszeit entfaltet wurde, mit großer Radikalität aufgenommen und als zentralen christlichen Ansatzpunkt auch theologisch integriert. Heute stellt sich dagegen schon wieder die Aufgabe, die Einseitigkeiten eines sich verselbstständigenden Individualismus, des Verlustes von Identität und der risikoreichen Technokratie durch christliche Ethik aufzufangen. Diese Aufgabe fordert die evangelischen und katholischen Ethiken gleichermaßen heraus. Und angesichts dieser komplexen Aufgabe mehren sich die Stimmen, dass gerade eine Grenzziehung christlicher Ethik gegenüber dem gegenwärtigen Indifferentismus anhand des Naturrechtsgedankens möglich sein soll. Es wird *eine Renaissance des christlichen Naturrechtsgedankens* gefordert, der auf dem Feld ethischer Konflikte den christlichen Diskurs in der „Postmoderne“ entschieden und eindeutig machen soll. Darin wird geradezu eine ökumenische Chance heutiger christlicher Ethik in Auseinandersetzung mit der säkularisierten Gesellschaft gesehen[15].

Innerhalb katholischer Moraltheologie wird gemäß dieser Tendenz zum Anliegen, „dass gegenüber der allzu großen Betonung der autonomen Vernunft im Sinne gesellschaftlich-demokratischer Bewusstseinsentwicklung als moralischen Orientierungsrahmen für den nach Selbstbestimmung, Emanzipation und Autonomie suchenden modernen Menschen die Semantik der *Objektivität* moralischer Werte neu bestimmt werden muss. Objektivität innerhalb der Ethik garantiert die Bindung moralischer Wahrheitssuche, wie sie sich in den Wandlungen der Kultur vollzieht, an aufrichtige Treue zum Guten. Innerhalb einer bloß formalen Kultur demokratischer Funktionen, in einer Kultur wahrheitsskeptischer Neutralität und bloßer Orientierung an der gesellschaftlich-demokratischen Bewusstseinsbildung im Sinne der politischen Durchsetzbarkeit gerät auch die ethische Diskussion allzu leicht in das Fahrwasser individueller subjektiver Bedürfnisse oder gesellschaftlicher Gruppeninteressen.“[16]

2. *Materiale Ethik – Diskursethik, eine sachgerechte Alternative?*

Beschreibt man die Anliegen, die sich im Sinne dieser Beobachtungen mit der Kritik der formalen Lehre von Ethik heute verbinden, so könnte man zusammenfassen:

- Gegen die postmoderne Ermäßigung aller Einheitsansprüche wird die *Eindeutigkeit* in der ethischen Orientierung angemahnt;
- gegen die Destabilisierung von Demokratie durch eine formale Offenheit und Toleranz wird die *Bildung von ethischen Ressourcen* demokratischen Lebens gefordert;

- gegen ökologischen Leichtsinn wird die *Entschiedenheit* moralischer Verantwortung betont;
- gegen eine oft uferlose Spezialisierung und Abstraktion in der Wissenschaft wird *Integration und Anwendbarkeit* des Wissens für wichtig gehalten;
- gegen Subjektivität und existentielle Irrationalität sollen *objektive Bindung und vernünftige Orientierung* erneuert werden[17].

In diesem Sinne ist die Überwindung einer rein formalen Ethik – mag es um die Formalisierung der Wahrheit zur Idee, um die Formalisierung der Demokratie zum reinen Vollzug, um die formalistische Zersplitterung der Wissenschaft, um die Kritik formaler Konsensbildung und bloßer Irrationalität gehen – ein wichtiges Anliegen heutiger ethischer Kultur. Und so stellt sich die Frage, welche Antwort die Diskursethik gerade auf diese Anliegen heutiger Kultur bietet, in welchen Punkten sie durch materiale Aspekte vielleicht ergänzt, korrigiert oder gar ersetzt werden müsste.

Aus der Sicht theologischer Ethik lässt sich eine These formulieren, die im Folgenden in einzelnen Punkten näher erklärt werden muss: *Die Diskursethik muss sich selbst in einen größeren Sinnkontext ethischer Kommunikation einordnen, soll sie nicht ihre hilfreiche Semantik zur Orientierung moralischer Verantwortung in pluraler Gesellschaft verlieren. Im Letzten bedarf sie der theologischen Integration, damit sie ihre Vermittlerrolle zwischen den verschiedenen moralischen Überzeugungen ausüben kann und eine konkrete Ethosbildung ermöglicht. Ihr Ziel ist nicht die endlose Destabilisierung der inhaltlichen moralischen Wertorientierungen, sondern die tragfähige Weiterentwicklung der moralischen Ressourcen der Gesellschaft in den Entwicklungen und Wandlungsprozessen komplexer Gesellschaft.*

a) Die notwendige Formalität der Diskursethik als Ethikkonzept in der Krise der „Moralen“

Die Diskursethik ist von ihrer Genese und Systematik her – so wurde schon zu Anfang betont – eine ethische Antwort auf den modernen Pluralismus. Das heißt, es geht ihr eben um den Versuch, die Konflikte heutiger komplexer Gesellschaft in ihrer pluralen Verfasstheit nicht durch ethische Vorgaben inhaltlicher Art, sondern durch Regeln der friedlichen Konsensfindung und -bildung ethisch zu orientieren. In vielen wissenschaftstheoretischen Überlegungen wird diese Herausforderung ethischer Reflexion durch das Phänomen des Pluralismus der „Moralen" als die entscheidende Problematik ethischer Theoriebildung der Gegenwart verstanden[18]. „Die sachlichen Einsichten in die wissenschaftlichen Zusammenhänge, die Natur und Mensch prägen, die existentielle und kulturelle Deutung dieser Einsichten auf ihre ethische Bedeutung hin führen innerhalb der gegenwärtigen Gesellschaft zu unterschiedlichsten Interpretationen von ethischen Normen und moralischen Überzeugungen." Das heißt: „Die schon in pluralistischer Methodenvielfalt das heutige Wirklichkeitsverständnis grundlegend beeinflussenden, vielfältigen empirischen Einsichten und wissenschaftlichen Wissensstandards" müssen „innerhalb der unreduzierbar polyzentrischen Gesellschaft aus unterschiedlichen Blickwinkeln, Interessen und Anliegen heraus gedeutet und deshalb unterschiedlich und gegensätzlich für die ethischen Konsequenzen evaluiert" werden. Und „mithilfe des offenen, nach vernünftigen kommunikativen und in diesem Sinne menschlich verantwortbaren Kriterien gestalteten universalen Dialogs" müssen schließlich „die komplexen ethischen Probleme" gemäß „der differenzierten Einsichtsstände und interpretativen Anliegen innerhalb dieser gegenwärtigen pluralen Fragmentierung des moralischen Bewusstseins konkret, vernünftig und friedlich" gelöst werden[19].

Wenn im Sinne der grundlegenden Thematisierung von Bedingungen der Möglichkeit moralischer, vernünftiger Orientierung die Diskursethik mit dem grundsätzlichen Konzept kantischer Philosophie verglichen wird, so wird in diesem zu kantischer Zeit die Beschreibung der Bedingungen der Möglichkeit vernünftiger Orientierung im Moralischen auf dem Hintergrund der damaligen Konkurrenz zwischen Empirismus und Rationalismus reflektiert. Diskursethik *muss* sich in ihrem Bestreben, die *gegenwärtigen Voraussetzungen ethischer Rationalität* im Kontext komplexer, differenzierter und pluralistischer Kultur zu bestimmen, in diese Tradition des kantischen Formalismus der Ethik stellen, weil in ihr – so wie es die Untersuchungen Kants im Blick auf die Konflikte zwischen Empirie und rationalistischer Erkenntnistheorie tun – zunächst nur formale Regeln zur vernünftigen Klärung der Auseinandersetzung zwischen verschiedenen Elementen moralischer Überzeugungsbildung (inhaltlichen Normvorstellungen, Konsistenzen moralischer Wertmaßstäbe, Gewichtung der Bedeutung verschiedener Rationalitäten) angegeben werden.

b) Diskursethik darf in sich selbst nicht in dem Sinne zu einem inhaltlichen Moralprinzip erweitert werden, dass sie die pluralen Traditionen moralischer Überzeugungsbildung und ethischer Rationalitäten verdrängt.

Um die vermittelnde Rolle der Kommunikation zwischen pluralen Überzeugungen und ethischen Rationalitäten in den unterschiedlichen Erfahrungen, Interpretationen, Einsichtsständen und ethischen Deutungen, die für die moralische Orientierung in der komplexen Gesellschaft wichtig sind, leisten zu können, darf die Diskursethik allerdings nicht selbst in dem Sinne zu einem inhaltlichen Entscheidungskriterium werden, dass sie gleichsam in einer Stilisierung von konsensnahen Kategorien wie Toleranz, Neutralität oder Mode zur systematischen Beurteilung moralischer Positionen oder – schlimmer noch – von ethischen Argumentationsformen herangezogen wird.

Die Diskursethik hält einen letzten Fluchtpunkt ein, den sie auf einen gegenüber dem kantischen Denken transzendentalpragmatisch erweiterten letzten Inhalt hin zu interpretieren sucht. Den Vorwurf der formalistischen Reduktion weist sie mit dem Hinweis auf die notwendige „Anwendung eines substantiell gehaltvollen moralischen Gesichtspunktes" in ihrem Vollzug zurück: „Es geht nicht um die grammatische Form von normativen Allsätzen, sondern darum, ob wir alle wollen können, dass eine strittige Norm unter den jeweils gegebenen Umständen[20] allgemeine Verbindlichkeit (Gesetzeskraft) erlangt."[21] Das heißt, die inhaltliche Akzeptanz der normativen Bedeutung des Konsenses (sei es im Sinne der Bedingungen der idealen Kommunikationsgemeinschaft, sei es im Sinne der diskurs-ethischen Regeln) wird herausgestellt und als substantieller Beitrag der Ethik des kommunikativen Handelns zu den Einsichtsständen der moralischen Normtheorien hinzugefügt.

Mit diesem Versuch schließt die Diskursethik an die Profilierung der kantischen Ethik als Ethik der Autonomie und Personwürde an. Kants wissenschaftliche Arbeit gipfelt in der Einsicht in die formale

Struktur ethischer Rationalität, in die Universalität des moralischen Geltungsanspruchs im Sinne des kategorischen Imperativs. Hier sieht er eine letzte Begründung der moralischen Erfahrung überhaupt, ihren selbstevidenten Legitimationsgrund. Auch wenn die Entfaltung, welche die moralphilosophische Reflexion transzendentaler Art bei Kant selbst erfährt, für viele seiner Kritiker vergisst, dass sie als Reflexion konkreter ethischer Konflikte angesetzt hat, auch wenn in der Beschreibung der inneren Struktur und der umfassenden Bedeutung des kategorischen Imperativs die Faszination an der bloßen formalen Funktion der Universalisierungsregel zu überwiegen, ja, die Wahrung der aus ihr sprechenden moralischen Qualität gegenüber den konkreten Interessen menschlichen Handelns isoliert als einziges ethisches Ziel zu dominieren scheint: Bei Kant lässt die *Selbstzwecklichkeit des Menschen*, die durch die Reflexion auf das Subjekt des moralischen Bewusstseins in den verschiedenen Formulierungen des kategorischen Imperativs thematisch wird, über die bloße formale Rationalität der transzendentalphilosophischen Ethik ein inhaltliches Moment erkennen, das sehr gewichtig ist. Durch die Analyse der transzendentalen Struktur praktischer Vernunft legt Kant die für die moderne Auffassung entscheidenden Momente des Verständnisses des Menschen als Person, als Freiheit und Wesen der Autonomie und Selbstbestimmung frei, die gegenwärtig die schlechthin fraglose Ressource eines ethischen Zusammenhalts auch noch so plural verfasster Gesellschaft darzustellen scheint[22].

Die Diskursethik vermag diesen Referenzpunkt kantischer Philosophie im Horizont der pluralen Rationalitäten moderner komplexer Gesellschaft nur in einer diskursiven, kommunikativen Öffnung dieses Prinzips zu übernehmen, in der „Transformation“ des transzendentalphilosophischen Ansatzes in die transzendentalpragmatische Logik des herrschaftsfreien Diskurses, der idealen Kommunikationsgemeinschaft und des in ihr zu gestaltenden Konsenses.

Es stellt sich die Frage, ob die Wirklichkeit des Konsenses oder sein Subjekt, die Menschheit als Gemeinschaft der moralischen Subjekte, zu einer ähnlichen ethischen Schlüsselkategorie werden können wie die Selbstzwecklichkeit des Menschen und die menschliche Personwürde im Rahmen kantischer Philosophie. Die substantielle Deutung der diskursethischen Rationalität führt, vor allem wenn sie in vagen Analogien in allgemeine konsensuelle Kategorien wie Neutralität oder falsche Versachlichung als Maßstäbe zur Beurteilung der Qualität moralischer Argumentation übersetzt wird, letztlich nicht zur Explikation einer letztverbindlichen moralischen Instanz (wie die Personwürde), sondern zur Hypostasierung des Konsenses als zwanghafter empirischer Norm (im Sinne der statistischen Mehrheit oder der Verbindlichkeit der Mode), ja, zu einer quasi metaphysischen Qualifizierung des Relativismus als letztes Fundament ethischer Legitimation.

Die Logik des Konsenses wird z.B. gleichsam analog im Sinne einer inhaltlichen Norm verwendet, wenn der Staat beginnt, im Blick auf die verschiedenen religiösen Bekenntnisse durch Zwang eine neutrale Information über die verschiedenen weltanschaulichen Richtungen im schulischen System zu etablieren. Damit wird sozusagen eine diskursive Neutralität zum inhaltlichen verbindlichen Maßstab für religiöse Bildung. Ähnlich wird in utilitaristischen Kalkülen mittlerweile anhand des Kriteriums der Konsensfähigkeit zwischen verschiedenen ethischen Rationalitätsformen eine entscheidende moralische Gewichtung formuliert. Dabei wird utilitaristisch definierten empirischen Bedürfnissen eine größere Konsensfähigkeit zugeschrieben als ideal-orientierten moralischen Wertaussagen[23]. Die sprachanalytische Differenz zwischen deskriptiven Sätzen (über empirische Bedürfnisse) und präskriptiven Aussagen (über Ideale), das Gefälle zwischen Übereinstimmung in sachlichen Wahrnehmungen und Inkongruenz in moralischen Wertungen wird umgemünzt in eine an diskursethische Logik angelehnte Rationalität: dass der auf der Ebene von Bedürfnissen eher zu erreichende (Wahrnehmungs-)Konsens der konfliktualen Ebene von moralischen Idealen grundsätzlich überlegen sei für eine ethische Konsenshermeneutik. Die Ethik scheint in diesem Sinne konkreter zu werden, insofern objektivierbare Interessen und Bedürfnisse Gegenstand des Kaküls werden. Die gefühlsbezogenen ideal-orientierten Wertmaßstäbe werden nach solchen Vorstellungen aber – paradoxerweise wieder mit dem Konsensargument verbunden – als Maßstab für die *Durchsetzbarkeit* von ethischen Normen relevant[24].

Dieses Vorgehen – die Klassifikation ganzer Rationalitätsformen moralischer Erfahrung und Argumentation im Namen der Konsensfähigkeit[25] – erscheint aber nicht mehr im Sinne der Diskursethik, sondern vielmehr als eine Strategie zur Vorentscheidung ethischer Präferenzen. In beiden beschriebenen Versuchen endet die Wertbildung in relativistischen Tendenzen.

c) Diskursethik ist als Verfahren zur rationalen Orientierung zwischen moralischen Überzeugungen innerhalb pluraler Gesellschaft auf vorgängige Quellen ethischer Überzeugungsbildung verwiesen.

Die Diskursethik setzt von ihrer Struktur her vor allem bei der Vermittlung vielfältiger Interessen und Einsichten an. Als Prozessethik ist sie zunächst formal, das heißt, nicht festgelegt auf konkrete inhaltliche moralische Deutungen, die den Dialog zwischen verschiedenen weltanschaulichen Gruppen und Interessengruppen auf eine ausschließliche Position von vornherein „einschwören". Doch sie eröffnet diesen Weg nur im Blick auf die Auseinandersetzung mit bereits vorliegenden konkreten ethischen Überzeugungen und Traditionen, die in den Regeln des Diskurses einen Rahmen finden können, wie strittige ethische Probleme gelöst werden können. „Die Inhalte, die im Lichte eines Moralprinzips geprüft werden, [werden] nicht vom Philosophen, sondern vom Leben erzeugt. Die Handlungskonflikte, die moralisch beurteilt und konsensuell gelöst werden sollen, entstehen aus der kommunikativen Alltagspraxis, sie werden von der maximenprüfenden Vernunft oder den Argumentationsteilnehmern vorgefunden – nicht hervorgebracht."[26] Den Gegenstand des Diskurses empfängt diskursethische Bemühung in diesem Sinne aus den gelebten Traditionen des Ethos und der Moral.

Das Anliegen der Diskursethik ist dabei nicht nur aus der Krise moralischer Orientierung im Sinne der Pluralisierung *lebensweltlicher, vorreflexiver oder transreflexiver Einstellungen und Gefühle* heraus zu verstehen, sondern auch aus der *Konkurrenz ganzer ethischer Theoriereflexionen und moralischer Rationalitätsformen*, die hinter den lebensweltlichen ethischen Voreinstellungen stehen. Diese Konkurrenz ist heute breit gefächert, umfasst widerstreitende wissenschaftliche Systeme wie Naturrechtsethik, Utilitarismus, transzendentale Ethik, existenzialistische Entwürfe, Situationsethik usw. Diskursethik kann nicht den Ehrgeiz haben, diesen vielen Formen von Rationalität im Ethischen zu verdrängen, will sie den Pluralismus bewältigen helfen. Sie muss als Verfahrensethik streng auf ihrem Ziel der Vermittlung zwischen den verschiedenen Traditionen bestehen, dabei aber die Eigenständigkeit der Traditionen achten.

Viele diskursethische Abhandlungen erwecken den Eindruck, als bestünde nur auf der Ebene lebensweltlicher Intuitionen und moralischer Gefühle die plurale Vielfalt gegenwärtiger Ethik. Und das Instrument der diskursethischen Rationalität wird dann häufig als einzige Form *vernünftiger* Klärung im Raum der ethischen Hermeneutik betrachtet. Das hat zu einem umfangreichen Imperialismus der Diskursethik gegenüber den vielen Traditionen rationaler ethischer Klärung geführt, der nicht gerechtfertigt, ja, gegen die Intention diskursiver Vernunft ist. Diskursethik ist nicht eine rationale Form moralischer Klärung neben den anderen, die diese anderen zu verdrängen hätte. Sondern sie ist selbst angewiesen auf die Vielfalt moralischer Wertungen, die auf unterschiedlichen rationalen Überlegungen aufruhen und von dort her eine eigenständige Legitimation erhalten.

d) Das Ziel der Diskursethik ist nicht die endlose formale Destabilisierung der inhaltlichen moralischen Wertorientierungen, sondern die tragfähige Weiterentwicklung der konkreten moralischen Ressourcen der Gesellschaft in den Entwicklungen und Wandlungsprozessen komplexer Gesellschaft.

In ihren ersten Entwürfen versteht sich die Diskursethik als ein Verfahren, um innerhalb strittiger Fragen eine Klärung herbeizuführen. Dabei ist es das erklärte Ziel, aus der abstrakten Situation des Diskurses wieder in eine Alltagspraxis, in eine Ethik der Lebenswelt zurückzuführen, in der die konkrete Übernahme eindeutiger ethischer Positionen – nach der Prüfung im pluralen Gespräch – am Ende steht.

Jürgen Habermas spricht explizit von der Notwendigkeit, dass das theoretische Bemühen um eine Aufarbeitung der heutigen radikalen Differenzierung des ethischen Bewusstseins nicht nur die „fraglosen Evidenzen eines lebensweltlichen Hintergrundes“ und die

„Schubkraft" „wirksamer Motive" im offenen, rationalen Diskurs auflösen muss, sondern „dass die Abstraktionsleistungen" der mit der diskursiven Prüfung verbundenen „Dekontextualisierung und der Demotivierung auch wieder rückgängig gemacht werden"[27] müssen. Diskursethik zielt auf die Stiftung eines echten *gelebten* Konsenses, der im rational-kommunikativen Austausch nach ihrem Verständnis *erreicht* werden kann. Das Werk gegenwärtiger Moraltheorie vollendet sich danach erst, wenn lebensweltliche Formen „universalistischen Moralen ‚entgegenkommen'", eine „kluge Applikation allgemeiner moralischer Einsichten ermöglichen und Motivationen für die Umsetzung von Einsichten in moralisches Handeln fördern"[28]. In solchem Denken bleibt bewusst, dass bei aller Akzeptanz der Offenheit moralischen Bewusstseins im Kontext pluraler Gesellschaft, bei aller damit herausgeforderten Fähigkeit zur Distanz zur eigenen ethischen Position um des Gesprächs mit den Andersmeinenden willen eine Konkretion des moralischen Engagements notwendig ist, die sich für eine Überzeugung einzusetzen und diese auch im Sinne eines verallgemeinerungsfähigen Anspruchs zu vertreten bereit ist. Der universalistische Anspruch des Ethischen wird mit dem Konkreten verbunden mittels des in der Offenheit der Pluralität erarbeiteten dialogischen Konsenses.

Die Diskursethik ist in diesem Sinne – bedenkt man das Gesagte – wohl als der Versuch zu verstehen, die Weiterentwicklung der unterschiedlichen materialen ethischen Traditionen unter den Bedingungen pluralistischer Gesellschaft verantwortet zu gestalten. Sie unterscheidet sich gerade in diesem Ziel von der Reflexion der Systemtheorie, die offensichtlich nur die Distanz zur lebensweltlichen Ethik als entscheidende Voraussetzung für rationales Gelingen moralischer Verantwortung verstehen kann[29].

e) Die Diskursethik bedarf zur Sicherung der eigenen Funktion der Integration in einen umfassenderen Sinnhorizont (Theologie).

Die moralische Orientierung der modernen und postmodernen Gesellschaft *muss* somit bei dem Versuch der konkreten Weiterentwicklung ethischer Tradition unter den Bedingungen pluraler komplexer Gesellschaft – um der Sachgerechtigkeit dieser Entwicklung willen – offen bleiben für die komplizierten Fragestellungen einer sich komplex differenzierenden und immer weiter verändernden Welt. Sie darf aber auch – trotz dieses Bewusstseins um eine immer weiter treibende Entwicklung – die darin erfahrene Relativität nicht *zur Flucht aus dem konkreten moralischen Engagement missbrauchen*, damit die moralische Begleitung der schwierigen und z.T. risikoreichen Entfaltung differenzierter Kultur tatsächlich umgesetzt wird[30].

Die Frage ist, ob Diskursethik im Sinne dieser Widersprüche bei ihrem Bemühen aber nicht einer letzten kulturellen Integration bedarf, die die Spannungen zwischen diskursiver Offenheit und ständiger Mühe um das konkrete moralische Engagement umfassen muss. Reichen die bloßen Regeln kommunikativer Kompetenz und ihre Logik aus, um die Sinnhaftigkeit der moralischen Entwicklung der komplexen, pluralistischen Kultur offen zu halten? Die Flucht mancher Menschen heute in totalitäres Denken, Fundamentalismus oder Radikalismus, weit häufiger aber in Resignation und Indifferentismus, konterkariert gegenwärtig vorrangig die Ausbildung hilfreicher, für die Entwicklungsschübe moderner Gesellschaft tragender moralischer Traditionen[31].

„Bei der diskursiven Offenheit konkreter ethischer Wahrheitsfindung heute bleibt das Problem: Damit die Pluralität der Interpretationen innerhalb der Identifikation konkreter ethischer Gehalte tatsächlich auf wahrhaftigen Konsens, auf Sachgerechtigkeit und wahrheitsfähige Integration und Eindeutigkeit hin transparent wird, damit nicht die Fiktionen bloßer Meinungsmache, modischer Trends oder mediengesteuerter Suggestionen die Oberhand gewinnen, nicht die Pseudomoral alles zersetzt, an deren Wurzeln die versteckten Kategorien von Einfluss, Macht, berechnendem Rückzug und Manipulation stehen, bedarf es offenbar umfassenderer weiterer Sinndimensionen, die den kommunikativen Weg der schwachen, ausgesetzten und immer vom Irrtum bedrohten Weg menschlicher moralischer Vernunft begleiten. ... Diese Voraussetzungen beziehen sich ... auf Sinnressourcen, die die rein selbstgenügsame formale Logik des aufrichtigen, universalen menschlich-kommunikativen Dialogs transzendieren.“[32]

Die Schwierigkeiten kommunikativer Bewältigung der moralischen Orientierung innerhalb pluralistischer Wissens- und Interpretationsdifferenzierung moderner komplexer Kultur betreffen die Abschließbarkeit und Konkretion dieses Gesprächs (wie sie im Vorhergehenden thematisiert wurden), die Funktionen diskursiver Gesprächskultur selbst sowie das bleibende Scheitern humanisierender Kommunikation: Die Vermittlung der unterschiedlichen kulturellen Auswertung und existentiellen Deutung moralischer Überzeugungen zu eindeutigen, konkreten Handlungsvorstellungen im gesellschaftlichen Konsens „erfordert von den Gliedern der Gesellschaft den Mut, die eigenen Interessen ständig auf die anderen hin zu überschreiten."[33] „Selbstüberschreitung auf die anderen hin" ist aber „nicht einklagbar". „Praktizierte Agape" läuft immer Gefahr „zu scheitern, ins Leere zu gehen. Denn wer sich selbst verschenkt, indem er sich ganz an der Bedürftigkeit anderer orientiert, der exponiert sich ganz ohne Anspruch darauf, dass diese ... Bewegung aufgegriffen und weitergeführt wird. So wird er leicht zum Opfer egoistischer Nutzenkalküle oder er provoziert den Widerstand der Privilegierten und Mächtigen."[34] Der Optimismus, dass der herrschaftsfreie Dialog der Gesellschaft die Vernünftigkeit und Menschlichkeit der modernen Gesellschaft, die Integration ihrer pluralistischen Visionen und Erfahrungen auf der Suche nach der moralischen ‚Wahrheit' tatsächlich sichern *kann*, ist nicht selbstverständlich. Gegen das Gewicht der Vergeblichkeiten menschlicher Kommunikationsfähigkeit, gegen die Zwänge von Hass und gescheitertem Gespräch, gegen die Zerstörung durch Schuld und Gewaltanwendung müssen Sinnressourcen immer neu „zum Wagnis der Freiheit an andere Freiheit herausfordern – zur Hoffnung und zum Mut, die auch die Grenzen der Sinnpotenzen noch einmal übersteigen, welche menschliche Kommunikation gegen die paradoxe Destruktivität menschlicher Existenz ... aufbietet."[35]

Theologisch gesehen ist der Mensch in seiner moralischen Erfahrung mit dem Paradox seiner Existenz konfrontiert, das ihm angesichts des Widerspruchs zwischen der Unvertretbarkeit seiner moralischen Verantwortung (z.B. für ökologisches Gleichgewicht und soziale Gerechtigkeit) und der bleibenden Offenheit seines ethischen Bewusstseins, ja, seiner Neigung zu Gewalt und Destruktion (mit der darin erlebten Relativität) heute scharf bewusst wird: das Paradox seiner Freiheit in radikaler Bedingtheit, seiner unabschiebbaren Verantwortung in unüberspringbarer Kontingenz und Fähigkeit zu versagen. Welchen Sinn dieses Paradox hat, das Paradox, Freiheit in Unfreiheit und Schuldfähigkeit zu sein, das ist eine theologische Frage. Und die Antwort der Theologie, die mit dem Hinweis auf die Solidarität des in der Kreuzesohnmacht erst mächtigen Gottes dieses Paradox aufnimmt, sucht einen Sinnhorizont zu vermitteln, der die letzte kulturelle Integration der moralischen Bemühung heutiger Kultur eigentlich erst erschließen kann: dass es einen Referenzpunkt gibt, welcher den Sinn der Anstrengung des moralischen Engagement des Menschen zwischen unvertretbarer Verantwortung und verlorener Relativität immer wieder deutlich macht. Danach erlaubt es dieser Bezug auf die Transzendenz dem Menschen, sowohl die notwendige Wandlungsbereitschaft, die formale Offenheit und die darin erlebte Chance wie Relativierung, ja, auch menschliches Scheitern in Hass, Gewalt und Abbruch von Kommunikation wahrzunehmen und auszuhalten, ohne dabei das entschiedene inhaltliche Engagement im Ethischen zu verlassen, zu verabschieden[36].

Anmerkung

[1] Als deren transzendentalpragmatische Transformation die Diskursethik sich versteht: vgl. K.-O. Apel, Transformation der Philosophie. 2 Bde. Frankfurt a.M. 1973–1976.

[2] „Weder Kant noch die Diskursethik setzen sich dem Einwand aus, dass sie wegen der formalen bzw. prozeduralen Bestimmung des Moralprinzips nur tautologische Aussagen erlauben." J. Habermas, Erläuterungen zur Diskursethik (stw 975). Frankfurt a.M. 1991, 21.

[3] Vgl. M. Scheler, Der Formalismus in der Ethik und die materiale Wertethik. Neuer Versuch der Grundlegung eines ethischen Personalismus (Gesammelte Werke 2). Bern 5 1966.

[4] Vgl. ebd. 370f.

[5] Die „Bezeugung des Widerstreits" (Lyotard) zwischen den geschichtsmächtigen Handlungen soll verhindern, dass die moralische Stimme stumm, die Opfer der Geschichte ausgelöscht werden. Transversal soll sich schließlich die Vernunft um die Übergänge zwischen den Segmenten der Wirklichkeit, den Anliegen, Interessen und Positionen kümmern, damit sie nicht in Aporien enden.

[6] J. Römelt, Anthropozentrische Aporie und christliches Gewissen (Studien zur theologischen Ethik 60). Freiburg i.Ue. 1994, 70–72.

[7] N. Luhmann, Paradigm lost. Über die ethische Reflexion der Moral. Rede von Niklas Luhmann anläßlich der Verleihung des Hegel-Preises 1989 (stw 797). Frankfurt 1990, 47f.

[8] J. Römelt, Jenseits von Pragmatismus und Resignation. Perspektiven christlicher

Verantwortung für Umwelt, Frieden und soziale Gerechtigkeit (Handbuch der Moraltheologie 3). Regensburg 1999, 56f.

[9] E.-W. Böckenförde, Art.: Demokratie, in: LThK 3 (31995) 83–87; hier: 85.

[10] „Das Dilemma zwischen Zukunftsverantwortung und demokratischer Politik, die zum Interessenopportunismus neigt, spitze sich heute dramatisch zu." D. Böhler, Verantwortung, Dialog und Menschenwürde. In dubio pro vita quia semper pro responsabilitate. Hans-Jonas-Gedenkvorlesung, in: Verantwortung für das Menschliche. Hans Jonas und die Ethik in der Medizin. Hg. v. A. Frewer (Erlanger Studien zu Ethik in der Medizin 6). Erlangen 1998, 17–56; hier: 32. Wenn „die Durchsetzung kurzfristiger Nahinteressen mittels Demokratie" der „Richtungspflicht" ökologischer Maßnahmen zur Erhaltung der Umwelt „gefährlich zuwiderläuft, dann gehört die Demokratie auf den Prüfstand; entweder müsste sie verändert werden oder es stünde, falls die Veränderung scheitert, als Ultima ratio eine Dispens der Demokratie an." Ebd. 31. Der Philosoph muss nach Jonas deshalb „durchaus den Mut haben, zu sagen, Demokratie ist höchst wünschbar, aber kann nicht selber die unabdingbare Bedingung dafür sein, dass ein menschliches Leben auf Erden sich lohnt" (H. Jonas/E. Gebhardt, Naturwissenschaft versus Natur-Verantwortung, in: D. Böhler [Hg.], Ethik für die Zukunft. Im Diskurs mit Hans Jonas [Ethik im technischen Zeitalter]. München 1994, 197–212; hier: 210). „Um für dieses Problem klare Kriterien zu erarbeiten, ergänzen die Diskursethiker Jonas' Ansatz der Naturverantwortung um die moralstrategische Perspektive einer politischen Erfolgsverantwortung in der sozialökologischen Krise." (D. Böhler, Verantwortung, Dialog und Menschenwürde, 31).

[11] Freilich würde Jonas die Demokratie „mit großem Kummer verschwinden sehen und würde ausschließlich akzeptieren, dass sie zeitweilig, sagen wir mal, suspendiert würde." Ebd. 210f.

[12] Vgl. H. Krämer, Integrative Ethik (stw 1204). Frankfurt a.M. 1995; Zur Grundlegung einer integrativen Ethik. Hg. v. M. Endreß (stw 1205). Frankfurt a.M. 1995. Mit der Unterscheidung bzw. Zuordnung zwischen (materialer) Strebens- und (formaler) Sollensethik.

[13] Vgl. Geisteswissenschaften heute. Eine Denkschrift (stw 973). Frankfurt 1991.

[14] Vgl. O. Marquard, Interdisziplinarität als Kompensation. Zum Dialog zwischen Natur- und Geisteswissenschaften, in: Universitas 53 (1998) 609–618.

[15] „Der naturrechtliche Ansatz" könnte „geradezu den Rahmen für eine ökumenische Ethik abgeben, deren Anliegen darin liegt, die gemeinchristliche Überzeugung von der Würde des Menschen vor dem Denken der Gegenwart zu vertreten." G. Beestermöller, Lex naturalis – Stolperstein einer ökumenischen Ethik?, in: ThPh 71 (1996) 47–62; hier: 62.

[16] J. Römelt, Naturrecht und die Identität christlicher Ethik. Ökumenische Ethik in säkularisierter Gesellschaft, in: Unterwegs zum einen Glauben (FS Lothar Ullrich). Hg. v. W. Beinert u.a. (Erfurter theologische Studien 74). Leipzig 1997, 390–403; hier: 398f (Hervorhebung hinzugefügt). Dieses Bemühen um Objektivität des christlichen Gewissens mitten in den komplizierten Problemen gegenwärtiger ethischer Herausforderungen wird auch „innerhalb protestantischer Ethik heute im Kontrast zur existenziell unbestimmten, plural offenen theologischen Ethik der Entwicklung der Nachkriegszeit mit einer Option für die Wiederaufnahme naturrechtlicher Denkmuster verknüpft. Diese soll der überrationalen Abstraktheit und geistigen, ja politischen Haltlosigkeit eines rein existentiell begründeten, christlich-ethischen Denkens Abhilfe schaffen. Das Problem wird artikuliert, dass die überrationale Radikalität christlicher

Ethik innerhalb des gegenwärtigen, irrational in eine Fülle widersprüchlicher Anliegen und dadurch alle Werte zu relativieren drohenden Pluralismus ethischer Überzeugungsbildung keine konkreten Hilfen zur adäquaten konsistenten Strukturierung der ethischen Konflikte bereitzustellen scheint. Auf diesem Hintergrund wird die Rückwende protestantischer Ethiker zum Naturrecht heute als Wiederaufnahme rationaler bzw. konkreter Ethik deutlich. Es geht in diesem Anliegen letztlich um die Vermittlung zwischen der Glaubensperspektive mit rationaler Konfliktlösungskompetenz, gerade damit die Relevanz des unverfügbaren Glaubens für die konkrete Bewältigung moralischer Herausforderungen innerhalb differenzierter Gesellschaft deutlich wird." Ebd. 393. Vgl. K. Tanner, Der lange Schatten des Naturrechts. Eine fundamentalethische Untersuchung. Stuttgart 1993. Die Diskursethik wird in diesen Überlegungen der protestantischen Ethik übrigens als „letzte Chance des Naturrechts" bezeichnet (ebd. 179).

[17] Hier ließen sich die Akzente der Forderungen nach einer neuen wertgebundenen Pädagogik und der Wunsch nach stärkerer Objektivität des Strafrechts anschließen.

[18] Vgl. L. Honnefelder, Art.: Ethik, B. Philosophisch, in: LThK 3 (31995) 301–308; hier: 305: „Zur Radikalisierung der in Form von Natur- und Geschichtswissenschaften dominant werdenden wissenschaftlichen Vernunft tritt die zu einer Relativierung der Wertüberzeugungen führende Pluralisierung der Lebenswelten innerhalb der modernen Großgesellschaft. Beide Phänomene lassen den Bedarf nach einer begründbaren Moral wachsen, sind aber als Grundlage für die dazu erforderliche Ethik ungeeignet."

[19] J. Römelt, Vom Sinn moralischer Verantwortung. Zu den Grundlagen christlicher Ethik in komplexer Gesellschaft (Handbuch der Moraltheologie 1). Regensburg 1996, 123f.

[20] Damit ist offensichtlich die gelungene Rechtfertigung in einer offenen, den diskursethischen Regeln entsprechenden rationalen, herrschaftsfreien Kommunikation gemeint.

[21] J. Habermas, Erläuterungen zur Diskursethik, 21.

[22] Selbst wenn der in ihr enthaltene Speziezismus schon wieder durch ökologisch-ethische Kritiken unter Druck gerät.

[23] Vgl. z.B.: D. Birnbacher, Ethische Probleme der Embryonenforschung, in: J.P. Beckmann, Fragen und Probleme einer medizinischen Ethik (Philosophie und Wissenschaft. Transdisziplinäre Studien 10). Berlin 1996, 228–253; hier: 232–234: „Mein Grund, die Unterscheidung zwischen bedürfnis-orientierten und ideal-orientierten moralischen Argumenten (statt andere mögliche Unterscheidungen) zum Ausgangspunkt zu nehmen, ist der, dass es Plausibilitätsüberlegungen gibt, den ersteren eine gewisse Priorität vor den letzteren zuzuerkennen, d. h. moralischen Argumenten, die sich auf die Bedürfnisse bewusstseinsfähiger Wesen beziehen, Vorrang zu geben vor Argumenten, die sich auf andersartige Werte, Prinzipien und Ideale beziehen. Diese Plausibilitätsüberlegung besteht darin, dass bedürfnis-orientierte Argumente in höherem Maße verallgemeinerbar erscheinen als ideal-orientierte, und zwar in einem Sinn von ‚verallgemeinerbar', der mit dem Anspruch auf intersubjektive Gültigkeit und universale Zustimmung zusammenhängt, der für moralische im Unterschied zu anderen sozialen Normen (wie Rechtsnormen, religiösen Normen oder Normen der Etikette) kennzeichnend ist. Nur dann vermag eine Norm, gleich welchen Inhalts, als moralische Norm zu gelten, wenn sie nicht nur die zufälligen Präferenzen und Überzeugungen bestimmter Individuen und Gruppen ausdrückt, sondern von

einem überpersönlichen Standpunkt aus formuliert ist und den Anspruch erhebt, für alle denk- und urteilsfähigen Wesen einsehbar und akzeptierbar zu sein. Bedürfnisorientierte moralische Argumente genügen dieser Bedingung eher als ideal-orientierte, insofern sie sich auf Vorstellungen von außermoralischem Wert (nämlich den Wert der Bedürfnisbefriedigung) berufen, von denen bedeutend problemloser angenommen werden kann, dass sie von jedermann nachvollzogen und akzeptiert werden. Sie vermögen damit den Allgemeingültigkeitsanspruch, den moralische Argumente erheben, in erster Näherung einzulösen – jedenfalls eher einzulösen als ideal-orientierte Argumentationen. Über die moralische Relevanz der Bedürfnisbefriedigung bewusstseinsfähiger Wesen (einschließlich der bewusstseinsfähigen Tiere) besteht ein weitaus unproblematischerer Konsens als über die moralische Relevanz anderweitiger Werte. Der ideale Anspruch auf Allgemeingültigkeit wird durch einen faktischen Konsens erfüllt. Während normative Menschenbilder, Tugendkataloge und Vorstellungen bedürfnisunabhängiger Werte von historisch und interkulturell stark variierenden Wertvoraussetzungen abhängen, sind Argumente, die auf die Bedürfnisse – zumindest die grundlegenden, noch nicht kulturell überformten und ausdifferenzierten Bedürfnisse – bewusstseinsfähiger Wesen verweisen, unmittelbar und ohne weitere Voraussetzungen nachvollziehbar."

24 Vgl. ebd. 239–246.

25 Die bis hin zum Vorwurf des Egoismus an die nicht-utilitaristisch orientierten ethischen Rationalitätsformen führen kann, weil sie Speziezismus und Personmetaphysik unterstützten. Vgl. P. Singer, Wie sollen wir leben? Ethik in einer egoistischen Zeit. Erlangen 1996.

26 J. Habermas, Erläuterungen zur Diskursethik, 21.

27 J. Habermas, Moralbewusstsein und kommunikatives Handeln (stw 422). Frankfurt 1983, 119.

28 Ebd.

29 Vgl. J. Römelt, Verantwortung als Gestaltung von Freiheit. Moralverständnis zwischen radikaler Moderne und Postmoderne (Vortrag zum internationalen Kongress deutschsprachiger Moraltheologen 1999).

30 Das Anliegen der Bedrohung durch ökologische und soziale Konflikte macht diese Notwendigkeit z.B. unmissverständlich deutlich.

31 „Es ist die Erfahrung der unabschließbaren Offenheit und des Scheiterns universaler kommunikativer Orientierungssuche, die viele Menschen sich heute gegenüber dem Anspruch umfassender und idealer Partizipation am ethischen Diskurs schließlich ... auf eine eher resignative Authentizität persönlicher Moral und formale Funktionalität gesellschaftlich-struktureller Verantwortung zurückziehen lassen. Die ethische Kultur kommunikativer Anteilnahme und diskursiver Lösungskompetenz wird vom stillen Auszug in die stumpfe Sprachlosigkeit existentieller Paradoxien und funktionaler Scheinrationalität konterkariert. Nicht aktive Anteilnahme am ethischen Diskurs, sondern resignierte, zweifelnde, ja nicht selten verzweifelte Enttäuschung und Hilflosigkeit prägen die konkrete Gestaltung kommunikativer Praxis komplexer Gesellschaft. Der Rückzug aus der partizipativen Offenheit in berechnende Abgrenzung und vorbehaltenes Engagement untergräbt die humanisierende Potenz des moralischen Diskurses. Und die Verdrängung des moralischen Anspruchs in die Irrationalität paradoxer Freiheitserfahrung darin lässt im Zwielicht moralischer Unentschiedenheit die persönliche und gesellschaftliche Gerechtigkeit zum hilflosen Traum, zur unbestimmbaren Chiffre verkommen." J. Römelt, Vom Sinn moralischer

Verantwortung. Zu den Grundlagen christlicher Ethik in komplexer Gesellschaft (Handbuch der Moraltheologie 1). Regensburg 1996,139.

[32] J. Römelt, Vom Sinn moralischer Verantwortung, 126.

[33] Ebd. 127.

[34] M. Knapp, Trinitätslehre und Handlungstheorie, in: E. Arens (Hg.), Gottesrede – Glaubenspraxis. Perspektiven theologischer Handlungstheorie. Darmstadt 1994, 49–68; hier: 67.

[35] J. Römelt, Vom Sinn moralischer Verantwortung, 129.

[36] Die Deutung der Geschichte als Traditionsprozeß, in dem Kontinuität und Brüche ihren Platz haben (auch im Sinne ethischer Traditionen), spielt für die kirchliche Vermittlung der moralischen Sinnerfahrung des Glaubens in diesem Sinne eine große Rolle. Für die katholische Theologie ist die naturrechtliche Tradition dabei – das könnte man im Sinne einer letzten, jetzt nicht mehr zur Einordnung der Diskursethik, sondern zur Akzeptanz durch die theologische Reflexion formulierten These sagen – ein bleibender Referenzpunkt der Orientierung. Die theologische Ethik im Rahmen der katholischen Kirche schöpft aus den langen Traditionen naturrechtlichen Denkens, den damit verbundenen Standpunkten der Moraltheologie in prinzipiellen und inhaltlichen Fragen der Ethik. Die theologische Ethik bedarf aber der diskursethischen Rationalität, um ihre eigene Kommunikabilität im Raum pluralistischer und säkularisierter Kultur zu wahren. Auch die Theologie muss sich dem vielfältigen Gespräch in der komplexen Gesellschaft stellen, um in den ethischen Wertungen im Horizont des Glaubens zeitgemäß und sachgerecht zu bleiben. Die Vernunft als Quelle der moraltheologischen Argumentation nimmt in diesem Sinne auch für die Moraltheologie Form kommunikativer Rationalität an. Ja, die Bejahung des Wertes des moralischen Konsenses ist auch für die Theologie eine konkrete ethische Instanz, die sie zu ihren eigenen Prinzipien und Inhalten – als von der Diskursethik Lernende – hinzuzählen muss.

Andreas Fritzsche

Arbeitsgruppe: Materiale Ethik – Tugendethik

Am Anfang muss eine Begriffsbestimmung stehen. Mit Diskursethik sind die Ethikmodelle von Jürgen Habermas und John Rawls gemeint; mit materialer Ethik sind Moraltheologie (bzw. systematische Theologie) und christliche Sozialethik gemeint. Damit sind bzgl. der materialen Ethik Bereichsethiken, wie z. B. medizinische Ethik, Wirtschaftsethik oder Bioethik ausgeschlossen.

1. Die plurale Gesellschaft verlangt ein hohes Maß an Formalismus; die Pluralität kann durch die Regeln der Diskursethik eingefangen werden. Diskursethik bietet Instrumente zur Konsensbildung und begreift Pluralität bzw. Heterogenität der Gesellschaft nicht als Dilemma, sondern als Chance.

2. Die Diskursethik bedarf der Inhalte der Moral und der Rationalität der Ethik, wie z. B. utilitaristische Ethik oder Pflichtethik. Gewisse Fragen kann die Diskursethik nicht aus sich selbst beantworten: Wie wird ein gewonnener Konsens bindend? Was machen wir mit einem gescheiterten Diskurs, mit einem gescheiterten Konsens? Diese Fragen kann die Diskursethik selbst nicht beantworten. Hier bedarf sie einer materialen Ethik.

3. Die Diskursethik hat eine Voraussetzung: Wir können uns in andere einfühlen. Diese Voraussetzung kann die Diskursethik nicht aus sich selbst begründen, diese Voraussetzung der Möglichkeit des Einfühlens muss aus einer materialen Ethik her rühren. Wie ist dieses Einfühlen möglich? Der Verweis auf die „Lebenswelt“ erweist sich hierbei nicht als Antwort, sondern eher als eine „black box“.

4. Die Arbeitsgruppe diskutierte an einer Stelle kontroverstheologisch. Die Frage: Haben die „Weltsachbereiche“ eine eigene Logik, eine relative Autonomie? Was relativiert die Autonomie der Weltsachbereiche? Was zwängt das Eigengesetzliche der Wissenschaften, Wirtschaft, ... ins Ganze ein? Die Feststellung der relativen Eigengesetzlichkeit der Weltsachbereiche, die im zweiten Vatikanischen Konzil in „Gaudium et spes“ benannt wird, verteidigten die katholischen Sozialethiker. Die evangelische systematische Theologie hatte anscheinend das Problem der katholischen Theologen nie. Diese unterschiedliche Wahrnehmung bedurfte einer intensiven Klärung. Schließlich wurde festgestellt, die materiale Ethik einer katholischen bzw. evangelischen Theologie – nämlich Offenbarung und Tradition (bzw. Lehramt), gelebte Institutionen und die Geschichte der „Weltsachbereiche“ eine mögliche absolute Eigengesetzlichkeit – relativiert die Weltsachbereiche und fängt sie ins Ganze ein.

Die alte Feindschaft – Diskursethik versus theologische Ethik – ist von gestern. Die Diskursethik erweist sich auch für die Kirchen in einer pluralen, heterogenen Gesellschaft als ein wichtiges Kommunikations- und Begründungsmodell; als eine „conditio sine qua non“. Aber nach einem sauberen Diskurs muss jedem klar sein, worüber gesprochen wurde.

Hans G. Ulrich

„Soziale Bewegungen" und Differenzierungen in Gesellschaft und Kirche – Überlegungen zu ihrer ethischen Wahrnehmung

1. Zur Thematisierung der sozialen Bewegungen in der Ethik

In der christlichen Ethik wie im allgemeinen ethischen Diskurs gehört es zu den zentralen Fragen, worin die ethische Verständigung im Sinne eines gelebten Ethos oder einer Lebensform verwurzelt ist und auf welches Ethos die ethische Verständigung zielen kann. Ethik reflektiert die ethisch-sittliche Wirklichkeit auch in ihren verschiedenen gesellschaftlichen Erscheinungsformen. In Arbeitstiteln wie „Moralität und Sittlichkeit"[1] ist dies ebenso enthalten wie in den Diskussionen um den Bezug der Ethik auf die „Lebenswelten" oder „Lebensformen". Angezeigt ist damit, dass der Zusammenhang von Ethik und Ethos im Blick bleiben muss und dass das, was als ethisch „gültig" gesucht und festgestellt wird, in Verbindung mit dem, was sittlich gelebt wird, gesehen und reflektiert wird. Strittig ist, was dieser Vorgang darstellt: Ist es der Weg von dem faktisch Gelebten zu dem (für alle) Gültigen? Oder ist es ein anderer Vorgang? Das Thema „Faktizität und Geltung"[2] wirft das Problem auf.

Diese komplexe Problemstellung ist durch vielfältige Veränderungen in der Praxis ethischer Reflexion in der wiederum vielfältig differenzierten Öffentlichkeit immer deutlicher hervorgetreten. Diese Veränderungen wären in einer weit reichenden Analyse zu beschreiben, die eine soziologisch-theologische Orts- und Aufgabenbestimmung der ethischen Praxis zum Gegenstand hätte. Eine solche soziologisch-theologische Ortsbestimmung fehlt weitgehend in der Diskussion. Dennoch sind Teilaspekte dieser weiter reichenden Aufgabe zur Geltung gekommen. Einer dieser Teilaspekte soll im

Folgenden hervortreten. Er betrifft die Frage, wie die ethische Praxis mit dem verbunden ist, was als „soziale Bewegungen" namhaft gemacht wurde.[3]

Mit ihrem Bezug auf die sozialen Bewegungen soll die ethische Verständigung nicht mehr an einen ortlosen, vielleicht als umfassend gedachten ethischen Diskurs verwiesen werden oder an eine in ihrem gesellschaftlichen Ort unbestimmte oder auch allzu fixierte kirchliche Lehre, sondern die ethische Praxis soll in ihrem gesellschaftlichen Ort und in ihrer Aufgabe für die gesellschaftliche und politische Öffentlichkeit fassbar werden. Damit soll – anders als mit dem Begriff der „Lebenswelten" – inhaltlich deutlicher werden, worauf die ethische Reflexion und öffentliche Verständigung realistischerweise Bezug nehmen sollte.

Auch vonseiten der christlichen Soziallehre sucht man danach, wie und wo eine bestimmte Ethik mit einem auf diese Weise benennbaren Ethos verwurzelt ist und nicht nur auf eine universale Form rational-politischer Verständigung setzt. Die Vergewisserung des gesellschaftlichen Ortes erfolgt nicht generell durch die Orientierung an einem Gesellschaftsbild im Ganzen, z.B. am Bild von der „Verantwortungsgesellschaft", sondern im Blick auf die plurale Differenzierung der Gesellschaften, die nicht nur eine plurale Gesellschaft hervorbringt, sondern die selbst vielfältig verläuft. Diese Perspektive dürfte für die ethische Verständigung höhere Auflösungskraft haben als die Thematisierung der Gesellschaft im Ganzen als „Risikogesellschaft", „Wettbewerbsgesellschaft" oder „Erlebnisgesellschaft". In dieser Perspektive einer plural differenzierten (und nicht nur pluralistischen) Gesellschaft können die artikulierten oder jedenfalls artikulierbaren „Überzeugungen" oder Perspektiven kenntlich werden, die ins Spiel der Verständigung kommen. Damit ist die Beobachterposition zugunsten der Verständigungsperspektive verlassen, etwa die des soziologischen Betrachters, der „die Gesellschaft" als Risikogesellschaft usf. wahrnimmt, aber nicht hervortreten lässt, was die verschiedenen Beteiligten zur Geltung zu bringen suchen. Deshalb wird es möglich und nötig zu fragen, was denn von diesen oder jenen Beteiligten als ihre „Überzeugung" vorgebracht wird. Darauf hat die Ethik und Sozialethik einzugehen, jedenfalls kann sie aus dieser Perspektive nicht heraustreten, wenn es gilt, zu einer ethischen Praxis der Verständigung zu finden, in der wirklich zur Sprache kommt, was zur Sprache kommen *soll*. Gesellschaftsbilder wie „Risikogesellschaft" sollten nicht die ethische Artikulation und Reflexion herausfiltern und in den soziologisch transformierten Beschreibungen aufgehen lassen. Daraufhin ist auch die Rede von den „sozialen Bewegungen" zu prüfen.

Wenn wir in diesem Sinne von „sozialen Bewegungen" sprechen, kann die gesellschaftliche Differenzierung als *Überzeugungs*differenzierung gesehen werden. Wir werden fragen müssen, welche „Überzeugungen" namhaft gemacht werden können und was „Überzeugung" heißen kann.[4] Gerade hier gilt es, keine black boxes aufzustellen, so schwierig es sein mag, Überzeugungen zu identifizieren oder vernehmbar werden zu lassen, worauf es schließlich ankommen wird.

Es gehört zu dem, was wir „plurale Gesellschaft" nennen, dass sich (analog zum principium individuationis) offensichtlich kein *Prinzip der Pluralisierung* fixieren lässt, sondern dass es eine Vielzahl von Einzelphänomenen auch im Vorgang der Pluralisierung gibt. Ein solches Phänomen ist die Differenzierung von sozialen Bewegungen als Überzeugungsbewegungen. Jedenfalls ist es zunächst ratsam, auch den Vorgang der Pluralisierung selbst nicht als homogen anzusehen und nicht von einer einzigen Differenzierungslogik auszugehen – also etwa alle „Bewegungen" als Bewegungen der Liberalisierung oder der (reflexiven) Modernisierung zu verstehen. Solche Kategorisierungen setzen zu weiträumige Theorien voraus, die eine spezifische Beobachterperspektive eröffnen. Auch wenn wir von einer „ökologischen Bewegung" sprechen, dann ist dies eine alle Differenzen überspielende Homogenisierung, denn in der „ökologischen Bewegung" sind viele verschiedenartige Verbindungen enthalten, die kaum insgesamt eine einzige Überzeugungsbewegung darstellen. Nur die verschiedenen darin enthaltenen Differenzierungsvorgänge und die damit verbundenen vielfältigen Artikulationen können darüber Auskunft geben, wenn es denn gelingt, diese Artikulationen in ihren verschiedenen Kontexten überhaupt zu fassen – so etwa die Überzeugung von einer „Natur", die nicht nur materiale Ressource, sondern auch Quelle der psychischen Gesundheit ist, ganz anders die Überzeugung, dass die „Natur" nicht allein als Ressource welcher Art auch immer zu betrachten ist, sondern dass die Aufgabe, die Natur zu verstehen, neu beginnen muss. Schon an diesem begrenzten Beispiel kann deutlich werden, was es heißt, dem Gesamtphänomen gesellschaftliche Differenzierung aufgrund von „Überzeugungen“ nachzugehen.

Pluralität ist gleichwohl nur der eine Aspekt. Wir müssen sehen, inwiefern die Differenzierung von Überzeugungs-Bewegungen darin dann doch wieder aufgehoben ist, dass sie etwa als ein Gesamtphänomen „Protest-Bewegungen“ erscheinen (vgl. Luhmann/ Hellmann [5]). Inwiefern sind „soziale Bewegungen“ in dieser Hinsicht zusammenzusehen, wie es auch in der Thematisierung der sozialen Bewegungen oder „neuen sozialen Bewegungen“ geschieht?

Es geht also um eine Reflexion der gesellschaftlichen Differenzierung, die deren Bewegungsrichtung und Logik zu kennzeichnen vermag. Dies kann auch als die Reflexion einer veränderten politischen Kultur oder Subkultur (Subpolitik; Bürgerbewegungen, Bürgerinitiativen; local act-Konzepte) verstanden werden. Diese Reflexion ist Teil der ethischen Praxis, die sich damit selbst – explizit – in den Zusammenhang gesellschaftlicher Differenzierung stellt. Von da aus wird dann zu fragen sein, was die spezifische Aufgabe einer Ethik ist, die aus der Beobachterposition oder der Position des Mitredens heraustritt.

Für die Ethik heißt das zunächst:

Es geht um die Frage nach der Verankerung der Soziallehre, statt Strategien von „Begründungen“ zu verfolgen oder ortlose Diskurse zu führen. Die Frage wird immer sein, *wer* sich hier *womit* zu Wort meldet und zu Gehör kommt.

Damit ist die Linie einer „kantischen“ Ethik verlassen, die auf ein allgemeines Subjekt oder eine universale Rationalität setzt. Statt dessen gilt es, die an diesem oder jenem Diskurs Beteiligten oder noch nicht Beteiligten zu hören und dabei gilt es zu hören, *was* sie betrifft und „bewegt“.[6] Auf dieses „*was*“ kommt es an. Wie diese und ob diese *Artikulation* in welche *Argumentation* überführbar ist, muss hier noch offen bleiben. Es muss jedenfalls mit fließenden Übergängen zwischen dieser und jener Artikulation gerechnet werden, wenn nicht von vornherein das herausgefiltert wird, das doch im Sinne der Frage nach dem „Guten“ im Spiel bleiben soll.[7]

Überzeugungsdifferenzierung

Die Wahrnehmung der vielfältigen sittlichen Welt kann auch im Blick auf die Differenzierung nach Überzeugungen verschieden (plural) ausgerichtet sein. So können zunächst Themenbereiche Markierungen versprechen (vgl. die Analyse von Luhmann/ Hellmann) wie Ökologie, Ausländer, Frauen. Dies sind Themen, die in einer bestimmten Form auch Gegenstand der etablierten (Parteien-) Politik sind. Sie haben aber ihre Eigenart darin, dass sie an lokale Aktivitäten gebunden sind und zugleich von grundsätzlicher Bedeutung sein können. Aus dieser Spannung gewinnen sie ihre Dynamik. Sie sind politisch konkret und zugleich betreffen sie fundamentale Probleme, wie beispielsweise die Praxis des sog. „Kirchenasyls".

Diese Thematisierungen sind auch „Protest" gegenüber der etablierten Politik, sie gehören nicht in die Opposition, die innerhalb der gegebenen Logik operiert. Sie suchen eine andere Form von Politik überhaupt (etwa das, was „Subpolitik" genannt wurde). Auf dieser Linie können jedenfalls die „neuen sozialen Bewegungen" gesehen werden. Hier gilt es ein differenziertes Bild (auch im theoretischen Zugriff) zu gewinnen, wie es sich in der weit reichenden Diskussion abzuzeichnen beginnt.[8]

Statt bei solchen Themen einzusetzen, mit denen eine andere Form von politischer Praxis verbunden ist, kann die Differenzierung auch an ganz anderen Abgrenzungslinien entlanggehen. Die ethische Verständigung hat jedenfalls auf diejenigen *Grenzlinien* zu achten, an denen sich herausbildet, was in der Perspektive der Frage nach dem „Guten", das Menschen betrifft, im Spiel bleiben muss. Die Ethik wird darauf achten, inwiefern sich gesellschaftliche Differenzierung wirklich entlang dieser Frage nach dem Guten vollzieht, also als eine „ethische" Differenzierung zu verstehen ist und nicht irgendeinem (vielleicht moralischen) Erkennungszeichen folgt.[9] Sie wird darauf achten, *was* hier wirklich artikuliert wird und sie wird prüfen helfen, *was* im Spiel bleibt oder ins Spiel kommt. Dies aber ist mit der Markierung von Themen wie „Ausländer", „Umweltschutz", „Abtreibung" noch überhaupt nicht geleistet. Ethisch zu fragen ist, inwiefern darin das „Gute" zur Sprache kommt, das Menschen erfahren haben oder suchen. Dies lässt sich nicht allein in die liberal-rechtsstaatlichen Grundregeln fassen. Auch wenn diese Grundregeln – wie z.B. Regeln des Personenschutzes oder der Selbstbestimmung – gewahrt sind, bleibt oft unbestimmt und offen, was das Gute ist, das Menschen bewegt. In der Diskussion um das „Asyl" hat sich beispielsweise einiges davon erst allmählich kristallisiert. So ist zunehmend deutlich geworden, dass das Recht auf politisches Asyl nicht von dem Recht auf Bürgerrechte zu trennen ist. Darin ist das Festhalten an einem Recht auf Bürgerheimat enthalten, das über die Einhaltung liberal-rechtsstaatlicher Regeln hinausgeht. Immer neu gilt es, zu artikulieren und zu erkunden, was hier im Sinne der Frage nach dem Guten ansteht. Nur so bleibt auch dieses keine black box eines moralischen Standpunkts[10], sondern eine artikulierbare Ethik.

2. *Kirchliche, christliche Bewegungen*

Wie stellen sich in diesem Problemprospekt die innerkirchlichen oder kirchen-bezogenen, oder „christlichen" Bewegungen dar? Das ist – auch im geschichtlichen Verlauf – signifikant verschieden zwischen katholischer Kirche und evangelischen Kirchen zu beschreiben.

In der Skizze von Hengsbach, Emunds, Möhring-Hesse[11] wird dargestellt, warum und wie sich die *katholische Soziallehre* konzeptionell darauf umstellen muss, die Gesellschaft und die Kirche in ihrer Differenzierung neu zu verstehen und in die ethische Reflexion einzubeziehen. Im Blick ist auch die Differenzierung in der Kirche selbst. Es geht um die Geschichte einer vielfältigen und vielseitigen Veränderung der sozialen Realität und ihrer – direkten – Bedeutung für die Soziallehre sowie die entsprechende Umstellung der sozialethischen Konzeptionen.[12]

Hengsbach sieht folgende *drei Tendenzen* in der Ethik, die eine bestimmte Differenzierung spiegeln: „Auf der Basis unterschiedlicher Glaubenskonzepte wurden idealtypisch ein Orthodoxie entfaltender, ein Existenz auslegender und ein Praxis reflektierender Ansatz unterschieden..."[13]. Die Diagnose fährt fort, dass „angesichts der Pluralisierung des katholischen Christentums gesellschaftsethische Ansätze an Plausibilität (gewinnen), die eher dem Profil des Existenz auslegenden Typs folgen. ..."[14]

Die Autoren sehen sich selbst jedoch dem *„Praxis reflektierenden"* Ansatz verbunden: „Obwohl wir auch die Anstöße der anderen vorgestellten Ansätze aufgreifen wollen, insofern wir die Gesellschaftsethik zwar auf kollektive Akteure gesellschaftlicher Veränderung beziehen, dabei aber die Pluralität politischer Glaubenspraxis ausdrücklich bejahen, kommen unsere Überlegungen zur Grundlegung christlicher

Gesellschaftsethik daher dem Praxis reflektierenden Typ am nächsten. Wir suchen also die christliche Gesellschaftsethik als ethische Reflexion politischer Glaubenspraxis zu entwerfen."[15]

Es geht diesen Autoren um die Verankerung der christlichen Soziallehre in der sozialen/politischen Praxis und die Praxis der politisch engagierten Christen. Die Autoren setzen bei der Wahrnehmung der pluralistisch-gesellschaftlichen Differenzierung ein, lassen dann aber die Differenzierung innerhalb der katholischen Kirche in den Vordergrund treten, die zur gesellschaftlichen Differenzierung in einem noch auszulotenden Verhältnis steht. Eine wichtige Diagnose lautet: „Die zunehmende Pluralisierung der katholischen Christen ist von einer grundlegenden Revision der amtlichen Sozialverkündigung der Kirche begleitet."[16]

Die Beschreibung dieser Pluralisierung der katholischen Christen[17] zeigt eine zunehmende Veränderung der Differenzierungsprozesse: Christen engagieren sich „stärker außerhalb der Parteien und im vorstaatlichen Raum", Christen engagieren sich „selbstverständlicher innerhalb ‚profaner' Organisationen und Bewegungen und meiden kirchliche Bindungen ihres politischen Engagements", „gleichzeitig verändert sich auch das Profil kirchlicher Gruppen und Initiativen, die sich zunehmend in ein Verhältnis von Austausch und Kooperation mit verschiedenen Kräften des ‚öffentlichen Raums' stellen. Katholische Verbände und Initiativen schotten sich nicht länger gegen den Pluralismus der Interessen, Kompetenzen und Organisationsformen in der modernen Gesellschaft ab; sie suchen sich vielmehr in deren Arbeitsteilung und inhaltlichen Ausdifferenzierung zu verorten (vgl. u.a. Gabriel[18] 1988)."

Was ist die Pointe dieser Pluralisierung, was ist der Unterschied zu früheren Differenzierungen (vgl. das katholische Verbandswesen)? Vielfach wird die Abgrenzung gegenüber der „amtlichen" Kirche betont. Es wird auch auf den „Basischarakter" der sozialen Bewegungen hingewiesen und es wird auf die Differenz zwischen kirchengebundenem und nichtkirchlichem Engagement verwiesen. Inwiefern kennzeichnen diese Unterscheidungen die dominante Logik kirchlicher Pluralisierung? Interessant ist auch hier die Frage, welche Art von innerkatholischer Pluralisierung bei der gegebenen Themenfülle[19] vorliegt? Welche Art von „themen"-spezifischer Differenzierung, welche Art von Überzeugungsdifferenzierung findet hier statt?

Einerseits könnte man diese Vorgänge mit den gesamtgesellschaftlichen Differenzierungsphänomenen verrechnen oder nur gebräuchliche Kategorien wie „liberal“ und „traditional“ usf. verwenden. Aber: Gibt es für die kirchliche Pluralisierung nicht doch spezifische, vielleicht theologisch reflektierbare Aspekte? Und vielleicht sind diese nicht nur in der Differenz von kirchlich – nichtkirchlich, oben – unten (Hierarchie und Basis) oder anderen Schemata zu sehen. Deshalb muss man die einzelnen Themen für sich betrachten. Wie kommen sie auf die Tagesordnung? Wer meldet sich wie zu Wort, was sind die Strategien?

Neue Aspekte der Differenzierung im sozialen und politischen Engagement?

Es hat u.a. den Anschein, dass sich die Formierung sozialer Bewegungen und politischer Aktivitäten immer wieder darum dreht, wie man den unbestrittenen Bedürfnissen (nicht nur spezifischen Interessen) und Nöten der Menschen näher kommt. Nicht eine „Liberalisierung“ oder ihr Gegenteil, das Festhalten an gemeinsamen Überzeugungen, bestimmt die Differenzierung. Diese hat vielmehr eine caritative und *seelsorgerliche Dynamik.* Die Überzeugungen machen sich an der Frage fest, was den Menschen gerecht wird, die unsere Nächsten sind. Insofern würden wir – auch innerkirchlich – von einem weit greifenden Phänomen sprechen können, das eine Vielzahl von Formen sozialer Differenzierung – von Selbsthilfegruppen bis zu großen Organisationen, Bürgerinitiativen, Bewegungen – einschließt. Inwiefern bildet sich diese Differenzierung an der Suche danach aus, was Menschen gerecht wird? Sie ist nicht bestimmt durch ein politisches Programm oder ein bestimmtes Ideal der Lebensgestaltung, sondern ist eher anti-idealistisch und auf ein neues politisches Handeln ausgerichtet.

Differenzierung entsteht offensichtlich auch dort, wo von Einzelnen etwas getan werden kann. Das Heraustreten aus der hilflosen Untätigkeit, die in Spannung steht zum eigenen und allgemeinen Problembewusstsein, die Möglichkeit, überhaupt etwas unternehmen zu können, lässt differenzierende Aktivitäten entstehen. Dem entspricht der Versuch von Hengsbach u.a., Sozialethik als Reflexion sozialer Praxis zu verstehen.

Entscheidend bleibt für die ethische Wahrnehmung, *was* von dem auf die Tagesordnung kommt, was Menschen betrifft. Das kann auch dem entgegenstehen, was Menschen als Interessen vortragen. Es geht um die immer wieder nötige kritische Rückfrage nach dem Guten, was ins Spiel kommen *soll*. Jede öffentliche Diskussion verrät davon etwas und zeigt zumeist, dass eben hier oft die Stimme oder die Sprache fehlt. Wie kommt zur Sprache, *was* Menschen in der ihnen eigenen Aufmerksamkeit erfahren haben und was sie bewegt?

Darauf zu achten heißt für die Ethik nicht abstrakt, den je Einzelnen zu beachten, im Übrigen aber generelle Phänomene wie „Risikobewusstsein" oder „Technikfurcht" zu diagnostizieren. Hier muss die Ethik neu einsetzen. Nicht nur eine „Heuristik der Furcht" (Hans Jonas), sondern eine *Heuristik der Aufmerksamkeit auf das Gute* bleibt hier zu fordern. Daraufhin erneut die Differenzierung von Überzeugungen zu reflektieren dürfte viel versprechend sein. Das Thema „moralische Überzeugungen" („moral notions") wird bei aller Geschäftigkeit im öffentlichen ethischen Diskurs nicht verhandelt. Zum Teil liegen Untersuchungen vor, die den Regeln soziologischer Forschung folgen und diesen Regeln entsprechende Ergebnisse vorlegen: etwa zu den Phänomenen des Risikobewusstseins im Zusammenhang von Atomenergie und Gentechnologie. Wo aber die Ethik mit dem Hören einzusetzen hat, bleibt weitgehend unbestimmt, zumal dann, wenn der ethische Diskurs schon alle Hände voll damit zu tun hat, die liberal-rechtsstaatlichen Regeln zu bewahren.

Es wird für die Sozialethik eine wichtige Aufgabe bleiben, im Besonderen die „sozialen Bewegungen" in ihre Wahrnehmung einzubeziehen, die sich auf neue Weise zu differenzieren beginnen. Hier ist noch einmal auf Hengsbach, Emunds, Möhring-Hesse zu verweisen, wenn sie unterstreichen: „Mit dem Konzept einer ‚Ethik sozialer Bewegungen' behaupten wir daher auch keineswegs ein normatives Privileg für soziale Bewegungen. Allerdings richten wir die gesellschaftsethische Reflexion besonders aufmerksam auf soziale Bewegungen, insofern diese in besonderem Maße ‚moralische Lernprozesse' moderner Gesellschaften anstoßen können. Gerade dadurch, dass soziale Bewegungen in der Verfolgung ihrer konkreten Ziele soziale Konflikte ‚inszenieren', stellen sie nämlich erstarrte Standards gesellschaftlicher Moral infrage. Insofern sie alternative politische Entwürfe im ‚allgemeinen Interesse' vertreten, drängen sie eine Gesellschaft dahin, sich über ihre moralischen Standards zu verständigen."[20]

Die Aufgabe der Ethik wird auch bei Hengsbach u.a. im Sinne einer ethisch-kritischen Reflexion gesellschaftlicher Praxis verstanden, dies wird auch im Kontrast zur katholischen Soziallehre verstanden, die als nur begrenzt kritikfähig gekennzeichnet wird. Diese ethische Aufgabe „setzt dann bei einem bestimmten Veränderungshandeln bzw. bei einem bestimmten politischen Reformprojekt an und verhält sich gegenüber den bestehenden Verhältnissen kritisch-distanziert – allerdings ohne den Akteuren politischer Reformen, insbesondere den sozialen Bewegungen gegenüber kritikunfähig zu werden."[21]

Es zeichnet sich das Problem ab, dass ein Verhältnis zwischen Soziallehre und Sozialethik zu gesellschaftlichen Vorgängen markiert wird, das aber in seiner soziologischen Bestimmung ebenso wie in seiner ethischen formal bleibt. Was heißt „kritisch-distanziert"?

Anders stellt sich das Problem dann dar, wenn im Verhältnis zu gesellschaftlichen Vorgängen nicht „die Soziallehre" als Gegenüber gesehen wird, sondern die Kirche in ihren eigenen gesellschaftlichen Erscheinungsformen. Dann nämlich kommt es darauf an, diese Erscheinungsformen, die Sozialgestalt der Kirche, zu beschreiben, und von da aus – immer neu – das Verhältnis zu gesellschaftlichen Vorgängen zu bestimmen. Weiterführende konzeptionelle Überlegungen finden sich bei Marianne Heimbach-Steins.[22] Damit lautet das Thema nicht mehr „Soziallehre und soziale Bewegungen", sondern „Kirche und soziale Bewegungen" und die Ethik hat diese Beziehung zu reflektieren und kann sich nicht auf eine allgemeine Verhältnisbestimmung gründen. Damit ist zu Recht die Frage angezeigt, wie „Ethik als Widerspruch und Kritik" in ihrem gesellschaftlichen Ort bestimmt selbst sozialethisch zu bestimmen ist und inwiefern diese Bestimmung eine theologische Reflexion zur Sozialgestalt der Kirche und ihrem Verhältnis zu den gesellschaftlichen Vorgängen einschließt. An diesem Punkt gilt es weiterzuarbeiten.

Aspekte zu den protestantischen Kirchen

Überlegungen dieser Art gelten in jeder Hinsicht auch für die protestantischen Kirchen. Gleichwohl fehlen zur protestantischen Differenzierung Analysen, auf die wir hier zurückgreifen könnten. Vielfach werden auch in diesem Kontext kategoriale Schemata wie „liberal" und „nicht-liberal" bemüht oder spezifische theologiehistorische Frontstellungen – wie die zwischen „dialektischer Theologie" und „liberaler Theologie" – markiert, die aber den Differenzierungsvorgängen nicht gerecht werden. Die Bemühungen in der historischen Forschung (etwa in der Perspektive von „Mentalitäts-forschung") haben – jedenfalls für die Ethik – überdies neue Probleme der Kategorisierung aus spezifischen (jetzt historischen) Beobachterperspektiven hervorgebracht. Die Art der Reflexivität, die hier erforderlich wäre, ist bislang weitgehend undiskutiert geblieben. Multiperspektivität kann jedenfalls Reflexivität nicht ersetzen. So bleibt die kirchliche und theologische Landschaft der protestantischen Kirchen ohne deutliche Konturen. Kaum sichtbar sind die Veränderungen in den kirchlichen „Gruppierungen" und im Verhältnis kirchlicher Gruppierungen zu den Differenzierungsvorgängen im politischen Kontext.

„Soziale Bewegungen", wie sie bisher (historisch) namhaft gemacht worden sind, also z.B. die religiös-sozialen Bewegungen des 19. und 20. Jahrhunderts, zielen auf das Ganze der Gesellschaft und einer auf sie gerichteten Politik. Sie bewegen sich in der Nähe der Parteienbildung und präsentieren sich als „große" Bewegungen. Innerhalb der Kirche wird soziales Engagement gesellschaftlich konform institutionalisiert vor allem in den diakonischen Einrichtungen, aber auch in vielfältigen fest verankerten sozialen Aktivitäten der Kirchen. Die (protestantischen) Kirchen können sich in dieser Perspektive und im Sinne der Frage nach der gesellschaftlichen Differenzierung als zivilgesellschaftliche Ergänzung staatlicher Aufgaben sehen. Ihre eigene politische Perspektive ist immer auf das Gemeinwesen als Ganzes gerichtet, das als Staat und Gesellschaft angesprochen wird. Dies wäre freilich genauer zu beschreiben. Es wäre zu klären, welcher Regel die Differenzierung von staatlichen, kirchlichen und anderen sozialen oder politischen (subpolitischen) Aktivitäten folgt. Inwiefern erfolgt die Ausdifferenzierung kirchlicher Aktivitäten nach dem Prinzip der „Subsidiarität" oder nach der Logik neuer Teil-Solidaritäten? Inwiefern sind dies Überzeugungsdifferenzierungen, die mit spezifischen Aspekten der christlichen Ethik zu tun haben? Das bleibt weitgehend offen und es zeichnet sich ein vielfältiges Netz von eher ergänzenden Aktivitäten ab, die in einem z.T. Markt gewordenen Geschehen zusammenwirken oder auch konkurrieren, z.B. im Bereich der Altenfürsorge.

Was hier als „soziale Bewegungen“ zu thematisieren ist, lässt sich nur schwer namhaft machen. Zu beobachten ist zugleich, dass Kirchen und Kirchengemeinden zum Forum für viele Themen werden, die in der Gesellschaft als „Protest-Themen“ erscheinen. Das betrifft Themenbereiche wie „Arbeit/Arbeitslosigkeit“, „Ausländer“, „Minderheiten“, „Entwicklungsländer“. Die Kirchen werden jedoch bestenfalls zum Forum für diese gesellschaftlichen Reflexionsvorgänge. Diese haben ihren eigenen Ursprung. Eine ausdrückliche – vielleicht ekklesiologisch reflektierte – Programmatik für diese Aufgabe ist nicht zu erkennen. Es ist kaum möglich, ein Konzept für die Beziehung von kirchlichen Gruppierungen und gesellschaftlichen Kontexten zu entwickeln, ohne einen bestimmten dia-kritischen Begriff „Kirche“, in Bezug auf den sich sagen lässt, was es in diesem Kontext heißt: „ich glaube die christliche Kirche“. In der theologischen Ethik ist hier in jüngster Zeit neu angesetzt worden, eine breitere Diskussion aber über „Kirche und Öffentlichkeit“ fehlt.[23]

Die Logik der Differenzierung kirchlicher Gruppen ist weitgehend gesellschaftskonform. Sie ist zunächst Teil der gegebenen in das politische Gesamtgeschehen integrierten Protestdifferenzierung. Die Bewegungen oder Aktivitäten (z.B. im Zusammenhang ökologischer Probleme) sind davon geleitet, dass sie sich der Parteienpolitik gegenüber sehen. Sie artikulieren sich sowohl in Übereinstimmung mit den kirchlichen Organen (Synoden und Kirchenleitungen) wie direkt und unabhängig davon. Sie reklamieren dann für die „Kirche“ zu sprechen und grenzen sich gegen die main-stream Politik, quer durch alle Parteien, ab.[24]

Auch in Bezug auf die evangelische Ethik gilt es hier neu einzusetzen und nach dem Vorgang der Differenzierung von Kritik und Widerspruch zu fragen.[25]

3. *„Soziale Bewegungen“ und/oder die Ethik der „anderen Stimme“*

Wenn von „sozialen Bewegungen“ (im Zusammenhang der christlichen Soziallehre usf.) die Rede gewesen ist, dann im Sinne eines (historisch) bestimmten Ausschnitts von solchen Bewegungen, die auf die etablierte Politik ausgerichtet sind, die für neue Tagesordnungen eintreten und die in die Parteien hineinwirken oder selbst Parteien bilden, so die „Religiös-Soziale Bewegung“ (Ragaz u.a.). Es sind Bewegungen, die eine notwendige Pluralität (nicht Pluralismus) in die politische Landschaft bringen. Sie haben z.T. ein gesellschaftspolitisches Programm, nicht nur ein einziges Thema, so wie man es inzwischen auch von der „ökologischen Bewegung“ sagen kann, die jetzt in einer Partei politisch präsent ist. Entscheidend ist die Frage, inwiefern die sozialen Bewegungen wie die Religiös-sozialen, die Ökologiebewegung oder die lateinamerikanische Befreiungsbewegung auch eine neue Logik in die politischen Konzepte bringen. Inwiefern sind sie darin politisch, dass sie überhaupt politisches Handeln wieder ermöglichen?

Wir müssen in weitere Beschreibungen eintreten, um zu erfassen, was nun auch für die ethische Wahrnehmung entscheidend ist. Dabei können verschiedene Fragen leitend sein:

- die Frage, wie sich die Gesellschaft und die ihr entsprechende Politik „differenziert“ und dann in dieser Differenzierung zusammenspielt.
- die Frage, was die Differenzierungslogik dieser sozialen Bewegungen ist. Was ist gegenwärtig die Differenzierungslogik? Welche Art von „Überzeugungen“ oder Auslösern ist namhaft zu machen?
- die Frage, in welchen Kontext von gesellschaftlichen Differenzierungs-Phänomen die jeweiligen Differenzierungsvorgänge gehören (also z.B. wie das Verhältnis zu Interessenverbänden ist).

Entscheidend jedoch ist, welche „*Inhalte*“ (contents[26]) oder welche Art von „Inhalten“ mit den sozialen Bewegungen oder generell durch gesellschaftliche Differenzierung ins Spiel kommen. Sofern es bestimmte „Überzeugungen“ oder „commitments“ sind, können diese inhaltlich fassbar werden. So ist die Überzeugung von der notwendigen Veränderung der Gesellschaften zu multikulturellen Gesellschaften ein solcher Inhalt, der nicht nur spiegeln muss, was ohnehin geschieht, sondern der auch (zum Teil entgegen dem, was geschieht) als Überzeugung in die Gesellschaft hineingetragen wird. Wie freilich soll er artikuliert werden, was wäre seine ethisch reflektierte Aussage? Entsprechendes gilt für die sozialen Aktivitäten und

Überzeugungen, die sich in der verschiedensten Reichweite finden lassen, von Selbsthilfegruppen bis zu großen Hilfsorganisationen.

Entscheidend für den ethischen Zugang ist, dass es nicht nur zu erfassen gilt, was im Spiel ist, sondern zu fragen ist, was ins Spiel kommen *soll*. Es geht dann nicht darum, dass dieser oder jener vorhandenen Überzeugung allgemeine Geltung verschafft wird, sondern dass sie zunächst einmal überhaupt zu hören ist. Schon dies kann den öffentlichen Diskurs verändern. Das kann derzeit die Artikulation der Argumente für den Schutz des Sonntags zeigen. Die ethische Aufgabe richtet sich nicht formal auf die Geltungsfrage, sondern auf die inhaltliche Frage, ob denn und wie denn wirklich zur Sprache kommt, was dann auf seine mögliche Geltung hin zu verhandeln ist.

Die Ethik trägt nicht nur zur (kritischen) Reflexivität bei, sondern sie fragt auch „was sein soll" und sie fragt, ob denn in dieser Reflexivität wirklich alles Notwendige im Spiel ist und überhaupt die rechte Beachtung findet. Das wäre neben der reflektierenden die für die Ethik entscheidende *innovatorische* Aufgabe zu nennen, die darauf setzt, dass es immer wieder der grundlegenden Erneuerung des Denkens und der Wahrnehmung bedarf. So entspricht es der Logik biblisch-christlicher Ethik, deren entscheidende Pointe in die Erinnerung gefasst hat: „Laßt euch euere Lebensform verändern, durch die Erneuerung[27] eures Denkens und eurer Wahrnehmung" (Röm 12,2). Hier geht es um das, was keine Sprache oder noch keine Sprache gefunden hat, es geht um das, was „von außen" ins Spiel kommt. Dies ist in Analogie zu der in der politischen Theorie (vgl. Hannah Arendt[28]) zentralen Frage zu verstehen, wie das jeweilige Neu-Beginnen zustande kommt.

Das ist die Grundfrage der gesellschaftlichen Differenzierungsthematik in ethischer Perspektive: Wie bildet sich in der Gesellschaft ein „Außen", ein „Außen" des Protestes, ein „Außen" der Fürsprache für Andere, ein „Außen" der Einsicht in das, was „gut" ist? Das lässt sich nicht in die formale Frage fassen „Wie kommt das Neue in die Welt?"[29], weil es um diejenige Stimme von „Außen" geht, die nur im Hören auf den Anderen oder die Anderen zu vernehmen und zu finden ist. Wie wird diese *„andere Stimme"*[30] laut, wie wird sie präsent? Wie wird vernehmbar, was zum Hören und zum Handeln fordert?

Die ethische Wahrnehmung der Differenzierung der jeweils „anderen Stimme“ bewegt sich somit nicht zwischen „Faktizität und Geltung“. Sie fragt, was ins gegebene Spiel der Lebensverhältnisse kommen soll. So bewegt sich diese Ethik auf spezifische Weise zwischen „ist“ und „soll“. Sie bewegt sich auch zwischen dem „ist“ jeder Art von Umbruch, Aufbruch, Erneuerung und dem Soll des Anderen, das vielleicht dazu im Widerspruch steht. Die hier geforderte ethische Wahrnehmung ist darauf gerichtet, wie zur Sprache kommt, was selbst aus der Aufmerksamkeit auf die andere Stimme erwächst, aus der Aufmerksamkeit auf die Erfahrung des Anderen und aus der Gerechtigkeit, die wahrnimmt, was die Not des Anderen ist.

Gefordert ist hier die *theologische* Ethik, nicht, weil sie sozusagen auf dem Wege der gesellschaftlichen Differenzierung für ein soziologisch immer schon bestimmtes „Außen“, vielleicht ein bestimmtes moralisches Außen zuständig ist, sondern weil sie diese Funktion in einer spezifischen Weise vornimmt: nämlich so, dass die andere Stimme, die sie zu Gehör kommen lässt, auch den Gesetzen der Ausdifferenzierung widersprechen kann. Es geht um den notwendigen Widerspruch, nicht um ein konkurrierendes Interesse oder eine gegensätzliche Zielsetzung. Die ethische Aufmerksamkeit richtet sich auf das Eintreten des Anderen in die Gesellschaft, der eine Botschaft mitbringt, die notwendig zu hören ist. Die Logik der Differenzierung wäre in diesem Sinne die Logik einer Gerechtigkeit, die auf den Anderen gerichtet ist. Und das betrifft auch die Gerechtigkeit demgegenüber, was diese(r) Andere von dem zu sagen weiß, was er/sie Gutes erfahren hat. Das brennende sozialtheoretische Thema ist: wie entsteht, wie formiert sich die „andere Stimme“?

Das Thema, auf das wir also – angestoßen durch die Sozialwissenschaft – treffen, ist das „Thema“ Protest und Widerspruch in der modernen pluralistischen, funktional differenzierten und reflexiven Gesellschaft. Jedes dieser Kennzeichen dieser neuen Gesellschaft kann dazu gebraucht werden, Protest und Widerspruch einzuebnen und unkenntlich zu machen, *woraus* Protest und Widerspruch entsteht. Dies ist die (auch soziologisch) entscheidende Frage. Was ist das „Andere“, was ist der/die Andere, die im Protest zur Sprache kommen? Angewandt auf Protestantismus: Wenn sich der Protestantismus als Kritik[31] oder „Protest“ präsentiert, welcher Art von Differenzierungsvorgang wird darin unterstellt oder reflektiert?

Durch das Thema „Protest-Bewegung“ ist (in sozialtheoretischer Perspektive) angezeigt, dass in der Gesellschaft eine eigene Form des Gegenübers hervortritt, die nicht in der Korrelation von Position und Opposition zu fixieren ist. Dieses Gegenüber als das Andere formiert sich durch „Thematisierung“ von spezifischen, vielleicht sehr begrenzten Problemen oder Problembereichen (z.B. Asylrecht). Es gibt hier die verschiedensten Größenordnungen und Dispositionen. Es wird immer darauf ankommen, *was* hier wirklich zur Sprache kommt. Dies durch Hören und Verstehen auszuloten ist die Aufgabe der Ethik. Sie wird so immer wieder die Kennzeichnung dieser Vorgänge von außen (z.B. als allgemeine Angstphänomene usf.) durchbrechen.

Das gilt nicht zuletzt für den sozialen Protest: Welche Erkenntnis welcher Gerechtigkeit sucht sich ins Spiel zu bringen? Inwiefern ist diese nicht zu verrechnen mit dem gegebenen Kräftespiel? Mit überraschender Deutlichkeit hat dies in den letzten Jahrzehnten die Artikulation der Gerechtigkeit für die Arbeitslosen gezeigt. Ohne dass es zu einer „sozialen Bewegung“ der Arbeitslosen oder für die Arbeitslosen gekommen ist, wurden notwendige Einsichten ins Spiel gebracht, die bislang gefehlt haben. Dazu gehört die Einsicht, dass Arbeitslosigkeit auch unabhängig von der sozialen Stigmatisierung schwer zu ertragen ist, weil gerade das Herausfallen aus der Logik der sozialen Anerkennung durch Arbeit erfahren lässt, was Arbeit bedeutet. Arbeit ist in ihrer spezifischen Bedeutung neu erfragt und entdeckt worden.

Es lassen sich viele Einsichten benennen, die solchem Hören entsprungen sind, das sich nicht an die immer schon aufgeteilten Claims diverser Interessen gehalten hat und das sich nicht auf die Ebene solcher Interessenkonflikte hat reduzieren lassen.

Das jeweilige Gegenüber formiert sich als Protest, sofern es primär darauf zielt, das Salz in der Suppe zu sein, auch um den Preis, Protest zu bleiben, aber durchaus nicht im Einverständnis damit, den Pluralismus zu vermehren. Dies ist durchaus als ein neues Phänomen zu kennzeichnen. Worauf sich dieser Protest verlässt, ist nicht eine bestimmte Interessen-Konstellation, sondern die begründete Hoffnung, dass das, was vorgebracht wird, auf Dauer nicht ungehört bleiben kann. Dies ist nicht als „Fundamentalprotest“ (oder als Fundamentalismus) abzutun, sondern als Zeichen dafür, dass jedes Detail der von Menschen geschaffenen Wirklichkeit (auch die technologischen Details) fundamentale (metaphysische) Fragen betreffen kann. Es ist nicht nur davon zu sprechen, dass die Welt in der von Menschen hervorgebrachten Gestalt insgesamt vielleicht der fundamentalen Reflexion bedarf, sondern in vielen Einzelfragen, die direkt zu fundamentalen Fragen führen.

Dieses Gegenüber formiert sich auch „moralisch“. Das heißt: Es setzt durchaus auf die direkte Thematisierung des Moralischen, ohne sich sofort auf die Mechanismen der Geltungsbeschaffung und der Legitimation einlassen zu müssen. Darin kann das „Moralische“ bestehen, dass es als das Evidente angezeigt wird, das sich vielleicht tatsächlich unvermittelt zu Wort meldet. Es tritt vielleicht ausdrücklich als ein Ethos auf (vgl. Ethos der Barmherzigkeit, Option für die Armen). Seine Evidenz ist die eines Ethos, das durch seine Praxis hervortritt und keine weitere Legitimität oder Geltung sucht. Sonst liefe aller moralische Protest, etwa im Eintreten für eine Praxis der Barmherzigkeit, wie ihn etwa kirchliche Stellungnahmen laut werden lassen, grundsätzlich ins Leere. Dies aber wäre eine soziologische und ethische Fehleinschätzung.

Perspektiven für die ethische Aufgabe

Die Frage nach der Logik gesellschaftlicher Differenzierung in „sozialen Bewegungen“ richtet sich im ethischen Sinne darauf, inwiefern die gesellschaftliche Differenzierung von bestimmten Überzeugungen getragen ist, die sich unabhängig von den vorhandenen Gruppen und Fronten herausbilden. Das ist auch am gemeinsamen Wort der Kirchen zur sozialen Lage zu sehen[32]: Es zielt auf ein Ethos, das quer zu den gesellschaftlichen Institutionen und politischen Konstellationen verläuft. Dabei ist zwar eine gesellschaftliche Gesamtperspektive leitend, aber es wird auf einen ausdrücklichen Einsatz für Barmherzigkeit und Gerechtigkeit gesetzt. Eine Ethik, die von bestimmten sozialen Bewegungen ausgeht oder auf sie zugeht, ist nicht im Blick. Vielleicht entspricht das gemeinsame Wort der Kirchen gerade darin der gesellschaftlichen Realität, dass es an ein Ethos appelliert, dessen gesellschaftlicher Ort unbestimmt bleibt.

Damit treten dann freilich andere konzeptionelle Aspekte zurück wie der Aspekt einer (kommunitaristischen) auf die Kirche/ Gemeinde bezogenen Ethik, d.h. der Aspekt einer Ethik, die die Kirche selbst in ihrer Sozialgestalt, vielleicht als eine soziale Bewegung, als soziale Gemeinschaft, oder eben als (wie Stanley Hauerwas formuliert hat) existierende Sozialethik – im Miteinander und Gegenüber zu Gesellschaft und Politik – in den Blick fasst. Darauf zielen u.a. auch die genannten Analysen von Marianne Heimbach-Steins[33], die auf diesem Weg den gesellschaftlichen Ort der Sozialethik fassbar macht, statt etwa über die Problematik einer „angewandten" Ethik.

Gleichermaßen zu beachten ist diejenige Perspektive, die sich primär auf eine politische Praxis richtet, die bestimmte Probleme – als politisch zu lösende und zu bearbeitende – begreift. Dem entspricht der Praxis reflektierende Ansatz von Friedhelm Hengsbach, der eine plurale politische Praxis in den Blick rückt und sich damit von einer allgemeinen Ethik, aber auch einem in seinem gesellschaftlichen Ort unbestimmten Ethos abgrenzt.

Es gibt hier also verschiedene, ja kontroverse Grundrichtungen, die eine je verschiedene Bedeutung für die gesellschaftlichen Differenzierungsvorgängen haben. Vorrangig muss die Frage sein, nach welcher Logik sich gesellschaftliche Differenzierung bildet und in welcher Logik des Widerspruchs sich diese dann für die christliche Ethik beschreiben lässt. Es kommt darauf an, dass dieser *notwendige ethische Widerspruch* als solcher ethisch thematisch wird. Die Diskussion zu den „sozialen Bewegungen" hat dies in die Aufmerksamkeit der Sozialethik gerückt. Aber diese Diskussion ist weiter und tief greifender zu führen, damit hervortritt, worin der notwendige Widerspruch – auch in seiner gesellschaftlichen Erscheinungsform – bestehen kann und wodurch die Absorbtionskraft einer „pluralistischen" Gesellschaft, die für jeden Protest noch einen Platz hat, gebrochen wird.

Generell lässt sich diese Frage nach dem notwendigen inhaltlichen, ethischen Widerspruch dort festmachen, wo über die liberalrechtsstaatlichen Regeln und Prinzipien des Zusammenlebens hinaus zur Sprache kommen muss, was denn für die Menschen „gut" ist, deren Angelegenheiten verhandelt werden, und das heißt was für den Anderen und in den Augen des Anderen gerecht ist und deshalb ins

Spiel kommen soll. Welche Art von „Arbeitsgesellschaft“ ist gut, welche Art von Bildungsgerechtigkeit ist gut, welche Art von Generationenvertrag, welche Art von ökologischer Gerechtigkeit? Nicht allein die Verletzung von liberal-rechtsstaatlichen Regeln (im Datenschutz, im Schutz der individuellen Person, der körperlichen Unversehrtheit), sondern die vielen anderen Fragen, was denn gut ist in den Augen des Anderen müssen neu das Verständnis der Ethik und Sozialethik bestimmen und leiten.

Daran bildet sich eine „*Ethik im Widerspruch*“ aus, an der sich selbst eine spezifische Differenzierung in der Gesellschaft vollziehen kann. Diese wird sich von der Differenzierung gegebener Interessen unterscheiden und sich an den verschiedensten Detailfragen festmachen müssen und können und damit in neuer Weise dem Erfordernis einer neuen und anderen ethischen Aufmerksamkeit entsprechen. Von einer solchen Ethik im Widerspruch zu reden heißt weder im vorhinein eine bestimmte gesellschaftskritische Position einzunehmen, sondern im Gegenteil nicht zuletzt solchen Positionierungsversuchen zu widersprechen. Es heißt außerdem nicht von vornherein die im fundamentalen (eschatologischen) Sinne innovatorische Aufgabe der Ethik in einem Konzept wie „Gestaltung und Kritik“ verloren gehen zu lassen. Die Diskussion über die sozialethische Reflexion der „sozialen Bewegungen“ wird sofern hier noch erheblich weiterführen können. Dies versprechen jedenfalls diejenigen Ansatzpunkte, die von einer abstrakten Reflexion über die gesellschaftliche Ortsbestimmung der christlichen Sozialethik wegführen und stattdessen beschreiben, was die praktische Aufgabe einer Sozialethik ist, die sich im Kontext der gesellschaftlichen und kirchlichen Differenzierung bewegt und zugleich ein Gegenüber im Widerspruch bleibt.

Anmerkung

[1] Wolfgang Kuhlmann (Hg.), Moralität und Sittlichkeit. Das Problem Hegels und die Diskursethik, Frankfurt/M. 1996.

[2] Jürgen Habermas, Faktizität und Geltung, Frankfurt 1992.

[3] Vgl. vor allem: Dieter Rucht, Barbara Blattert, Dieter Rink, Soziale Bewegungen auf dem Weg zur Institutionalisierung, Frankfurt [u.a.] 1997; – Heinrich W. Ahlemeyer, Soziale Bewegungen als Kommunikationssystem. Einheit, Umweltverhältnis und Funktion eines sozialen Phänomens, Opladen 1995. Rucht, Dieter, Modernisierung und neue soziale Bewegungen. Deutschland, Frankreich und USA im Vergleich, Frankfurt u.a. 1994. Friedhelm Neidhardt (Hg.), Öffentlichkeit, öffentliche Meinung, soziale Bewegungen, Opladen 1994.

[4] Wir folgen u.a. der Analyse von Kovesi, Moral Notions. Studies in philosophical psychology, London 1971. Auf diese ist in der Diskussion vielfach Bezug genommen worden.

[5] Niklas Luhmann, Kai-Uwe Hellmann, Protest. Systemtheorie und soziale Bewegungen, Frankfurt 1996.

[6] Wir folgen hier der konzeptionellen Linie von Charles Taylor, Quellen des Selbst. Die Entstehung der neuzeitlichen Identität, Frankfurt 1994.

[7] Vgl. Hans G. Ulrich, An den Grenzen der Verständigung. Oder: was heißt es, den Anderen einzubeziehen?, in: Zwischen Universalismus und Relativismus, hg. von Horst Steinmann/ Andreas G. Scherer, Frankfurt (Suhrkamp) 1998, 221–239.

[8] Siehe oben Anm. 3.

[9] Vgl. dazu vor allem die Studie von Charles Taylor „Quellen des Selbst" zum Verhältnis zwischen dieser ethischen Grundfrage und anderen Konzeptionen von moralischer Identität.

[10] Zum Problem vgl.

[11] in: Friedhelm Hengsbach, Bernhard Edmunds, Matthias Möhring-Hesse, Jenseits katholischer Soziallehre. Neue Entwürfe christlicher Gesellschaftsethik, Düsseldorf 1993.

[12] Vgl. Hengsbach, bes. 215–226. Eine andere Frage ist, wie weit Hengsbach inzwischen weitergegangen ist, indem er den Wandel von Strukturen thematisiert.

[13] Jenseits katholischer Soziallehre, 222.

[14] Ebd. 223.

[15] Ebd. 225.

[16] Ebd. 221.

[17] Vgl. 219ff.

[18] Karl Gabriel, Kirchliche Sozialverkündigung im Umbruch der Sozialform des neuzeitlichen Katholizismus. Wissensoziologische Anmerkungen zur Enzyklika, in: K. Gabriel (Hg.), Die gesellschaftliche Verantwortung der Kirche. Zur Enzyklika sollicitudo rei socialis, Düsseldorf 1988, 71–84.

[19] Vgl. 219.

[20] Hengsbach u.a., 284.

[21] Ebd. 286.

[22] Vgl.: Marianne Heimbach-Steins, Einmischung und Anwaltschaft. Zur sozialethischen Kompetenz der Kirche, in: Ethica. Wissenschaft und Verantwortung 5 (1997) 255–276.

[23] Vgl. zum Einblick in die Diskussionslage und zu neuen Ansatzpunkten: Bernd

Wannenwetsch, Gottesdienst als Lebensform – Ethik für Christenbürger, Stuttgart 1997.

[24] Es gilt auch für die protestantische Seite einiges, was Hengsbach u.a. für die katholische festgestellt haben, wie die Lockerung der Parteienbindung.

[25] Vgl. dazu z.B. Oswald Bayers Kennzeichnung der Sozialethik als „Konfliktwissenschaft", in ders.: Freiheit als Antwort. Zur theologischen Ethik, Tübingen 1995.

[26] Vgl. zu diesem grundlegenden Problem: Michael J. Sandel, Democracy's Discontent. America in Search of a Public Philosophy, Cambridge, Mass., London 1996.

[27] Dies ist im Sinne der eschatologischen Erneuerung gemeint.

[28] Hannah Arendt, Macht und Gewalt, München, 13. Aufl. 1998.

[29] Vgl. Heinrich von Pierer, Bolko von Oettingen, Wie kommt das Neue in die Welt?, München 1997.

[30] Vgl. Carol Gilligan, Die andere Stimme, München 1990 durchaus auch in diesem Sinn.

[31] Vgl. jetzt die Verlautbarung der EKD „Gestaltung und Kritik. Zum Verhältnis von Protestantismus und Kultur im neuen Jahrhundert (1999)".

[32] „Für eine Zukunft in Solidarität und Gerechtigkeit. Wort des Rates der Evangelischen Kirche in Deutschland und der Deutschen Bischofskonferenz zur wirtschaftlichen und sozialen Lage in Deutschland", 1997. Vgl. dazu „Für eine Zukunft in Solidariät und Gerechtigkeit", eingeleitet und kommentiert von Marianne Heimbach-Steins und Andreas Lienkamp (Hg.), München 1997.
Frank von Auer, (Hg.), Gerechtigkeitsfähiges Deutschland. Kirchen und Gewerkschaften gemeinsam für eine Zukunft in Gerechtigkeit und Solidarität, Bochum 1998.
Bernhard Nacke, (Hg.), Sozialwort der Kirchen in der Diskussion. Argumente aus Parteien, Verbänden und Wissenschaft,Würzburg 1997.

[33] Vgl. ihren programmatischen und weiterführenden Beitrag: Marianne Heimbach-Steins, Einmischung und Anwaltschaft. Zur sozialethischen Kompetenz der Kirche, in: Ethica. Wissenschaft und Verantwortung 5 (1997) 255–276.

Wolfgang Klein

Statement auf dem Symposium „Ökumenische Sozialethik" vom 12. – 14. Juli 1999 im Haus Hessenkopf in Goslar

Traditionen für die Zukunft

Die katholisch-soziale Bewegung in der modernen Gesellschaft

Am Anfang der katholisch-sozialen Bewegung steht die Empörung über die katastrophale Lage der „Proletairs". Schon 1835 bezichtigt Franz von Baader die englischen „Fabrikherren" der „Konspirationen in Bezug auf die Proletairs", weil sie auf „meetings" Absprachen trafen, die „alle mit Festsetzung eines Maximums für die Arbeitslöhne und eines Minimums für die Verkaufspreise endeten". Auf diese Weise hielten sie den Lohn der „Proletairs ... beständig tief unter dem natürlichen Wert ihrer Ware (nämlich ihrer Arbeit)". Er fährt fort: „Ich frage, ob man es diesen Proletairs verargen kann, wenn sie auch ihrerseits sich gegen ihre Lohnherren zu gleichem Zwecke zu assoziieren bestrebt sind"[1]. Die ungleiche Verteilung des produzierten Reichtums, die „eine Kluft zwischen Reichen und Armen bilde(t), wie sie die christliche Welt noch nicht gekannt hat", geißelt Wilhelm Emmanuel von Ketteler 1848 in der ersten seiner Adventspredigten im Mainzer Dom: „Während der Reiche in überreizter, raffinierter Sinnlichkeit Unermessliches verschwendet, lässt er arme Mitbrüder in der Entbehrung des Notwendigsten dahinschmachten und entzieht ihnen, was Gott zur Nahrung der Menschen bestimmt hat. Auf dem so missbrauchten und gegen die natürliche und übernatürliche göttliche Ordnung verwendeten Eigentume liegt ein schwerer Fluch, ein Berg von Ungerechtigkeit"[2].

Auch wenn hinter den ersten Organisationsversuchen der Arbeiter – wie 1849 in Regensburg – von Adel und Bürgerschaft getragene Vereine standen[3], setzte sich bei den Arbeitern – so 1857 in

Meiderich (heute Duisburg-Meiderich) – schon bald die Überzeugung durch: „Wir katholischen Arbeiter müssen uns selbst zu helfen suchen."[4]. Mit zunächst zögerlichen regionalen Zusammenschlüssen, die sich mit der in den achtziger Jahren und um die Jahrhundertwende einsetzenden Gründungswelle von katholischen Arbeitervereinen erheblich ausweiteten, wuchs das Selbstbewusstsein der Arbeiter. Gleichzeitig durchschauten sie zunehmend die Komplexität ihrer Problemlage, die zu Differenzierungen zwang. So bildete sich in der politischen Vertretung der Katholiken, dem „Zentrum", ein „linker" Flügel aus, entstand mit dem „Volksverein für das katholische Deutschland" ein außerordentlich erfolgreicher Arbeiter-Bildungsverband und mit den „Christlichen Gewerkschaften", in denen sich evangelische und katholische Arbeiter organisierten, eine effektive Vertretung in der Arbeitswelt. All das geschah nicht ohne Reibungsverluste in einer Kirche, die der Überzeugung war, „aus dem Glauben (allein) die Antwort auf alle Fragen des privaten und öffentlichen Lebens"[5] beantworten zu können (Integralismusdiskussion) und damit in Deutschland sowohl den Zentrumsstreit wie den Gewerkschaftsstreit auslöste[6]. Ohne die Verdienste anderer katholischer Sozialverbände (Gesellenverein, Caritasverband, Katholischer Deutscher Frauenbund usw.) schmälern zu wollen, ist die Katholische Arbeiterbewegung zweifellos der dominante Träger der katholisch-sozialen Bewegung dieser Zeit.

Damit sind wir bei der Fragestellung dieses Arbeitskreises nach den „Chancen der Traditionen: Was hat sich bewährt? Was sind Auslaufmodelle?". Ich bin der Überzeugung, dass die durch die katholisch-soziale Bewegung begründeten Traditionen Zukunft haben, und möchte das an zwei Traditionslinien zeigen.

1. Die Bedeutung der katholisch-sozialen Bewegung in der Gegenwart

Die katholisch-soziale Bewegung entstand, wie oben kurz dargestellt, aus dem Protest gegen die unmenschlichen Folgen, die mit der Ausbeutung der Arbeiterschaft (Männer, Frauen und Kinder) verbunden waren. Der Kampf um menschenwürdige Arbeitsverhältnisse und eine ausreichende materielle Sicherung brachte – zunächst in nur kleinen Schritten – eine deutliche Verbesserung der Situation der abhängig arbeitenden Menschen mit sich. Nachdem sich auch in der Kirche die Einsicht durchgesetzt hatte, dass die soziale Frage nicht allein durch eine religiös-kirchliche Erneuerung, eine Gesinnungsreform, sondern nur durch die Mitwirkung des Staates zu lösen war, forderte die katholisch-soziale Bewegung auf drei Ebenen sozialpolitische Reformen: Auf der kirchlichen Ebene vor allem durch die Katholikentage seit 1863[7] und schließlich durch die erste Sozialenzyklika „Rerum novarum" (Leo XIII., 1891); auf der gesellschaftlichen Ebene zum Beispiel durch die „Historisch-Politischen Blätter"[8], Publikationen des Volksvereins für das katholische Deutschland, die Westdeutsche Arbeiterzeitung sowie durch die Aktivitäten der Christlichen Gewerkschaften, die die wirtschaftlichen Interessen der Arbeiter vertraten; schließlich auf der politischen Ebene durch das Zentrum, das „immer wieder staatliche Arbeitsschutzgesetze" forderte: „Beschränkung der Frauen- und Kinderarbeit, Einhaltung der Sonntagsruhe, Festsetzung eines Maximalarbeitstages, Ausbau der Fabrikinspektion"[9]. Auch die Sozialversicherungsgesetze Bismarcks wurden mithilfe einer Minderheit von Zentrumsabgeordneten durchgesetzt, was freilich zu einer Zerreißprobe innerhalb der Partei führte[10].

Mit der Gründung der Einheitsgewerkschaft und der CDU als überkonfessioneller Partei nach 1945 verliert sich die konfessionelle Eindeutigkeit sozialpolitischer Forderungen, obwohl sozialkatholische Einflüsse (Montan-Mitbestimmung, Familienlastenausgleich, dynamische Rente) erkennbar bleiben[11]. Das Erbe des ursprünglichen Protestes gegen inhumane Arbeitsbedingungen und die Tradition der katholisch-sozialen Bewegung werden allerdings von der nach der Unterdrückung durch den Nationalsozialismus wiederbelebten Katholischen Arbeiterbewegung aufgenommen und weitergeführt[12].

Wie wichtig das war, zeigte sich erst nach dem „Wirtschaftswunder" in Deutschland, das einige Jahre die Hoffnung genährt hatte, die Vollbeschäftigung und der wirtschaftliche Wohlstand seien auf Dauer gesichert. Die seit Mitte der 70er Jahre steigende Arbeitslosigkeit, die sich inzwischen zur Massenarbeitslosigkeit verfestigt hat, macht deutlich, dass dem Eifer, mit dem der das konsequente Selbstinteresse predigende Neoliberalismus in das vergangene Jahrhundert zurückstrebt, die Erfahrungen der Tradition der gesamten Arbeiterbewegung entgegengestellt werden müssen. Nur die Solidarität aller Arbeitnehmer kann den Zerfall der mühsam erkämpften Fortschritte in der menschenwürdigen Gestaltung und Entlohnung der Erwerbsarbeit aufhalten. Die Solidarität aller Arbeitnehmer muss heute allerdings weit über die nationalen Grenzen hinausreichen. Die in den neueren Dokumenten der katholischen Soziallehre und auch im Gemeinsamen Wort der Kirchen zur wirtschaftlichen und sozialen Lage in Deutschland geforderte, in der Tradition der katholisch-sozialen Bewegung immer schon praktizierte, „Option und vorrangige Liebe für die Armen" (SRS 42)[13] zielt auf eine menschenwürdige Gestaltung der Lebensverhältnisse aller Menschen: Sie verlangt eine „Universalisierung der Solidarität"[14], denn der „Einsatz für Menschenwürde und Menschenrechte, für Gerechtigkeit und Solidarität ist für die Kirche" und damit auch für die katholisch- bzw. christlich-soziale Bewegung „konstitutiv und eine Verpflichtung, die ihr aus ihrem Glauben an Gottes Solidarität mit den Menschen und aus ihrer Sendung, Zeichen und Werkzeug der Einheit und des Friedens in der Welt zu sein, erwächst"[15].

Die Chancen sozial-katholischer oder (ökumenisch:) sozialchristlicher Traditionen, zum Motor einer neuen sozialen Bewegung für Gerechtigkeit in der einen Welt und die Befreiung aller Menschen aus entfremdeten Lebensbezügen zu werden, scheinen angesichts einer Individualisierung, die immer mehr Menschen mit ihren Sorgen und Nöten sich selbst überlässt, gering zu sein. Aber auch das lehrt die Tradition: Aus vielen kleinen Gruppen derer, die „sich selbst zu helfen suchen", wurde durch die Zusammenarbeit mit anderen gesellschaftlichen Kräften eine starke solidarische Bewegung, die – wenn auch zunächst in kleinen Schritten – menschenwürdigere und sozial gerechtere Lebensmöglichkeiten herbeiführte. Was damals auf nationaler Ebene gelang, ist heute die Aufgabe einer globalen Zivilgesellschaft, die auch christlich-sozialen Traditionen den Raum bietet, sich gemeinsam mit „Tausenden organisierter Gruppen und Institutionen"[16] für eine universale menschenwürdige Zukunft einzusetzen. Ziel dieses gemeinsamen Einsatzes könnten die vier sozialen Globalverträge sein, wie sie von der Gruppe von Lissabon vorgeschlagen werden[17].

2. Von einer statischen zu einer zukunftsfähigen Ethik

Zwei Jahre nach Erscheinen von „Rerum novarum“ wurde 1893 der eigenständige Status der Sozialen Frage durch die Errichtung eines Lehrstuhles für „Christliche Gesellschaftslehre unter besonderer Berücksichtigung der praktischen Seelsorge“ in Münster bestätigt. Erster Lehrstuhlinhaber war Franz Hitze, einer der profiliertesten Vertreter der Katholischen Arbeiterbewegung. Seine Vorlesungen waren empirisch und praktisch angelegt, wie es seinen Erfahrungen aus der intensiven Bildungsarbeit im Volksverein und als Sozialpolitiker entsprach. Als Mitglied des preußischen Abgeordnetenhauses, des Reichstages und der Weimarer Nationalversammlung hatte er großen Einfluss auf die deutsche Sozialgesetzgebung. Eine theoretisch-systematische Grundlegung des neuen Faches konnte er aufgrund seiner vielfältigen politischen Aufgaben allerdings nicht leisten[18]. Jedenfalls war nun die wissenschaftliche Begleitung praktisch-politischer sozialer Probleme durch die Errichtung dieses Lehrstuhles gesichert. Nachfolger Hitzes wurde 1922 Heinrich Weber, der in seiner Lehrtätigkeit Sozialpolitik, Sozialfürsorge und Caritaswissenschaft miteinander verband, eine Verbindung die später leider aus dem Blick geriet. Die Errichtung weiterer Lehrstühle für dieses Fach (1920 in Bonn sowie Professuren an den Ordenshochschulen der Jesuiten und Dominikaner) sollte für die kirchliche Soziallehre von großer Bedeutung werden, denn die Vorarbeiten für die zweite Sozialenzyklika „Quadragesimo anno“ (1931) wurden in Deutschland, vor allem von dem Jesuiten Oswald von Nell-Breuning, geleistet. Ein nahezu flächendeckender Ausbau solcher Lehrstühle erfolgte allerdings erst nach 1950[19].

Für unseren Zusammenhang ist nun wichtig, dass sich praktisch an allen diesen Lehrstühlen eine naturrechtliche Argumentation durchsetzte, die sich an der in der zweiten Hälfte des vergangenen Jahrhunderts von Rom vorgegebenen Neuscholastik orientierte. Bis zu

Pius XII. (+ 1958), der sich in sozialen Fragen von Gustav Gundlach SJ (+ 1963) beraten ließ, war die Naturrechtslehre die Basis kirchlicher Soziallehre und wurde weithin als „Sozialphilosophie" verstanden. Noch 1964 erklärte Franz Klüber: „Allerdings sind die Inhalte der katholischen Soziallehre weit überwiegend und zu einem so wesentlichen Teil dem Naturrecht entnommen, dass das System der katholischen Soziallehre allein sozialphilosophisch und ohne den Bezug zur Offenbarung begründbar ist.[20]". Vielleicht liegt hier der Grund, dass Christliche Sozialethik und Caritaswissenschaft sich auseinander entwickelten und auch die von Hermann Steinkamp angestoßene Diskussion zum Verständnis von Diakonie als Kennzeichen der Gemeinde zunächst innerhalb der Pastoraltheologie geführt wurde[21].

Entsprechend dem oben skizzierten Verständnis beschreibt Wilhelm Weber (+ 1983) die katholische Soziallehre „als eine normative, d. h. das gesellschaftliche Handeln des Menschen verbindlich normierende Wissenschaft. Die Normen gesellschaftlichen Handelns gewinnt die kirchliche Soziallehre aus der Erfahrung objektiver gesellschaftlicher Ordnungsstrukturen, nicht von einer bloß gefühlsmäßig, emotional der Wirklichkeit geöffneten Grundlage"[22]. Katholische Soziallehre wird hier also verstanden als eine Wissenschaft, die objektiv erkennbare Ordnungsstrukturen aus der Wirklichkeit erheben will. Das Problem, wie sich denn solche objektiven Ordnungsstrukturen erkennen lassen, beantwortete die traditionelle Soziallehre mit dem Hinweis auf das Naturrecht: „Quelle der Soziallehre der Kirche ist für Vieles und Grundlegendes das Licht der menschlichen Vernunft. Dahin gehört z. B. alles, was die kirchliche Lehre an naturrechtlichen Normen enthält. Und weil diese naturrechtlichen Normen, welche die Kirche vorlegt, mit dem Licht der natürlichen Vernunft erkannt werden, sind diese Erkenntnisse der Kirche auch allen Menschen zugänglich und annehmbar, auch wenn sie den christlichen Glauben nicht besitzen. Mit vollem Recht kann sich die Kirche und können sich die Christen auf diese naturrechtlichen Normen berufen, weil sie für alle erkennbar und gültig sind, gleichgültig ob sie gläubige Christen sind oder nicht"[23].

Eine solche Argumentation ermöglichte zwar Geschlossenheit und ein festes normatives System, wie es der statischen Weltschau des vergangenen und der ersten Hälfte dieses Jahrhunderts entsprach, sodass diese Argumentation in verschiedener Hinsicht durchaus für die katholisch-soziale Bewegung dieser Zeit ebenso wie der Kirche selbst von Nutzen war. Denn die Kirche konnte damit nach innen ihren Anspruch auf die Gestaltung auch des gesellschaftspolitischen Bereichs legitimieren und nach außen konnte sie mit „natürlichen" Argumenten auftreten, umso auch bei Andersgläubigen Gehör zu finden[24]. Tatsächlich aber zeigt die Geschichte des Naturrechtsdenkens, dass solche Systeme immer in der Gefahr sind, zeitlich-gesellschaftlich bedingte Normen zu „objektiven", d.h. zu zeitlos gültigen, aus der menschlichen Natur hervorgehenden Normen zu erheben[25].

Auf neue Fragestellungen konnte die traditionelle Naturrechtslehre (wie sie z. T. bis heute vertreten wird) aus zwei Gründen nicht angemessen reagieren: Einmal wird und wurde das „Licht der menschlichen Vernunft", auf das sie sich beruft, für den Christen immer schon von der Offenbarung inhaltlich geprägt. Zum anderen zeigt uns der Wandel von einer statischen zu einer dynamisch-evolutiven Weltschau, dass objektive Wesenserkenntnisse nur bedingt möglich sind. Die menschliche Vernunft kann sich zwar um die „Wahrheit" bzw. die Erkenntnis des „Wesens der Dinge" bemühen, sie aber in ihrer zeitlichen Gebundenheit und Gebrochenheit nie vollständig erkennen.

Obwohl es so zwar zum Bruch mit der traditionellen Argumentation kommt, bleibt die Verbindung zur Tradition selbst erhalten. Denn auch der naturrechtlich argumentierenden kirchlichen Soziallehre kommt das Verdienst zu, im Widerstand gegen die „umfassende Privatisierung alles Christlichen durch das bürgerliche Subjekt"[26] Gerechtigkeit auch für die Unterprivilegierten einzufordern. Hinzu kommt, dass sich mit der „Pastoralkonstitution über die Kirche in der Welt von heute" des Zweiten Vatikanischen Konzils (1965) – vorbereitet durch die Enzykliken Johannes' XXIII. „Mater et Magistra" (1961) und „Pacem in terris" (1963) – in der Kirche selbst ein Wechsel von der naturrechtlichen zu einer theologischen

Argumentation durchsetzte, ohne die Kontinuität mit der vorhergehenden Soziallehre aufzugeben. Ausgangspunkt der theologischen Argumentation sind die beiden Schöpfungsberichte in Gen 1 und 2: Der Mensch erhält als Ebenbild Gottes die Herrschaft über die Erde mit all ihren Gütern. Wie einen Garten soll er die Schöpfung bebauen und hüten. Doch der Mensch – so Gen 3 – will sein „wie Gott" und „Gut und Böse" erkennen.

Die Schöpfungsberichte beschreiben also, welche Stellung der Mensch in der Welt einnimmt. Sie beanspruchen aber nicht, wie lange geglaubt wurde, den naturwissenschaftlichen Prozess der Entstehung von Erde und Welt wiederzugeben, dessen Entschlüsselung der menschlichen Vernunft aufgegeben ist. Deshalb übernimmt die Pastoralkonstitution „Gaudium et spes" auch die modernen naturwissenschaftlichen Erkenntnisse und erklärt: „Die heute zu beobachtende Unruhe und der Wandel der Lebensbedingungen hängen mit einem umfassenden Wandel der Wirklichkeit zusammen, ... So vollzieht die Menschheit einen Übergang von einem mehr statischen Verständnis der Ordnung der Gesamtwirklichkeit zu einem mehr dynamischen und evolutiven Verständnis. Die Folge davon ist eine neue, denkbar große Komplexheit der Probleme, die wiederum nach neuen Analysen und Synthesen ruft" (GS 5).

Damit eröffnet sich der Zugang zu einer theologischen und zukunftsfähigen ethischen Argumentation: Schöpfung kann nun nicht mehr im statischen Sinne als *fertige,* unveränderliche Welt verstanden werden, sondern sie zeigt sich gerade als eine Welt, die noch *nicht* fertig und die nur als sich verändernde zu verstehen ist. In dieser Sicht erweist sich der Mensch zwar als „Spitze" der Evolution, ja sogar als „die ihrer selbst bewusst gewordene Evolution"[27], aber er erfährt sich gleichzeitig als *unfertig*, als Entwurf seines eigenen Seins, dem es aufgetragen ist, „sich selbst in seiner Vollgestalt zu erschaffen"[28]. Mit anderen Worten, das Gelingen oder Nichtgelingen der eigenen Zukunft liegt individuell und kollektiv in den Händen des Menschen, auch wenn theologisch hinzuzufügen ist, dass die absolute Zukunft des Menschen im Gelingen oder Scheitern Gott bleibt.

Diese Überlegungen lassen sich leicht mit der von J. B. Metz entwickelten „Politischen Theologie“ verbinden, einer Theologie, die sich ihrer gesellschaftlichen und politischen Dimension bewusst ist und jede privatistische Einengung, nämlich die Reduzierung der Begegnung Gottes mit dem Menschen auf ein privates Ich-Du-Verhältnis vermeidet. Politische Theologie in diesem Sinne „betont, dass das von Jesus verkündete Heil ... in einem gesellschaftlich politischen Sinn bleibend weltbezogen ist: als kritisch befreiendes Element dieser gesellschaftlichen Welt und ihres geschichtlichen Prozesses. Die eschatologischen Verheißungen der biblischen Tradition – Freiheit, Friede, Gerechtigkeit, Versöhnung – lassen sich nicht privatisieren. Sie zwingen immer neu in die gesellschaftliche Verantwortung hinein“[29]. Deshalb muss christliche Sozialethik, die sich den biblischen Verheissungen verpflichtet weiß, heute „den ungeteilten Einsatz für die volle Befreiung des Menschen“ zum Ziel haben. „Den Menschen unserer Tage kann die christliche Botschaft von Liebe und Gerechtigkeit nur dann glaubwürdig erscheinen, wenn sie sich als wirksam erweist in ihrem Einsatz für Gerechtigkeit in der Welt“ (De iustitia in mundo 36).

Soll die inhaltliche Tradition christlicher Sozialethik nach diesen Vorgaben als politische Praxis in der modernen Gesellschaft ihren Ort haben und dialogfähig sein, dann muss sie die Kriterien einer zukunftsfähigen, auf Veränderung ungerechter Verhältnisse zielenden Ethik erfüllen. Diese Kriterien sind:

- das Bewusstsein, dass in einer pluralistischen Gesellschaft, in der die Freiheit öffentlicher Meinungsäußerung selbstverständlich ist, nicht mehr ein sittliches Normensystem vorgegeben werden kann, das für alle Zeiten und an allen Orten in gleicher Weise gut und einsichtig ist;
- die Einsicht, dass der sich geschichtlich verstehende Mensch seine sittliche Verantwortung gegenüber seiner Freiheit, seiner Personwürde und seiner Leiblichkeit geschichtlich wahrnehmen muss;
- der Maßstab, wonach der Mensch seiner eigenen Menschlichkeit und seiner von Gewaltlosigkeit und der Überwindung des Freund-Feind-Schemas bestimmten Mitmenschlichkeit verpflichtet ist;
- der Ansatz, dass christliche Ethik nicht auf hemmungslose Selbstrettung, sondern unter Vorgabe der Option für die Armen auf

die freie Mitverantwortung für sich und den Nächsten zielt (Solidaritätsprinzip);

- die Überzeugung, dass auch sittliche Weisungen nicht von einigen wenigen in der Kirche durch „Eingebung des Heiligen Geistes" und sozusagen unter Ausschluss der Kirchenöffentlichkeit gefunden werden. Sittliche Weisung ergibt sich nur im innerkirchlichen Dialog und in der Aussprache von Kirche und Welt. Kirche muss dort eingreifen, wo das Menschliche verfehlt zu werden droht und wo sie selbst Menschlichkeit zeichenhaft darstellen kann (Subsidiaritätsprinzip);
- die Verantwortung für die Zukunft: Menschliches Handeln darf nicht nur das Hier und Jetzt im Blick haben, sondern muss immer auch die Auswirkungen auf die Lebensqualität zukünftiger Generationen bedenken[30].

Anmerkungen

Die im Text genannten Sozialenzykliken „Rerum novarum", „Quadragesimo anno", „Mater et Magistra" und „Pacem in terris" sowie die Zitate aus „Sollicitudo rei socialis" (SRS), „De iustitia in mundo" und der Pastoralkonstitution „Gaudium et spes" (GS) finden sich in: Texte zur katholischen Soziallehre. Die sozialen Rundschreiben der Päpste und andere kirchliche Dokumente. Hrg. vom Bundesverband der Katholischen Arbeitnehmer-Bewegung Deutschlands KAB, Bornheim/Kevelaer, 8. erweiterte Auflage 1992.

1 F. von Baader: Über das dermalige Missverhältnis der Vermögenslosen oder Proletairs zu den Vermögen besitzenden Klassen der Societät in Betreff ihres Auskommens, sowohl in materieller, als intellektueller Hinsicht, aus dem Standpunkt des Rechts betrachtet, in: Texte zur katholischen Soziallehre II. Bearbeitet v. W.Klein/H. Ludwig/K.-J. Rivinius. Hrg. vom Bundesverband der Katholischen Arbeitnehmerbewegung (KAB) Deutschlands, Kevelaer 1976, 47f.

2 W.E. von Ketteler: Die katholische Lehre vom Eigentum, in: Texte zur katholischen Soziallehre II, 92f.

3 Vgl. W. Klein/H. Ludwig/K.-J. Rivinius: Einführung, in: Texte zur katholischen Soziallehre II, 14.

4 Geschichte des St. Michaelvereins, in: Texte zur katholischen Soziallehre II, 296.

5 O. von Nell-Breuning: Art. „Integralismus", in: Lexikon für Theologie und Kirche, Bd. 5, Freiburg/Br. 1960, 717.

6 Vgl. dazu W. Klein/H. Ludwig/K.-J. Rivinius: Einführung, in: Texte zur katholischen Soziallehre II, 14 – 25.

7 Vgl. F.J. Stegmann: Geschichte der sozialen Ideen im Deutschen Katholizismus, in: W. Gottschalch u.a.:Geschichte der sozialen Ideen in Deutschland, München 1969, 352 – 354.

8 Vgl. ebd. 366ff..

9 Ebd. 404.

[10] Vgl. ebd. 403f.
[11] Vgl. ebd. 517 – 531.
[12] Vgl. W. Klein/H.Ludwig/K.J. Rivinius: Einführung, in: Texte zur katholischen Soziallehre II, 29 – 36.
[13] Für eine Zukunft in Solidarität und Gerechtigkeit. Wort des Rates der Evangelischen Kirche in Deutschland und der Deutschen Bischofskonferenz zur wirtschaftlichen und sozialen Lage in Deutschland. Hrg. vom Kirchenamt der Evangelischen Kirche in Deutschland, Hannover, und vom Sekretariat der Deutschen Bischofskonferenz, Bonn, 1997, Abschnitt 107.
[14] Für eine Zukunft, Abschnitt 158.
[15] Ebd. Abschnitt 101.
[16] Die Gruppe von Lissabon: Grenzen des Wettbewerbs, Darmstadt 1998, 37.
[17] Vgl. ebd. 169ff.
[18] Vgl. W. Pfeiffer: Der Sozialreformer Franz Hitze, Münster 1998, 17 – 42.
[19] Vgl. F. Furger (Hrg.): Akzente christlicher Sozialethik, Münster 1995, 2 – 7.
[20] F. Klüber: Art. „Soziallehre", in: Lexikon für Theologie und Kirche, Bd. 9, Freiburg/Br. 1964, 917.
[21] Vgl. H. Steinkamp: Diakonie. Kennzeichen der Gemeinde, Freiburg/Br. 1985 und I. Cremer/D. Funke (Hrg.): Diakonisches Handeln, Freiburg/Br. 1988.
[22] W. Weber: Kirchliche Soziallehre, in: E. Neuhäusler/E. Gößmann (Hrg.): Was ist Theologie?, München 1966, 249.
[23] G. Gundlach, zit. b. W. Weber: Kirchliche Soziallehre, 251.
[24] Vgl. F.X. Kaufmann: Wissenssoziologische Überlegungen zu Renaissance und Niedergang des katholischen Naturrechtsdenkens im 19. und 20. Jahrhundert, in: F. Böckle/E.W. Böckenförde (Hrg.): Naturrecht in der Kritik, Mainz 1973, 160.
[25] Vgl. F: Böckle/E.W. Böckenförde: a.a.O. und A.M. Knoll: Katholische Kirche und scholastisches Naturrecht, Wien 1962.
[26] J.B. Metz: Glaube in Geschichte und Gesellschaft, Mainz 1977, 27.
[27] J. Huxley/P. Teilhard de Chardin, zit. b. W. Klein: Teilhard de Chardin und das Zweite Vatikanische Konzil, Paderborn 1975, 48.
[28] L. Boros, zit. ebd.
[29] J.B. Metz: Politische Theologie, in: Gott in dieser Zeit, Mainz 1990, 102.
[30] Vgl. dazu auch D. Mieth: Auf dem Weg zu einer dynamischen Moral, Graz 1970.

Wolfgang Gleixner

Arbeitsgruppe: Soziale Bewegungen der Kirchen

Über ‚soziale Bewegungen' muss gesprochen werden. Um der Gesellschaft; um der Kirchen willen (soziale Aufbrüche, Verbände, Bewegungen sind Lebensäußerungen der Kirchen); nicht zuletzt aber auch um der sozialen Bewegungen selbst willen.

Notwendig allerdings sind sowohl vorsichtige als auch rücksichtige Annäherungen an das Thema. (Nur am Rande: wir bewegen uns nach wie vor auf einem ‚Feld', das noch einer gründlichen wissenschaftlichen Systematisierung bedarf).

Da sind zunächst begriffliche Unterscheidungen angebracht: Eine soziale Bewegung kann vieles sein: Verband; Netzwerk; (Arbeits-; Unterstützungs-)Kreise; Selbsthilfegruppen; auch Bruderschaften gehören hierher. Auch den Unterschied zu politischen Bewegungen (Parteien, Organisationen) gilt es zu bedenken: (als erste Unterscheidung: Soziale Bewegungen sind Teil der (Zivil)Gesellschaft und versuchen gegebenenfalls von dieser Ebene aus politische Strukturen zu bewegen; politische Bewegungen gestalten von der Ebene der Politik aus die Gesellschaft).

Die Beweggründe sich auf soziale Verwerfungen in der Gesellschaft, auf gesellschaftliche Problemlagen einzulassen, lassen sich selbst wieder differenzieren: beispielsweise nach Überzeugung, Protest und Betroffenheit.

Eine weitere Unterscheidung: Da sind nicht nur vielfältige soziale Bewegungen ***der*** Kirchen (wie es der Titel des Arbeitskreises nahe legt), sondern zunehmend soziale Bewegungen ***in*** den Kirchen; also Gruppen, Zusammenschlüsse, die ausdrücklich keinen Anspruch erheben unmittelbar der (jeweiligen) Kirche zuzugehören; sich aber – mehr oder weniger intensiv – an Kirche (konkret an eine Gemeinde) anlehnen und (gegebenenfalls) kirchliche (gemeindliche) Infrastruktur in Anspruch nehmen.

All diese Differenzierungen sind signifikant für die gesellschaftliche und kirchliche Wirklichkeit der Gegenwart.

Es ist trivial: Das Thema kann nicht aus seinem gesellschaftlichen Kontext heraus gelöst werden. Die sozialen Bewegungen sind – sozusagen – Teil einer gesellschaftlichen Dialektik. Das meint: Menschen schließen sich (aufgrund ihrer jeweiligen Erfahrung konkreter gesellschaftlicher Wirklichkeit) zusammen, um ein gemeinsames Ziel zu erreichen, um etwas – wortwörtlich – ‚zu bewegen'. Wobei allerdings daneben – oder vielmehr verdeckt – bei den Einzelnen durchaus auch persönliche (möglicherweise überlagerte, unbewusste) Motive (etwa Einsamkeit, Suche nach Geborgenheit in einem Kreis Gleichgesinnter u.Ä.) eine Rolle spielen können! So gibt es sicher auch eine (Tiefen)Psychologie des ehrenamtlichen Engagements in sozialen Bewegungen. Ziele, Organisationsstruktur, angewendete Mittel, Methoden und Möglichkeiten spiegeln die soziale Wirklichkeit der Gesellschaft, aber auch die unmittelbare Lebenswelt (Kirche, Gemeinde) wider. Durch die sozialen Bewegungen reflektiert (und handelt) die Gesellschaft. Einerseits also sind die sozialen Bewegungen Teil der gesellschaftlichen Wirklichkeit, andererseits sind sie gesellschaftliche Gegenmacht, eine Dynamik gesellschaftlicher Veränderung.

Zu wenig beachtet liegt gerade hier ein wesentlicher Verdienst kirchlicher sozialer Bewegungen. Zwar sind sie (in der Regel) nicht ‚sozialrevolutionär' (Ziel sind immer soziale Reformen im Horizont vorgefundener politischer Konstellationen), aber kirchliche soziale Bewegungen bieten eine wesentliche Dienstleistung für die positive Gestaltung der Gesellschaft an: nämlich (konstruktive) Sozial- und Gesellschaftskritik. Zu Recht darf hier von einem prophetischen Dienst der sozialen Bewegungen für ‚ihre' Gesellschaft gesprochen werden.

Überhaupt liegt eine der großen Gefahren für die sozialen Bewegungen in einer Instrumentalisierung durch Gesellschaft und Politik. Etwa, wenn der Staat (die staatlichen Organisationen) bei sozialen Missständen soziale Bewegungen ‚vorschieben' und sich auf diese Weise (auf Kosten der sozialen Bewegungen, aber auch auf Kosten der Betroffenen) entlasten. (Also: eine Fehldeutung der Begriffe der Subsidiarität und Zivilgesellschaft).

Hier spielen auch konfessionelle Besonderheiten eine Rolle. Beispielsweise ist die Form des *Verbandes* strukturelles Moment der sozialen Bewegung der katholischen Kirche. So wie – zumindest bei den ‚klassischen' Sozialverbänden – Tradition und Ausrichtung auf ‚katholische Soziallehre'. So ist es sicher kein Zufall, dass die ‚Impulsgeber' der Arbeitsgruppe unterschiedliche Akzente gesetzt haben. Prof. Klein hat eine Beschreibung der sozialen Verbände – eingebettet in einen historischen Kontext – vorgelegt (wobei der Schwerpunkt eben auf sozialem Verband lag); Prof. Ulrich hat eine – ich nenne es mal – Phänomenologie der gesellschaftlichen Bewegungen vorgestellt. Diese unterschiedlichen Perspektiven sind sicher nicht zufällig. Sie spiegeln die jeweilige Lebensform der sozialen Bewegungen in den Konfessionen wider. Das bezeichnet aber keine schwerwiegende Bruchlinie. Genau genommen ist das sogar eine fruchtbare Gegen-Stellung. Richtig gewertet können beide so pointiert beschriebenen Wirklichkeiten (der sozialen Bewegungen in den jeweiligen Konfessionen) sich so ergänzen, dass die unterschiedlichen Wirkebenen (Gesellschaft, Politik, Kirche) effizient und zukunftsweisend ‚versäult' werden könnten.

Hier liegen Chancen für die Zukunftsfähigkeit der Verbände. Und zwar ihre wesentliche Gestalt als soziale Bewegung – traditionsbewusst und zugleich innovativ – deutlicher zu profilieren. Und umgekehrt sozialen Bewegungen Formen der Tradition und sozialer Erinnerung vorzustellen.

Krisen wie sie gegenwärtig den traditionellen Sozialverbänden bescheinigt werden, dürfen damit in der Tat als Chance begriffen werden.

Hinzu kommt im Übrigen noch, dass die Probleme der kirchlichen sozialen Bewegungen nicht (ausschließlich) auf eine gesellschaftliche und kirchliche ‚Großwetterlage' geschoben werden dürfen. Es sind unterschiedliche Krisenursachen denkbar: (ohne Anspruch auf Vollständigkeit)

- geistliche, spirituelle Auszehrung;
- überlebte Zielsetzung;

- Versagen der Verbandsstrukturen;
- Machtkämpfe (Richtungsauseinandersetzungen) im Verband;
- Versiegen der emotionalen Ressourcen der Verbände.

Die sozialen Bewegungen der Kirchen sind also bedeutende Schnittstellen zur Gesellschaft; sie beschreiben Problemlagen und bieten (zivilgesellschaftlich ‚passende') Lösungen. Die Gesellschaft und die Kirchen selbst haben diesen sozialen Bewegungen ein größeres Augenmerk zu schenken.

Friedrich Heckmann

NGOs sind anders? Die Kirche in der globalen Gesellschaft. Fragen an das kirchliche Handeln im Zeitalter der Globalisierung [1]

Der anglikanische Pfarrer und kontextuelle Theologe Duleep de Chickera aus Sri Lanka erzählte mir auf meine Nachfrage nach kirchlichen Aktivitäten im Nicht-Regierungs-Organisations-Bereich (NRO oder NGO-Bereich) in seinem Land eine nur wenige Jahre zurückliegende Geschichte:

Die Regierung von Sri Lanka forderte die christlichen Kirchen seines Landes auf, sich als Nicht-Regierungsorganisationen akkreditieren zu lassen. Sie würden ja schließlich in vielen Bereichen eine Tätigkeit ausüben, die der anderer Nicht-Regierungsorganisationen entsprechen würde. Die Kirchen, so mein Gesprächspartner, lehnten eine solche Akkreditierung ab. Sie seien schließlich religiöse und keine politischen Gemeinschaften!

Sind Kirchen als Mitglieder in der lokalen, regionalen oder globalen Zivilgesellschaft anders als die Nicht-Regierungs-Organisationen? Oder umgekehrt, sind die Nicht-Regierungsorganisationen anders als die Kirchen?

Kirche als Organisation in der lokalen, nationalen und globalen Zivilgesellschaft. Wo ist das Problem?

Das also scheint die Frage zu sein. Wie verstehen die Kirchen sich? Spielen die Kirchen das Spiel der globalen Civil Society mit oder verweigern sie sich? An der Antwort der Kirchen Sri Lankas lässt sich eine christliche Position festmachen, die die kirchliche Aufgabe als eine im engeren Sinne religiöse definiert, die kein Engagement und vor allem kein Selbstverständnis als Nicht-Regierungs-Organisation zulässt. Eine Position, die nicht nur in den Regionen des Südens, insbesondere Lateinamerikas mit seinen US-amerikanischen evangelikal-fundamentalistischen Freikirchen und Missionsbewegungen verheerende Auswirkungen hat. Auch die deutsche und nordeuropäische Tradition des Protestantismus nimmt eine politische Verantwortung nur zögernd wahr und entwickelt noch zögerlicher ein politisches Selbstverständnis.

In der Vergangenheit war eine im weitesten Sinne politische Arbeit nur in Zusammenarbeit mit dem Staat möglich oder allerhöchstens im Gegenüber zum Staat, wie Wolfgang Huber in Anlehnung an Römer 13 anmerkt[2].

Politisches Handeln wird auch in neueren kirchlichen Stellungnahmen immer noch als eine der Kirche fremde Aufgabe verstanden. Huber ist m.E. nicht weit entfernt von diesem Verständnis, wenn er sich den Begriff der „*Subpoltik*" von Ulrich Beck zu eigen macht, um daran anknüpfend den Kirchen (wieder) eine Art Moderatorenfunktion zuzuweisen, in der diese zu einem Grundkonsens der Bürger und Bürgerinnen beitragen. (Huber 306f)

Bei der Beantwortung der Frage nach der Rolle der Kirchen in einer globalen Zivilgesellschaft wird *auch* darauf zu antworten sein, ob dieses denn ausreicht. Braucht die Zivilgesellschaft nicht vielmehr positionelle Mitglieder? Verdankt sich der Erfolg der Nicht-Regierungs-0rganisationen nicht gerade der Vertretung eigener und fremder Interessen, der parteilichen Arbeit für das eigene Anliegen in der Region, der Nation, der Welt?

An diese Fragen anknüpfend komme ich zu einem Weiteren:

Mein zweiter Ausgangspunkt greift zurück auf meinen Vortrag beim letztjährigen Symposion zur evangelischen und katholischen Sozialethik über die „*Globalisierung der Märkte*" (Heckmann, Globalisierung 140ff.) und die dort referierten Szenarios, die die Gruppe von Lissabon in ihrer Studie von 1997 über „*Die Grenzen des Wettbewerbs*" für das 21. Jahrhundert vorgelegt hat. (Gruppe, 113ff.) Ich will darauf hier nicht näher eingehen, da ja diese Arbeit mittlerweile breit rezipiert ist. Wichtig ist mir in dem Zusammenhang von Kirche und kirchlicher Arbeit im Rahmen von Nichtregierungsarbeit das (vierte) Szenario nachhaltiger globaler Integration. (a.a.O.

124f.) Die Agenda 21 der Rio-Konferenz hat in einem vorher nicht gekannten Maße den Nicht-Regierungs-Organisationen Raum gegeben. Auch wenn die Wahrscheinlichkeit, dass dieses Szenario eintritt, extrem klein zu sein scheint, könnte der Rio-Prozess neben der Aufwertung der NGOs als neue Akteure auch eine neue Generation von Institutionen globaler Steuerung hervorbringen. Vor dem zweiten Klimagipfel in Berlin erhielt der ÖRK große Aufmerksamkeit durch seine Unterstützung der Delegation der kleinen Insel-Staaten und deren weltweiten Appells zur Änderung der Klima- und Wirtschaftspolitik. Das weist auf eine neue Gewichtung hin.

Das politische Engagement des ÖRK (auch) als eines globalen Netzwerkes ist in der weltweiten Christenheit bekanntermaßen nicht unumstritten.

Kirchliche Positionen und theologische Reflexionen mögen das politische Engagement von Christinnen und Christen, kirchlicher Werke und Organisationen oder der Kirchen(n) selbst hinterfragen und kritisieren. Aber sie handeln dennoch alle miteinander politisch, sind politische Subjekte! Ein gutes Beispiel sind wiederum die US-amerikanischen Freikirchen und Missionsorganisationen in Lateinamerika, die von ihrem Verständnis her dezidiert unpolitisch sind – und gerade darum eminent politisch wirksam im südamerikanischen Kontext. Mission, Evangelisation, Verbreitung des Evangeliums ist immer schon politisches und auch grenzüberschreitendes Handeln.

Kirchliche Organisation und Gemeindebildung, kirchliche Arbeit in Verkündigung und Mission, kirchliche Hilfe in Caritas und Diakonie haben sich im Laufe der Kirchengeschichte nie an nationale Grenzen gehalten. Das mittel- und nordeuropäische Modell des Protestantismus in der Organisation von Kirche analog und in enger Verbindung zu staatlicher Macht band die Kirche zwar an den Staat, auch an den Nationalstaat des 19. und 20. Jahrhunderts, hinderte aber keinesfalls kirchliche Arbeit in internationaler Verbindung und Kontakten. Im Gegenteil, globale Ökumene entwickelt sich in der Hoch-Zeit nationalstaatlicher Engführung. War die katholische Kirche schon immer beides: global und nationalstaatlich (Vatikan) aber auch kontextuell und regional orientiert, so hat sich die weltweite ökumenische Arbeit der orthodoxen, angelikanischen und protestantischen Kirchen erst in diesem Jahrhundert zu einem weltumspannenden, globalen Netzwerk entwickelt, das den kirchlichen Werken und Organisationen in Mission, Diakonie, Entwicklung und Hilfe in Not einen umfassenden Rahmen bietet.

Das globale ökumenische Gespräch hat eine Fokussierung der theologischen Arbeit und kirchlichen Entwicklung auf die Aufgaben der Friedenssicherung, der Forderung nach weltweiter Gerechtigkeit und der Bewahrung der Schöpfung ermöglicht.

Das Netzwerk der Weltkirche baut an lokalen, regionalen und internationalen Kommunikations- und Wirtschaftsstrukturen mit. Damit lässt sich Kirche und lassen sich kirchliche Organisationen als Teil jenes globalen Zusammenhanges verstehen, in dem Gruppen und Institutionen, Vereine und Bürgerinitiativen, soziale, wirtschaftliche und kulturelle Körperschaften und Organisationen staatlicher und nicht-staatlicher Verfassung in ihrem Interesse und in dem Interessenzusammenhang mit anderen agieren.[3]

Karl Gabriel zeigt in seinem Vortrag an der Evangelischen Akademie Mühlheim in Anlehnung an die Gruppe von Lissabon die „*Perspektiven der Welt-Zivilgesellschaft*" auf.

Auf die Kirche bezogen heißt das: Wenn Kirche(n) ein Teil der Welt-Zivilgesellschaft ist, so übernimmt sie erstens mit anderen NGOs die Rolle eines globalen Gewissens bzw. eines moralischen Bewusstseins, ist sie zweitens, wieder mit anderen, der Ort, wo die Fragen nach Gerechtigkeit, Menschenwürde und Menschenrechten und politischer Teilhabe artikuliert werden, ist sie drittens mit an politischen Innovationen beteiligt und ist sie viertens Teil jenes organisatorischen Substrates, in dem sich diskursive Öffentlichkeit entfalten kann. (Gabriel, 66f)

Wenn wir dieser Rollenzuschreibung zustimmen können, müssen wir in einem nächsten Schritt fragen: Wo entfalten sich Kirche und die Kirchen in der beschriebenen Weise?

Wie ist der Widerspruch aufzuheben, dass Kirche soziologisch beschreibbar die Rolle einer Nicht-Regierungs-Organisation ausfüllt bzw. in ihren Werken und Organisationen die Arbeit von NGOs in den verschiedenen Feldern der globalen Zivilgesellschaft übernimmt, sich selbst aber in der Reflexion des eigenen Tuns ekklesiologisch nicht als NGO versteht. Ein Hinweis auf dieses Desiderat sind Verlautbarungen von EKD und deutschen Landeskirchen, aber beispielsweise auch die Selbstbeschreibung von Kirche im Internet (www.ekd.de), die von *den* NGOs als den anderen reden, Kirche aber nicht in die Gemeinschaft der Nicht-Regierungsorganisationen mit einbezieht, also nicht von „uns NGOs" redet. Deutsche Kirchen bevorzugten schon immer das Miteinander mit dem Staat – und wo das politisch nicht möglich ist, die Lobbyarbeit. Beim Lobbying in Bonn und Brüssel reihen sie sich fraglos und pragmatisch in die Reihe der Lobbyisten anderer Organisationen mit ein, ohne dass dieses Tun theologisch reflektiert oder zum Thema in der kirchlichen Öffentlichkeit, beispielsweise in Synoden, gemacht würde. In der Vergangenheit war das in der Tat eine erfolgreiche Politik, die den Kirchen im Miteinander mit kirchlich geprägten und sozialisierten Politikern und hinter den verschlossenen Türen der Bonner Administration ein Maximum an Vorteilen für die kirchliche Arbeit ermöglichte. Die durch eine besondere Interpretation der Subsidiarität (from the top at the bottom) erreichte Vorrangstellung der großen Wohlfahrtsverbände ermöglichte sowohl in der Weimarer als auch in der Bonner Republik gerade und vor allem den beiden großen kirchlichen Nicht-Regierungs-0rganisationen im Sozialbereich, Diakonie und Caritas, ein Maximum an Bevorzugung. In der Nicht-Öffentlichkeit der politischen Administration sicherten und sichern sich die Kirchen diese Vorrangstellung. In der Demokratie-Denkschrift der EKD spielt die theologische Beurteilung solchen Handelns keine Rolle. (Vgl. Kirche und Demokratie, Gütersloh 1985). Auch eine theologische Reflexion des Bischofsamtes des kirchlichen Beauftragten und Militärbischofs am Sitz der Bundesregierung ist nicht gefragt. Wie weit den Kirchen dies mit der neuen Generation deutscher Politiker gelingt, die weitgehend keine Kirchenmitgliedschaft mehr haben, und inwieweit das dann einen „Rechtsruck" kirchlichen Lobbyismus hin zu den konservativen „christlichen" Parteien bedeutet, bleibt abzuwarten.

Dem angesprochenen Selbstverständnis der Kirchen, der deutschen wie der in Sri Lanka, korreliert die Nichtbeachtung kirchlicher Arbeit in der sozialwissenschaftlichen Fachliteratur über die Verbindung von Kirchen und NGOs bzw. von Kirchen als NGOs. [4] Meine Anfrage bei der Bibliothek des Institutes für Weltwirtschaft, der Deutschen Zentralbibliothek für Wirtschaftswissenschaften, erbrachte eine Flut von Literaturhinweisen zu allen möglichen Fragestellungen im Zusammenhang mit Nicht-Regierungsorganisationen, aber keine Verbindung zur Kirche. Das ist in diesem Kontext umso relevanter, als das finanzielle Engagement beispielsweise von kirchlicher Entwicklungsarbeit ein erhebliches Finanzvolumen includiert. Einige wenige Treffer bezogen sich auf regionale oder lokale Fallstudien.[5] Dieser Eindruck bestätigte sich bei meinen Recherchen in der Zentralbibliothek der international arbeitenden Selly Oak Colleges, die neben umfangreicher Literatur in Missionswissenschaft das Feld der politik-, der wirtschafts- und sozialwissenschaftlichen Literatur im Bereich Entwicklung und Development in aller Breite abdeckt. [6] Die Politik- und sozialwissenschaftliche Forschung über NGOs ist eine Sache und die über die pastorale Arbeit im Bereich von Missionsgesellschaften, Hilfsorganisationen und Trägern der Entwicklungszusammenarbeit ist eine andere, die unverbunden nebeneinander stehen ohne jede ekklesiologische oder ethische Reflexion, was die institutionelle Organisation und die Begründung derselben betrifft.

Wie lässt sich das Problem beschreiben oder:
Welche Rolle spielen die Kirchen als NGOs in der
Weltgesellllschaft?

Die kirchliche Arbeit in und als NGOs ist nicht auf das Feld der Entwicklungszusammenarbeit einzugrenzen. Kirchliche Arbeit lässt sich als die Arbeit von Nicht-Regierungs-0rganisationen im Bereich der Wirtschaft eines Landes, einer Region oder im globalen Zusammenhang, im Bereich des ökologischen und des politischen Engagements (Frieden, Gerechtigkeit und Bewahrung der Schöpfung; Human Rights) und drittens im Bereich der öffentlichen Meinungsbildung beschreiben.

Wolfgang Huber benennt als die drei wesentlichen Merkmale der Zivilgesellschaft erstens die „Vielfalt der in einer Zivilgesellschaft vereinigten Elemente" (273), zweitens die Autonomie der verschiedenen Organisationen und Institutionen (274) und drittens Bürgersinn und Bürgermut (275). Diese drei Merkmale beschreiben nun natürlich auch einen großen Teil kirchlicher Arbeit und lassen sich ebenso auf die globale Zivilgesellschaft und deren Akteure übertragen – auch der kirchlichen.

Versuch einer sozialwissenschaftlichen Definition

In der sozialwissenschaftlichen Literatur gibt es eine breite Debatte darüber, was denn unter jenen NGOs zu verstehen sei und wie sie zu definieren wären. Altvater und andere weisen darauf hin, dass nicht nur der Begriff sozialwissenschaftlich umstritten, sondern auch das Phänomen schwer beschreibbar ist. (Altvater, 10–25) Den sicherlich weitestgehenden Versuch einer Definition gibt Peter Wahl, der sechs Kriterien benennt, mit deren Hilfe eine Nicht-Regierungsorganisation beschrieben werden kann:

„1. freiwilliger Zusammenschluss, 2. parteipolitisch unabhängig, 3. nicht an wirtschaftlichem Gewinn orientiert (non profit), 4. nicht an Eigeninteressen der Mitglieder oder Zielgruppe im Sinne von berufsständischen oder special interests (Sport, Hobbys etc.) orientiert, 5. nicht exklusiv (ethnisch, national, religiös, geschlechtsspezifisch, etc.), 6. inhaltlicher Bezug auf Probleme, die von alten und neuen sozialen Bewegungen thematisiert werden oder wurden“. (Peter Wahl: Mythos und Realität internationaler Zivilgesellschaften, in: Altvater, 313).

Mit dieser Definition lässt sich die Diskussion und Auseinandersetzung um das, was mit dem Phänomen NGO zu verbinden ist, erheblich besser strukturieren. Ich möchte diese Definition aber nicht absolut interpretieren und anwenden. So agierten z.B. im Vorfeld und während der UN-Konferenz in Peking (Fourth World Conference on Women, Beijing, 1995) Zusammenschlüsse von Frauengruppen als NGOs im Interesse von Frauen. Sie sind ebenso Teil der internationalen Zivilgesellschaft und der Internationale der Nicht-Regierungs-Organisationen wie jene kirchlichen Organisationen, die nicht exklusiv im kirchlichen Interesse im Sinn eines parteilichen Lobbyismus arbeiten, sondern aus christlichen Motiven den kirchlichen Beitrag innerhalb der globalen Zivilgesellschaft formulieren und im Interesse der Weltgemeinschaft an seiner Verwirklichung arbeiten.

Die NGOs lassen sich zudem auch nach ihren Organisationsformen unterscheiden. (Altvater, 14f)

Da sind erstens innerhalb des breiten Spektrums der Nicht-Regierungs-Organisationen kirchliche Organisationen wie „Brot für die Welt", die ebenso wie der BUND (Bund für Umwelt und Naturschutz Deutschland) und WWF (World Wide Fund of Nature) zu den Mitgliederorganisationen gerechnet werden.

Da sind zweitens unternehmerisch geführte Organisationen wie Greenpeace und Lobbygruppen wie Germanwatch.

Und da sind als dritte Gruppe Netzwerke wie das Forum für Umwelt und Entwicklung.

Als vierte Gruppe werden aufgrund ihrer spezifischen Arbeit in diesem Sektor Forschungs- oder Bildungseinrichtungen zu den Nicht-Regierungs-Organisationen gerechnet.

Und als fünfte Gruppe werden die neuen sozialen Bewegungen wie Bürgerinitiativen und Basisgruppen genannt, „wenn sie den singulären, temporären und lokalen Charakter überwinden" (a.a.O. 15).

Nicht-Regierungs-Organisationen agieren und operieren in den Politikfeldern von Entwicklung und Sozialem, Frieden, Menschenrechten, der Lage von Frauen (Gender) und der Umwelt (Sustainable Development). Dies gilt sowohl auf der lokalen und regionalen als auch auf der nationalen und internationalen Ebene.

Kirche und kirchliche Organisationen agieren traditionellerweise im Bereich der Entwicklung. Der als Letztes hinzugekommene Bereich der Umweltpolitik, erweitert um die Entwicklungsarbeit (sustainable development), kennt allerdings viele Akteure, die ihre Erfahrungen im NGO - Bereich in kirchlichen Entwicklungsorganisationen gesammelt haben. Fritz Erich Anhelm spricht davon, dass das „ *‚Humankapital' des konziliaren Prozesses in die säkulare Zivilgesellschaft lokal wie global überwechselt.*" (Fritz Erich Anhelm: „*Christlich in der Zivilgesellschaft*", unveröffentl. Manuskript, Loccum o.J.)

Mittlerweile ist die internationale Klimapolitik der Bereich, in dem die größte Professionalisierung und Expansion der NGO-Arbeit zu verfolgen ist, sicherlich eine Antwort der Zivilgesellschaft auf den globalen Charakter der ökologischen Gefahren und auf die Ignoranz der Regierungen und fehlendes Engagement von Regierungsorganisationen. Die Agenda 21 des Gipfels von Rio widmet nahezu ein Drittel ihrer Ausführungen den Nicht-Regierungs-Organisationen. Auf der ersten Vertragsstaatenkonferenz zur Klimarahmenkonvention (VSK) 1995 ließen sich drei Entwicklungen erkennen:

Erstens gibt es eine Dominanz westlicher „Unternehmen“ und finanzstarker Netzwerke (Germanwatch, Climate Aktion Network (CAN), WWF, Greenpeace, Robin Wood). Zweitens lässt sich eine geographische Ungleichverteilung mit dem Ergebnis der Marginalisierung ganzer Weltregionen feststellen, sodass eine demokratische Legitimität nicht zu erkennen ist. Drittens zeigt sich in diesem Bereich die ganze Schwierigkeit, wie die NGOs an den politischen Entscheidungsprozessen beteiligt werden und konkrete, demokratisch legitimierte Verfahrensweisen aufgebaut werden können. (A. Brunnengraeber, *‚Global Governance‘ oder die Notwendigkeit eines neuen Globalkonzepts – diskutiert am Beispiel der internationalen Klimakonferenz*, in: Altvater, 257–292)

Entwicklungspolitik als das traditionelle Arbeitsfeld kirchlicher Nicht-Regierungsorganisationen

Doch zurück zu dem traditionellen Arbeitsfeld der kirchlichen Organisationen.

Das Zentrum für Entwicklungszusammenarbeit der OECD gab 1993 einen Bericht heraus, der für die Mitgliedsländer einen Überblick über die NGOs und ihre Geldgeber ermöglichte. Die deutsche NGO-Gemeinschaft lässt sich danach in vier Gruppen teilen, mit einem deutlichen Übergewicht der kirchlichen Nicht-Regierungs-Organisationen und der Stiftungen der politischen Parteien, die als NGOs auftreten. 1992 wurden 832 Millionen DM an öffentlichen Geldern an die Nicht-Regierungs-Organisationen vergeben, davon 294 Millionen an die Organisationen der beiden großen Kirchen (je 147). Zum Vergleich: Von den anderen NGOs – es gibt immerhin etwa 2000 nationale und lokale Gruppierungen – erhielten annähernd 150 Organisation 68 Mill. DM an öffentlichen Mitteln, die 5 Stiftungen der politischen Parteien allein 336 Mill. DM.

Dem stehen jeweils etwa 450 Millionen DM an eigenen Fundraising Einnahmen sowohl bei den Protestanten als auch bei den

Katholiken und den anderen NGOs gegenüber. Die OECD sieht die Dominanz der Organisationen von Kirchen und Parteien als ein Hauptproblem der deutschen NGO-Szene. Hierbei muss angemerkt werden, dass diese finanzielle Dominanz im Entwicklungsbereich zwar augenfällig eine kirchliche Dominanz ist. Zum einen aber setzen die Kirchen auch erhebliche Eigenmittel. Zum anderen haben die Stiftungen der Parteien, die so gut wie keine finanziellen Eigenmittel einsetzen, aufgrund ihrer Verankerung in den Parteien und im deutschen Parteien-Staat ein umso größeres politisches Gewicht im Bereich der internationalen und der Entwicklungs-Zusammenarbeit. Insgesamt aber ist dies sicher lediglich Teil des Gesamtphänomens der Dominanz und des Übergewichts westlicher Nicht-Regierungs-Organisationen.

Dem Ungleichgewicht bundesdeutscher Organisationen im Development-Bereich korreliert ein Ungleichgewicht durch die fünf NGO- bzw. Netzwerk-Multis im Klimapolitik-Bereich bzw. dann auch im Rio-Prozess.

Der Bericht von Margareta de Goys und Henny Helmich über die deutschen Nicht-Regierungs-Organisationen an das OECD-Zentrum in Paris unterteilt die kirchlichen (Church-related) Organisationen in katholische, evangelische (mainstream protestant) und evangelikale Gruppierungen. Die katholische und evangelischen Organisationen haben in der KZE (Katholische Zentralstelle für Entwicklungshilfe) und in der EZE (Evangelische Zentralstelle für Entwicklungshilfe) jeweils eine zentrale Agentur für Entwicklungsarbeit, über die die öffentlichen Gelder des Staates eingeworben werden bei gleichzeitiger massiver Unterstützung aus kirchlichen Mitteln. Zudem sind 40 evangelische und 70 katholische Organisationen mit privatem Fund-raising beschäftigt, die mit hoher Wahrscheinlichkeit auf den gleichen Spenderkreis von evangelischen bzw. katholischen Kirchensteuerzahlern zielen, was die Frage nach der Effektivität geradezu provoziert. Die beide großen Organisationen sind juristisch Personen des öffentlichen Rechts. Während sich die KZE organisatorisch, das bedeutet auch in der Finanzierung, der Evaluation der Projekte, der politischen Planung und der Politik gegenüber der Bundesregierung, mit Misereor verbunden hat, nehmen die protestantischen Kirchen „*aus historischen und philosophischen*“ Gründen, wie de Goys und Helmich freundlich formulieren, ihre Interessen und Vertretung gegenüber der Regierung jede für sich wahr. Das organisatorische Durcheinander, die binnenkirchliche Konkurrenz und die Undurchschaubarkeit evangelischer Entwicklungsarbeit in der Außenvertretung gegenüber der Bundesregierung wird von ihnen wiederum sehr freundlich wie folgt beschrieben:

„*The German Protestant churches, which are a pluriform group, relate to the government in different ways from the Catholic church, for historical and philosophical reasons. The Protestant Central Agency (EZE) is legally independent of the other Protestant NGOs, but is also logistically and organisationally separated from them.*“ (Trends, 143)

Die logistische Integration von KZE und Misereor stellt so auf der einen Seite die größte deutsche Nicht-Regierungsorganisation im Entwicklungsbereich, auf der anderen Seite bewirkt die organisatorische und logistische Desintegration der protestantischen NGOs wohl mehr Pluriformität, lässt aber auch die Probleme, die durch fehlende organisatorische Integration im Fund-raising, in der Projektplanung und Projektarbeit auftreten, erahnen. Allein die Zusammenarbeit von „Brot für die Welt“ und „Dienste in Uebersee“, die mit der EZE, dem „Kirchlichen Entwicklungsdienst“ (KED) und dem „Evangelischen Missionswerk“ (EMW) die „Arbeitsgemeinschaft Kirchlicher Entwicklungsdienst“ (AGKED) bilden, gestaltet sich durchaus nicht immer einfach[7]. Daneben arbeiten auf dem „kirchlichen Feld“ und auf dem davon durchaus zu unterscheidenden „diakonischen Feld“ auch noch eigenständig verschiedene Missionsgesellschaften und diverse andere organisatorische Zusammenschlüsse. Anders als im säkularen Nicht-Regierungs-Organisationsbereich signalisiert diese organisatorische Vielfalt nicht Pluralismus sondern wirtschaftliche und politische Einfalt, denn die Basis ist ja jeweils der in den Landeskirchen organisierte Protestantismus. So kann natürlich die AGKED in Rücksichtnahme auf die gewachsenen Beziehungen der einzelnen Gliedkirchen, Missionsgesellschaften und anderen Organisationen (auch des „kirchlichen Nord-Süd-Tourismus“) nur die Funktion einer sehr ungebundenen „Umbrella-Organisation“ erfüllen. (Neben „Kindernothilfe“ und „Christoffel Blindenmission“ sind der AGKED 40 bis 50 andere NG0‘s assoziiert.) Die fünf Mitgliedsorganisationen halten ihre Unabhängigkeit bei der Durchsetzung ihrer Politik aufrecht, was die Aufgabe der Umbrella-Organisation sicher nicht leichter macht.

Diese organisatorische Vielfalt oder vielleicht deutlicher ausgedrückt, dieses organisatorische Chaos bedeutet in der Koordination, im Networking und in der Außenrepräsentanz gegenüber der eigenen Regierung und den Regierungen in den Partnerländern einen enormen zusätzlichen Aufwand. Aber auch die Partner (Diözesen, Missionsgesellschaften, nationale Kirchenorganisationen oder auch lokale NGOs ohne kirchliche Bindungen) werden durch diese „Vielfalt" eher verwirrt, denn in ihrer Arbeit gefördert.[8] Historisch, aber eben nur historisch, lässt sich das jederzeit rechtfertigen, da die deutsche NGO-Arbeit, insbesondere die kirchliche, durch lange Partnerschaften mit den südlichen Kirchen und Partnerorganisationen gekennzeichnet ist.

Der Fokus der Arbeit der evangelischen Nicht-Regierungsorganisationen mit ihren lokalen Partnern wird bestimmt durch die Aktivitäten der südlichen Partnerorganisationen und liegt bei Projekten für soziale Gerechtigkeit und soziale Teilhabe.

Ein zweiter Schwerpunkt liegt bei der materiellen Hilfe in Notstandsgebieten[9] und der Menschenrechtsarbeit, weitere in Bildungsprojekten, Gesundheitswesen, ländliche und kommunale Entwicklung sowie die Implantierung „sozialer Infrastrukturen".

Weltgipfel für soziale Entwicklung („Social Summit")

Im März 1995 fand in Kopenhagen der erste Weltgipfel für Soziale Entwicklung in Verbindung mit dem NGO-Forum '95 statt. Er galt als ein erster Schritt, die fundamentalen politischen Fragen der sozialen Entwicklung in den Ländern der Welt, die nicht zuletzt durch die wirtschaftliche Globalisierung immer drängender werden, auf die internationale Tagesordnung zu setzen. Paul Nielson, der damalige dänische Minister für wirtschaftliche Zusammenarbeit, betonte die Notwendigkeit der Zusammenarbeit der Regierungen mit Graswurzelgruppierungen und religiösen Organisationen, Gewerkschaften, Organisationen von Kommunen, Wirtschaft, Wissenschaft und NGOs, um sozialen Fortschritt zu erreichen. Nielson differenziert hier zwischen NGOs und anderen Organisationen, nennt aber die Kirchen und anderen religiösen Organisationen neben den Graswurzelleuten und den Gewerkschaften in einem Atemzug mit den NGOs[10]. Sie alle sind soziale Akteure in der globalen Zivilgesellschaft.

Nicht-Regierungsorganisationen und andere Gruppen und Organisationen, die sich als Mitglieder der globalen Zivilgesellschaft verstehen, haben diesen Gipfel geprägt. Mehr als 2000 Organisationen waren akkreditiert; 250 Millionen Menschen, so schätzt die UNO haben sich in der globalen Zivilgesellschaft organisiert. Wenn man die Mitglieder der vertretenen Organisationen zählen würde, wären es natürlich sehr viel mehr.

Wichtig ist für mich wieder die Frage, inwieweit sich die Kirche(n) selber als Mitglieder dieser Zivilgesellschaft verstehen und dies auch durch ihre Teilnahme dokumentiert haben. Die römisch-katholische Kirche als Organisation war auf diesem Weltgipfel im Unterschied zu den Gipfeln in Peking und Kairo nicht vertreten. In der *Coalition of People of Faith* , die das breiteste Netzwerk von Organisationen und Gemeinschaften repräsentiert, ist u.a. *Caritas Internationalis* und *The International Social Justice Secretariat of the Society of Jesus* vertreten. Die christliche Welt mit Ausnahme Roms wurde durch den *World Council of Churches* und seinen Generalsekretär repräsentiert. Ich werde auf den Beitrag des WCC (ÖRK) und Konrad Raisers noch eingehen.

Das Ziel des Gipfels war die Stärkung der globalen Zivilgesellschaft. Die UN und ihre Organisationen beabsichtigten, mit den NGOs eine gemeinsame Strategie zur Zusammenarbeit zu entwickeln. So lässt sich der Gipfel einerseits als eine Zusammenkunft der wichtigsten Akteure der Zivilgesellschaft verstehen, andererseits aber auch als eine Option für die Zukunft, die den NGOs (im weitesten Sinn) eine stärkere Position und breitere Partizipation an der Verantwortung für die Weltgesellschaft eröffnen sollte. In der Beziehung zwischen den UN und den NGOs bedeutet der Gipfel in Kopenhagen einen Wendepunkt. Von den Nicht-Regierungsorganisationen wird eine bedeutendere Rolle in der Gestaltung der Weltpolitik erwartet.

Die bisherigen bilateralen Beziehungen zwischen den internationalen Organisationen und den nationalen Regierungen werden, so ist die Erwartung, zu einem Beziehungsdreieck in der Politikgestaltung erweitert. Dass dies auch vier Jahre nach Kopenhagen von vielen

Beobachtern (Altvater u.a.) noch für illusionär gehalten wird, schmälert nicht die Bedeutung dieser Vision. Der Gipfel von Kopenhagen weist den NGOs auf der nationalen Ebene folgende Rollen zu:

Sie sollen und können die Regierungspolitik ergänzen.

Sie sind schneller in der Lage, neue Fragen aufzuwerfen.

Sie vertreten spezifische Anliegen der unterschiedlichsten Gruppierungen, sind in der Lage, Minderheiten-Positionen öffentlich zu machen und jenseits des Mainstream wichtige Anliegen zu erinnern.

Sie können öffentlich staatliche und andere Autoritäten zum Handeln drängen, bestimmte politische Anliegen umzusetzen oder ihnen Rechnung zu tragen.

Auf der internationalen Ebene kommt den Nicht-Regierungs-Organisationen eine Advokatenrolle zu, die die NGOs tradionellerweise in allen Bereichen von der Entwicklungspolitik bis zur Umweltpolitik ausgefüllt haben und ausfüllen. Durch ihr kollektives Gewicht können NGOs öffentliche Aufmerksamkeit erhöhen und eine andere Politikgestaltung durchsetzen.

Gerade dies ist auch eine Notwendigkeit kirchlicher Politikgestaltung! Aber es wäre vermessen, hier einen kirchlichen Alleinvertretungsanspruch formulieren zu wollen. Zu oft haben Kirchen durch ihre ambivalente Haltung gegenüber politischer Parteinahme oder gerade durch Parteilichkeit für eine bestimmte politische Strömung ihren theologischen Auftrag verkannt und ihre Glaubwürdigkeit verspielt.

Nicht Religionen und Kirchen sind die wichtigsten Verfechter der moralischen Prinzipien und Regeln der Allgemeinen Erklärung der Menschenrechte, sondern die sich formierende globale Zivilgesellschaft und in ihr – hoffentlich ! – auch die christlichen Kirchen und ihre Organisationen. Damit übernimmt die Zivilgesellschaft die Funktion eines sich entwickelnden globalen Gewissens bzw. moralischen Bewusstseins:

„*NGOs have and must continue to insist upon making their voices heard.*" (Social, IX)

Der Gipfel von Kopenhagen erwartet in diesem Sinn von den Nicht-Regierungs-Organisationen Fortsetzung des Kampfes gegen die absolute Armut im Namen von Recht und Gerechtigkeit. Pathetisch formuliert der Chairman des Gipfels, Juan Somavia:

„*They have carried the banner of rights and justice high, even the risk of personal safety. They have ... researched to forge new economic paradigms ... With these, they have confronted the theory that the expansion of unbridlet market logic and economic growth are the sole measure of human progress, the belief that women, the elderly, disabled, or indigenous peoples are any less entitled to the full expresssion of their development than others in society ... It is their insistence on the permanence of values – on personal integrity and collective solidarity, on honesty, transparency, and compassion – that has enabled us to take stock of our words and our actions.*“ (Social, IX – XI)

Ich breche hier das Referat der Rede des chilenischen Botschafters und Chairman des WSSD-Gipfels ab. Es dürfte deutlich geworden sein, wie hoch die Erwartung an die Nicht-Regierungs-Organisationen über die traditionelle Advokatenrolle hinaus ist, wie stark aber auch die Gefahr des Missbrauches ist, dass sich Regierungen und internationale Organisationen aus der Verantwortung für die Folgen der Globalisierung und des ungebremsten Marktes stehlen!

Nichtsdestotrotz werden die Werte deutlich, die die NGOs in der globalen Zivilgesellschaft in das globale Spiel bringen. Es sind dies im weitesten Sinne durchaus christliche Werte. Die Rolle, die der WSSD-Chairman den NGOs zuweist, ist eine Rolle, die die Kirche(n) im Laufe der Kirchengeschichte immer wieder für sich reklamiert haben. Die Vertretung dieser Werte, öffentliche Werbung für ihre Umsetzung, die Förderung des öffentlichen Diskurses und der Auseinandersetzung, die Lobbyarbeit für ihre Durchsetzung, das alles scheint mir kirchliche Aufgabe und Pflicht zu sein, auch wenn Kirche nicht mehr ein Monopol für diese Werte in Anspruch nehmen kann. National, auf den Bereich der Bundesrepublik bezogen, gerät Kirche immer stärker in eine Minderheitsposition, die sie international schon immer hatte. *Eine neue Bescheidenheit im Streit um die Durchsetzung der richtigen Werte mit den anderen Nicht-Regierungs-Organisationen bei gleichzeitiger Entschiedenheit in der Position ist m. E. der angemessene Weg, eine positive Rolle in der globalen Zivilgesellschaft zu spielen.*

Es scheint mir interessant, mit dieser Anfrage an eine neue positionelle kirchliche Rolle die Rede des Generalsekretärs des Ökumenischen Rates der Kirchen Konrad Raiser auf dem Sozial-Weltgipfel kurz zu analysieren.

Position des Ökumenischen Rates der Kirchen

Konrad Raiser erläutert vor dem Gipfel die Position des Weltkirchenrates und bejaht die angesprochene Advokatenrolle für seine Organisation. Damit steht der Ökumenische Rat der Kirchen deutlich im Gegensatz zu der Position der römisch-katholischen Kirche, die die NGOs in der Zivilgesellschaft nicht als gleichberechtigte Partner anerkennt, und zu vielen lokalen orthodoxen und protestantischen Kirchen, die die Integration der Kirchen in die Gemeinschaft der NGOs als eine Möglichkeit der Politik in der Relation zu den Internationalen Organisationen und den nationalen Regierungen nicht mitgehen wollen. Raiser weist darauf hin, dass der ÖRK seit seiner Gründung aus der Überzeugung heraus, dass materielle und spirituelle Nöte der Menschen als Einzelne und als Gemeinschaften nicht zu trennen seien, schon immer den Kampf für soziale Gerechtigkeit gefördert hat, unter anderem auch durch die Unterstützung der Gründung der Vereinten Nationen. Für Raiser sind die Vereinten Nationen nicht ein Instrument der Nationalstaaten, sondern Verkörperung der Erwartungen der Menschen dieser Welt. Und die Menschen erwarten, so Raiser, die Unterstützung der UN für Frieden, bei ihrem Kampf um die Respektierung ihrer Menschenrechte, einschließlich der freien Religionsausübung, und bei der Befreiung von Not, Mangel und Armut. Er weist weiter auf den Wendepunkt hin, an dem sich die Länder rund um den Globus in den neunziger Jahren befinden. Der weltweite Angriff auf die Sozialpolitik der Nationen destabilisiert zerbrechliche Demokratien und zerstört das Wohlfahrtssystem in den industrialisierten Ländern, fördert Arbeitslosigkeit und Armut und vergrößert die Kluft zwischen den Armen und den Reichen. Konrad Raiser nimmt deutlichen Bezug auf die Auswirkungen der Globalisierung, benennt die verantwortlichen Akteure und fragt nach dem Schutz für die Armen. Ebenso wie der WSSD-Chairman bezeichnet er die globale Zivilgesellschaft als Hoffnung der Armen und als Möglichkeit der Stärkung gerechterer Strukturen in den politischen, sozialen und ökonomischen Bereichen: „*What is at stake here is a fundamental change in consciousness and values*.“ (Social, 130) Dieser Wandel der Werte impliziert im Bereich der globalen Wirtschaft die Stärkung der Betroffenen, der Stakeholder, wie sie auch von Wirtschaftsethikern gefordert wird. (vgl. Ulrich, 438ff)

Der Offene Markt und das Wachstum der Wirtschaft kann nicht weiter als Allheilmittel aller sozialen Nöte betrachtet werden. Raiser fordert nicht nur eine Änderung, sondern vergleicht im Sinne der Versammlung des Ökumenischen Rates der Kirchen in Canberra 1991 den Wachstumsgedanken der modernen Ökonomie mit dem Wachstum der Krebszellen und fordert eine normative Debatte über die Begrenzung des Wachstums und ein Überdenken der bisherigen Argumente. Diese neue Debatte hat auf die Verringerung der Armut, auf die Dauerbeschäftigung der Menschen sowie auf den Schutz und die Wiederherstellung der Umwelt zur nachhaltigen menschlichen Entwicklung zu zielen. Ein alternativer Zugang zur Diskussion wird nach Raiser aber nur Erfolg haben, wenn es zu einer aktiven Beteiligung derjenigen an den Entscheidungsprozessen kommt, die von diesen Entscheidungen betroffen sind. Dies eben ist der Ansatz einer globalen Zivilgesellschaft, dem das *United Nations Development Programme* bereits folgt.

Ich denke, dies trifft auch eine Reihe kirchlicher Entwicklungsprogramme und die Politik des Kirchlichen Entwicklungsdienstes oder von Missionsgesellschaften wie beispielsweise der *Vereinigten Evangelischen Mission* (VEM) und anderen. Raiser selbst benennt die *Ecumenical Development Cooperative Society* , die durchaus in der Lage ist, auch ökonomische und finanzielle Effektivität zu gewährleisten.

In dem normativ gehaltenen Schluss fordert er zur Förderung alternativer Politikgestaltung folgende kurzfristige Maßnahmen:

1. Stärkung der Vereinten Nationen als ein Kontrollorgan über die internationalen Wirtschaftsakteure insbesondere der transnationalen Konzerne. Die internationalen Finanzorganisationen wie der International Monetary Fund, die Weltbank und die Welthandelsor-

ganisation haben sich nach der Charta der Vereinten Nationen auszurichten.

2. Völliger Schuldenerlaß für die am meisten verschuldeten Länder (HIPC) und ein 50-prozentiger Schuldenerlaß für die Länder mit mittleren Einkommen. Begleitet werden muss dieser Schuldenerlaß durch eine grundsätzliche Revision der Infrastrukturpolitik, die der sozialen Entwicklung und dem Umweltschutz die höchste Priorität zubilligt. Raiser verweist auf das *Alternative Structural Adjustment Programme* als ein erfolgreiches Projekt der Zivilgesellschaft in Guyana.

Auch dies ist eine Forderung, die unter den meisten säkularen NGOs unumstritten ist, von den deutschen Kirchen aber so wohl nicht geteilt wird.

3. Schließlich erneuert Raiser die alte Forderung nach Abgabe von 0,7 Prozent des Bruttosozialprodukts durch alle OECD-Länder bis zum Jahr 2000. Das wäre im nächsten Jahr! Vier Jahre nach Raisers erneuerter Forderung ist diese von den deutschen Kirchen und kirchlichen NGOs nicht in der deutschen Zivilgesellschaft vertreten und noch weniger in den parlamentarisch-politischen Diskurs implantiert worden. Und das, obwohl mit dem Ausschuß für entwicklungsbezogene Bildung und Publizistik (ABP) u.a. den deutschen Kirchen Organisationen zur Verfügung stehen, die gerade diese Aufgabe haben.

Abschließend zeigt Raiser dann deutlich das ethische Dilemma auf, in dem die Zivilgesellschaft steckt. Das Modell der sozialen Entwicklung der Weltgesellschaft ist Grundlage des allgemeinen Diskurses, wenn die Intentionen der Politik formuliert werden. Aber es wird nach wie vor das allgemeine ökonomische Wachstumsmodell bevorzugt, wenn es dann darum geht, zu handeln.

Ich denke, dieses Dilemma ist auch ein Schlüssel für die deutschen Kirchen sowie die kirchlichen NGOs und ihr Handeln. Solange selbst die Wohlmeinenden in diesem Dilemma stecken, wird der alternative Diskurs der lokalen wie der globalen Zivilgesellschaft ohne Folgen bleiben.

So ist es nur konsequent, dass Raiser zum Schluss einen Wechsel fordert *„in the direction of life-oriented values, a change of hearts and of minds*“. (Social, 132) Aufgabe der Kirchen – Raiser benutzt nicht das Wort Kirche, sondern die Redewendung *religious organizations* ! – ist bei dem Wechsel der Normen und Werte, die Kulturen der Solidarität und des Lebens zu fördern.

Tradition des Ökumenischen Rates der Kirchen als Nicht-Regierungs-Organisation

Darril Hudson beschreibt in seiner Untersuchung über die Arbeit des ÖRK in internationalen Fragen diesen als eine internationale politische Interessengemeinschaft *(„...will be analysed as an international political interest group.*“ Hudson, 261). Auf internationaler Ebene verhandelt er mit der internationalen Bürokratie (the civil servants of the world), mit anderen NGOs, multinationalen Zusammenschlüssen und christlichen Körperschaften. Hudsons Untersuchung beschreibt bei der Frage nach Effektivität und Rolle des ÖRK diesen als soziale Organisation, die eine große Anzahl von Körperschaften repräsentiert und Religion organisiert. Eine Beschreibung, die vielen Theologen und Kirchenleuten nicht gefallen wird, die aber exakt kennzeichnet, von welchem Gesichtspunkt wir auszugehen haben, wenn wir nach der Rolle der Kirchen als Nicht-Regierungs-Organisationen fragen. Die Bedeutung dieses NGO-Netzwerkes „Weltkirchenrat“ hängt zu einem großen Teil von der Aufmerksamkeit ab, die die Weltpresse für ihn aufbringt. Bei fehlender finanzieller Macht, und in vielen undemokratischen Ländern fehlt den Mitgliedskirchen des ÖRK auch die Macht der Christen als Wähler, ist dies seine einzige Möglichkeit der Einflussnahme. Die soziale Rolle, die eine solche Organisation spielt, ist entscheidend für das angesprochene Interesse der Weltpresse und damit der Weltöffentlichkeit. Nicht ganz uninteressant ist die Feststellung dieser frühen Untersuchung über die Rolle des ÖRK als NGO, dass der Status der führenden Persönlichkeiten und ihre Interaktionen mit anderen Eliten von Gewicht für die Beachtung als NGO ist und dass dem eine größere Aufmerksamkeit beim ÖRK. zu geben ist. Hudson behandelt noch einen zweiten Punkt, der für das Thema von Interesse ist, die Lobbyarbeit des ÖRK Der ÖRK kann auf der internationalen Ebene als Lobbyist bezeichnet werden wie die lokalen Kirchen häufig auf nationaler Ebene, er agiert zusammen mit diesen auch auf der nationalen Ebene. Mit seinen Aktivitäten sucht er das internationale Geschehen zu beeinflussen.

Den grundsätzlichen Erfolg des ÖRK und die Anziehungskraft, die er als Interessenvertreter ausübt, sieht Hudson in der weiten Verbreitung seiner Erklärungen und Studien sowie der Berichte über seine Meetings in den Medien. Der ÖRK ist *die* Stimme der gesamten orthodoxen und protestantischen Kirchen und seine Kommission der Kirchen für Internationale Angelegenheiten ist immerhin noch die Stimme aller protestantischen Kirchen. Diese Stimme repräsentiert die wachsende christliche Übereinstimmung in der Frage der sozialen Gerechtigkeit. (s. unten als Beispiel die 8. Vollversammlung in Harare)

Wichtig für den internationalen Einfluss ist die Entscheidung des ÖRK, Hilfe nicht nur getauften Christen zugute kommen zu lassen. Auf dieser Basis bekam die christliche Botschaft Glaubwürdigkeit.

„*Its strength lies in its not speaking for powerful groups in the society, as was the Church's custom in the past, but for the poverty-stricken, the sufferers from discrimination, and those weary of war and injustice, whether they are Christians or not. This evolution was prophesied in the very first message of the newly formed World Council of Churches at Amsterdam: ‚We have to make of the Church in every place a voice for those who have no voice, and a home where every man will be at home'.*“ (Hudson 282)

Diese Erinnerung an die Mahnung der ersten Vollversammlung des Ökumenischen Rates der Kirchen von Amsterdam, Stimme der Sprachlosen zu sein und den Heimatlosen eine Heimat zu geben, lässt mich nach der Tradition des ÖRK fragen, in der sich die Weltkirche zu einem NGO unter anderen entwickelt hat. 50 Jahre nach Amsterdam trafen sich die Kirchen der Welt 1998 in Harare zu ihrer 8. Vollversammlung „*Turn to God - Rejoice in Hope*“.

Erlassjahr-Aufruf zur Befreiung der verarmten Völker aus dem Würgegriff der Schulden

Ich will jetzt nicht die Diskussion von Harare nachzeichnen, aber auf die wichtigsten Punkte für die ethische Einschätzung der NGO - Arbeit des ÖRK aufmerksam machen.

Stimme der Sprachlosen, das meint in der Tradition von Amsterdam, die Schreie derjenigen zu Gehör zu bringen, die *„die Last der sozialen, politischen und ökologischen Kosten der unentrinnbaren Schuldknechtschaft zu tragen haben*". (epd-Dokumentation 9/99, 26)

Einseitig, parteilich und deutlich fordert die ÖRK-Vollversammlung eine neue gerechte Weltordnung. In einem ersten Schritt ist zur periodischen Überwindung ungerechter Strukturen ein Schuldenerlaß für die verschuldeten Länder in der Tradition des Sabbat-/ Erlassjahres gefordert.

Damit aber nicht neue Schulden angehäuft werden, geht es um die Veränderung ungerechter Strukturen, Marktmechanismen und die Umverteilung von Verlusten und Gewinnen. Einzelne politische Akteure sind ohnmächtig angesichts der realen Machtverhältnisse. Deswegen hält die Vollversammlung kollektiven politischen Willen für erforderlich, um ungerechte internationale Strukturen zu überwinden. An der Neugestaltung, d.h. auch an der Umwidmung der Gelder für soziale Prioritäten sind *„die Zivilgesellschaft und damit auch die Kirchen*" zu beteiligen. Die 8. Vollversammlung der ÖRK hat keine Schwierigkeiten, die Vernetzung innerhalb der Zivilgesellschaft zur politischen Durchsetzung von Zielen und auch die Teilhabe an politischer Macht zu fordern. Kirchen sind Teil der Zivilgesellschaft, haben Anteil am Netzwerk der NGOs und nehmen parteilich im Sinne ihrer biblischen und historischen Tradition Stellung für die Armen und gegen Ungerechtigkeit. (26) In den Forderungen der ÖRK–Vollversammlung von Harare an seine Mitgliedskirchen werden diese aufgefordert, sich für Schuldenstreichung und Schuldenminderung einzusetzen, sich an der Zivilgesellschaft zu beteiligen, um mit umgewidmeten finanziellen Mitteln an der Behebung gesellschaftlicher und ökologischer Schäden zu arbeiten, sich für ein internationales Insolvenzrecht einzusetzen und eine umfassende Unterstützung der verarmten Menschen. (29)

Die fünfte und sicher eine für Theologie und Kirche in Deutschland unangenehme Forderung ist die, dass sie sich für „eine ethisch vertretbare fundierte Regierungsführung" in ihren Ländern einsetzen sollten. Haben Sie davon etwas in Deutschland gemerkt in der Zeit nach Harare?

Vielleicht sind EKD, EKU und VELKD sowie Bischöfe und Kirchenfunktionäre wieder den Weg des Lobbyings und der Gespräche in den Seitenfluren der Parlamente gegangen. Im Interesse der Bildung und Stärkung des in Harare angesprochenen „*kollektiven politischen Willens*", um zu einer Revolutionierung der Marktmechanismen zu kommen, ist das nicht! (28)

Kirche als NGO oder :„Die Logik der Globalisierung muss durch ein alternatives Lebenskonzept der Gemeinschaft in Vielfalt in Frage gestellt werden."[11]

Kirchliches Handeln in der lokalen, regionalen und globalen Zivilgesellschaft folgt den globalen Spielregeln und orientiert sich in unterschiedlicher Intensität am Zeitgeist. Nun ist das zivilgesellschaftliche Procedere nicht neu für die Kirche. Schon immer ging es der Kirche darum, das Evangelium Jesu Christi öffentlich zu machen, lokale, regionale und internationale Öffentlichkeit zu mobilisieren im Sinne der „Sache Jesu". Andererseits ist Kirche spätestens seit dem 4. Jahrhundert immer auf der Suche nach direkter Einflussnahme oder, positiver ausgedrückt, nach direkten Partizipationsmöglichkeiten gewesen. Dies aber ist genau die Doppelstrategie von NGO-Netzwerken der 90er Jahre, wie Heike Wahl nachweist (Altvater, 195–221): Nach dem Motto „*Ein bisschen bi schadet nie*" ist der ÖRK und sind viele kirchliche Organisationen damit beschäftigt, Öffentlichkeit zu mobilisieren, Gegenöffentlichkeit herzustellen, um das ökonomische Handeln der G 7-Nationen und ihrer Internationalen Organisationen zu verändern, einen umfassenden Schuldenerlaß im Erlass-Jahr 2000 herbeizuführen, während gleichzeitig die Kirchenführer der reichen Kirchen, die auch die ökumenische Bewegung zu einem großen Teil finanzieren, weiterhin die wenig öffentliche Hintertür-Diplomatie der Lobbyisten pflegen, um ihrerseits die kirchlichen Vorstellungen durchzusetzen. Wahl formuliert das etwas drastischer: „*Während die eine Gruppe von Netzwerkmitgliedern noch mit der Formulierung grundsätzlicher Systemkritik beschäftigt ist, sitzen ihre Mitstreiter schon beim Dinner mit den Regierungsbeauftragten*“. (a.a.0. 195)

Es stellt sich natürlich dann die Frage, ob diese unterschiedlichen Politikformen demselben Ziel beispielsweise in der Schuldenkampagne dienen? Theologisch ist m.E. die Position der 8. Vollversammlung in Deutschland und in den deutschen Kirchen so nicht rezipiert und für den deutschen Kontext adäquat reformuliert worden.

Ich vermute hier mehr Disparität unter den Kirchen des Südens und des Nordens, unter den kirchlichen Nicht-Regierungsorganisationen Mitteleuropas und den etablierten Kirchen, die als etablierte Kooperationspartner des Staates als NGOs agieren, sich aber nicht als solche definieren. Hier sind doch zu offensichtlich Interessengegensätze oder zumindest Interessenunterschiede zwischen den Kirchen des Nordens und den kirchlichen Nicht-Regierungs-Organisationen des Südens, aber auch des Nordens. Ich habe auch in den kirchlichen Bibliotheken Hannovers und der Selly Oak Colleges in Birmingham keine theologische Reflexion dieses Sachverhaltes gefunden.

Die Herausforderung für die Kirchen und die ökumenische Bewegung liegt in der Tat darin, die bejahte Vielfalt der ökumenischen Familie nicht zur Beliebigkeit verkommen zu lassen. Das Handeln der einen in der Weltgesellschaft im Gegenüber zur eigenen Nation und zum eigenen Staat darf nicht systemstabilisierend wirken, wenn die Ökumene des Glaubens und der Solidarität dieses Wirtschaftssystem für ungerecht erklärt hat. Folgerichtig fordert der ÖRK ein global verknüpftes und agierendes Netzwerk ganz im Sinne der Bündelung kirchlicher Ressourcen, „*die ökumenische Dimension im Leben der Kirchen zu stärken*“. (epd 9/99 35) Diese Stärkung soll einhergehen mit gegenseitiger Unterstützung, viel Raum für Dialog, „*damit Kirchen auf lokaler, regionaler und internationaler Ebene gemeinsames Zeugnis ablegen können*“. (ebd.) Dieses gemeinsame Zeugnis auf allen Ebenen ist bislang Utopie, wie sich gerade im unterschiedlichen Handeln („... ein bisschen bi ...“) der Kirchen und kirchlicher NGOs zeigt.

Erst wenn das der Fall ist, kann die Vision eines alternativen Lebenskonzepts der Gemeinschaft in Vielfalt zur Realität und damit wirklich zur Alternative werden.

Kirchliche Aufgabe ist es, in der Tradition des christozentristischen Universalismus und der Verpflichtung auf die Einheit der Menschen eine eigene Vision der Globalisierung zu entwickeln und zu verkörpern. Raiser erinnert an die frühere ökumenische Diskussion über und mit transnationalen Unternehmungen, aber auch an die Tradition der alten Kirche, die auf eine frühe Form der Globalisierung in der römisch-hellenistischen Welt reagiert hat. (Raiser, 75) Wichtig ist in diesem Zusammenhang auch die Erinnerung des ÖRK an den traditionellen Begriff der Katholizität der Kirche.

„Theorie und Praxis der Katholizität können als frühe Form einer christlichen Antwort auf die imperiale Form der Einheit, die durch das Römische Reich geprägt und vertreten wurde, verstanden werden." (a.a.0. 34)

Ökumene war und ist Ausdruck eines globalen Bewusstseins in der frühen Kirche im Gegenüber zum herrschenden zentralistischen Globalismus von dem einem Kaiser, einem Gott, einem Reich, einer Sprache, einer Währung und einer Staatsbürgerschaft. Die aus jener Einheit Ausgegrenzten waren die Sklaven (und ich würde ergänzen: die Frauen) und die Barbarenvölker jenseits der Grenzen des Reichs. In diesen marginalisierten Gruppen verbreitete sich die frühe Christenheit. „*Wenn das Neue Testament von „oikumene" spricht, so ist ... eine Haltung der kritischen Distanz im Blick auf die politischen Konnotationen des Begriffs spürbar ... Der Brief an die Hebräer spricht von der kommenden „oikumene", geht also davon aus, dass das Evangelium von der bevorstehenden Gottesherrschaft eine alternative Vision von „oikumene" als globaler Wirklichkeit voraussetzt.*" (ebd.)

Diese alternative Vision nutzt nach Raiser die Vorteile eines globalisierten Systems und organisiert eine „Gegenkultur" der inklusiven Gemeinschaft und der Solidarität mit den Armen. Im Gegenüber zu den zentralistischen Strukturen des Kaiserreiches entstand die Struktur einer ökumenischen Gemeinschaft basierend auf der Vielfalt selbstständiger Ortsgemeinden.

„*Christliche Konziliarität und konziliare Gemeinschaft, die in der Feier der einen Eucharistie verwurzelt waren, stellten die spezifische Antwort der Kirche auf die Herausforderungen ... der Globalisierung dar.*" (ebd.)

Zwischen dieser frühen konziliaren und anti-zentralistischen Gemeinschaft und der heutigen Situation und der ökumenischen Bewegung sowie im jüngeren konziliaren Prozess für Gerechtigkeit, Frieden und die Bewahrung der Schöpfung sieht Raiser eine Verbindung. Wie diese Verbindung politisch fruchtbar gemacht werden könnte, ist eine noch weitgehend unbeantwortete Anfrage an das bewusste Handeln von Kirche als Nicht-Regierungs-Organisation und als politisch agierendes Netzwerk in dieser einen Welt. Dazu braucht es meines Erachtens eine deutlichere Rückbesinnung der Kirche(n) auf ihre Rolle als NGO(s) sowie einer bewussteren Netzwerkbildung im Sinne des ÖRK, des erwähnten konziliaren Prozesses und der „*kirchlichen Einheit in Vielfalt*".

Bei alledem muss natürlich klar sein, dass Kirche als Netzwerk und die kirchlichen Organisationen als NGOs eine zeitgemäße Antwort kirchlicher Strukturbildung und Organisationsentwicklung ist, aber sicher nicht die einzige. D.h. , ich will kirchliche Organisation nicht auf diese eine Organisationsaufgabe einschränken, deren Relevanz aber durchaus betonen.

Kirche verfügt im Gegensatz zu den anderen NGOs und ihren Netzwerken nahezu weltweit über eine breite Basis an Mitgliedern, wenn sie das ökumenische Leitbild von der Vielfalt in Einheit ernst nimmt. Auch dieses Machtmittel der Ökumene ist als ein politisches ekklesiologisch zu reflektieren und zu nutzen. Darüber hinaus verfügen die Kirchen über weitgehend regierungsunabhängige und autonome Vernetzungsmöglichkeiten und Kooperationen.[12] Verstärkt wird das durch die Tatsache, dass die Mitglieder kirchlicher Organisationen nicht allein ein gemeinsames Ziel in den globalen und zivilgesellschaftlichen Auseinandersetzungen haben, beispielsweise Bekämpfung der Armut, sondern dass dieses gemeinsame Ziel aus gemeinsamer Überzeugung, aus einem gemeinsamen Glauben erwachsen ist. In Harare haben die Vertreter und Vertreterinnen der Kirchen bekannt, dass sie diese Überzeugungen im Kontext der Globalisierung aufs Spiel gesetzt haben. Sie bereuten, „*dass ... die Verlockungen des Besitzes, die Versuchungen der Überlegenheit und der Macht unsere Aufmerksamkeit von unserem notleidenden Nächsten abgelenkt hat. Wir geben zu, dass wir versucht sind, um unseren eigenen Platz in einer Welt zu kämpfen, die nur Raum für einige Privilegierte hat. Damit unser Bekenntnis und unsere Buße keine leeren Worte sind, müssen wir zu unserer Solidarität mit den Ausgegrenzten zurückfinden.*" (epd 9/99, 35)

Insofern kommt der theologischen Reflexion der Globalisierung, der Auseinandersetzung um die richtige Politik in der globalen Zivilgesellschaft und des Verhaltens der Kirchen als Netzwerk und als Nicht-Regierungs-Organisationen ein hoher Stellenwert zu. Der Entwicklung anderer Vorstellungen vom Zusammenleben der Menschen, der Fähigkeit, Alternativen zum Mainstream und über das Tagesgeschäft hinausgehende Visionen zu entwickeln, und der Bereitschaft, regierungsunabhängig in der Zivilgesellschaft zu agieren, kommt eine hohe Bedeutung zu. Ich schließe mit einem leicht abgewandelten Zitat des Politologen und Geschäftsführers der NRO „Weltwirtschaft, Ökologie & Entwicklung" Peter Wahl:

„*Von daher ist die Entwicklung einer eigenständigen*", theologisch begründeten „*Agenda sowie autonomer, regierungsunabhängiger Vernetzung und Kooperation eine conditio sine qua non für eine langfristige Perspektive von*" kirchlichen Nicht-Regierungsorganisationen „*im internationalen System.*" (Altvater, 303)

Literatur

Altvater, Elmar u.a. (Hg.): Vernetzt und verstrickt: Nicht-Regierungsorganisationen als gesellschaftliche Produktivkraft, Münster 1997

Anhelm, Fritz Erich: „Christlich in der Zivilgesellschaft". Kommunitaristen, Liberale und der konziliare Prozess. Unveröffentliches Manuskript, Loccum o.J.

Gabriel, Karl: Globalisierung: Schicksal oder Verantwortungsraum?, epd-Dokumentation 1/99, 62–68

Die Gruppe von Lissabon, Grenzen des Wettbewerbs. Die Globalisierung der Wirtschaft und die Zukunft der Menschheit, München 1997

Ein Erlassjahr-Aufruf zur Befreiung der verarmten Völker aus dem Würgegriff der Schulden, epd-Dokumentation 9/99, 26–35

Heckmann, Friedrich: Globalisierung der Märkte – fünf Anmerkungen. In: Wirtschaft und Sozialpolitik. Hg. Andreas Fritzsche und Manfred Kwiran, München 1999, 132–154

Heckmann, Friedrich u. Eckart Spoo (Hg.): Wirtschaft von unten. Heilbronn 1998

Huber, Wolfgang: Kirche in der Zeitenwende, Gütersloh 1998

Hudson, Darril: The World Council of Churches in International Affairs, Leighton Buzzard 1977

Perera, Sasanka: Non Government Organizations (NGOs) in Sri Lanka: The Dynamics, the Impact, the Rhetoric and the Politics. (Unpublished) Paper presented at the Ecumenical Institute for Study and Dialogue, Colombo on 28 March 1998

Raiser, Konrad: Globale Alternative – Was die christliche Ökumene dem Weltmarkt voraus hat, EvKom 2/1998, 73 – 75
Social Priorities of Civil Society, Speeches by Non-Governmental Organizations at the World Summit for Social Development, hg. UNCTAD/NGLS/59, Genf, New York 1996
Taylor, Michael H.: Good for the poor, Mowbray 1990
Taylor, Michael H.: Not angels but agencies, SCM Press 1995
Trends and Issues in the Evolving Relationships between Donor Agencies and Development NGOs, hg. v. Development Centre of the OECD, Paris 1993
Ulrich, Peter: Integrative Wirtschaftsethik, Bern 1997

Anmerkung

[1] Ich habe die Überschrift meines Vortrages bewusst in Anlehnung an Heinz-Dietrich Wendlands „Die Kirche in der modernen Gesellschaft. Entscheidungsfragen für das kirchliche Handeln im Zeitalter der Massenwelt, Hamburg 1955", gewählt. Ich denke, eine Rückgriff auf seinen Ansatz der „Verantwortlichen Gesellschaft" im Kontext der Diskussion der (globalen) Zivilgesellschaft kann hilfreich sein.

[2] Ich beschränke mich im Folgenden auf die protestantischen Kirchen. Im Wesentlichen gilt das Gesagte aber auch für die römisch-katholische Kirche, die global als Staat (Vatikanstaat) agiert, aber auch gleichzeitig gegenüber anderen Staaten die NGO-Arbeit ihrer Organisationen und Teilkörperschaften fördert. Dies bekommt dann einen besonderen Akzent, wenn der Vatikanstaat als Mitglied der Gemeinschaft nicht-demokratischer Staaten auszumachen ist, seine Organisationen, aber auch die Diözesen in demokratischen Ländern als Teile der globalen Zivilgesellschaft demokratische Teilhabe einfordern.

[3] „Die globale Zivilgesellschaft ist eine komplizierte Galaxie. ... Die Ökologiebewegung gehört ebenso dazu wie Gruppen, die den Dialog zwischen den Religionen fördern wollen, an der Entwicklung neuer Formen wirtschaftlichen Handelns interessiert sind ... die eine neue Ethik in der Wirtschaft und bei technologischen Innovationen durchsetzen wollen oder sich um den Schutz von Flüchtlingen und Migranten kümmern. Die globale Zivilgesellschaft ist der Ausdruck der hohen moralischen und humanitären Standards, die viele Formen sozialen Engagements in der heutigen Welt auszeichnen." (Gruppe, 37)

[4] Ich will mich allerdings deutlich auf die kirchliche Realität des Nordens und vor allem der deutschen Kirchen beschränken, da ich die Entwicklungen der lokalen Kirchen der Welt zu wenig kenne. In einem zweiten Schritt frage ich nach den Antworten der internationalen kirchlichen Zusammenschlüsse.

[5] Vgl. z.B. : Agnes Chepkwony: The role of non-governmental organisations in development: a study of the National Christian Council of Kenya (NCCK), 1963–1978, Uppsala 1987 (Studia missionalia uppsaliensia 43, Uppsala Univ. Diss. 1987)

[6] Die Bibliothek hat in diesem Bereich auch die B.A. , M.A. und Ph.D. Dissertationen vieler ausländischer Studierender der Hochschulen Birminghams zur Verfügung.

[7] Hier besitzt der Autor in dem sehr kleinen Bereich der Stipendienarbeit (ÖSP/KED) durchaus eigene Erfahrungen!

[8]Die dazu notwendige Kenntnis des deutsche Protestantismus und Föderalismus ist ja auch in Deutschland selber nicht sehr verbreitet!

[9] „... the relief component of the activities of most NGOs is generally low ... Aktivities are *ad hoc* ...One exception could be *Diakonisches Werk* which spends about DM 10 million on emergency assistance annually."(Trends,146)

[10] „Governments will need to act in partnership. They will need to join hands with experts, parliamentarians, grass root and religious organizations, trade unions, community associations, businesses, scientists ..." (Social, V)

[11] epd-Dokumentation 9/99, 34

[12] Hier hat die römisch-katholische Kirche mit ihrer hierarchischen Organisation, deren Spitze in einem eigenen staatlichen Gebilde Anspruch auf Gleichberechtigung in der Staatengemeinschaft erheben kann, einen deutlichen Vorsprung an Selbstbewusstsein und realen Partizipationsmöglichkeiten gegenüber der Genfer Ökumene.

Elisabeth Gräb-Schmidt

Arbeitsgruppe: Kirchen und Weltgesellschaft

Im Zentrum des Interesses der Arbeitsgruppe lag es, den Ort und die Aufgabe der Kirchen in der globalen Zivilgesellschaft zu bestimmen beziehungsweise ihn suchend zu beschreiben. Die Durchbrechung der nationalen Strukturen rufen soziale Wandlungen hervor, denen eine Neubestimmung des Verhältnisses von Kirche und Gesellschaft und gegebenfalls auch Kirche und Staat folgen müsse. Insbesondere – darin war man sich einig – muss sich die Kirche um eine neue öffentliche Präsenz bemühen. Wie diese zu erreichen und durchzusetzen sei, war eine Frage, die kontrovers diskutiert wurde. Diese Kontroverse machte sich zum einen an dem Problem fest, ob die Kirche als Non-Government-Organisation zu begreifen ist (1.), zum andern am Problem ihrer mangelnden Einheit. Wird nicht durch diese mangelnde Einheit ihre Handlungsfähigkeit in der Zivilgesellschaft erschwert (2.)?

1. Problem: Ist die Kirche als Non-Government-Organisation zu begreifen?

Friedrich Heckmann ergriff in seinem Statement Partei für die Einordnung der Kirche in die Non-Government-Organisationen. Die bisherige Strategie, mit dem Staat zu kooperieren, quasi im Sinne eines Mitregierens oder in der Funktion von Lobbyarbeit könne nicht mehr in gewünschtem Maße zum Erfolg führen, da gerade die staatliche Entschränkung die Probleme aufwerfe, die nun, quasi in einer zivilen Öffentlichkeit, aufgefangen werden müssen. Genau diese Funktion könne die Kirche als Non-Government-Organisation (NGO) – die sich selbst als Instrument der Zivilgesellschaft versteht – ausüben. Diese Organisationen verstehen sich als Ergänzung zur Regierungspolitik, indem sie die Anliegen von Minderheiten vertreten. Genau ein solches Anliegen habe doch auch die Kirche, indem sie sich für Gerechtigkeit und für die Solidarität mit den Marginalisierten der Gesellschaft einsetze. Der Ökumenische Rat der Kirchen (ÖRK) bejahe daher auch unumwunden seine Rolle als NGO. So machte Raiser darauf aufmerksam, dass der ÖRK seit seiner Gründung von der Überzeugung geprägt sei, dass sich materielle und spirituelle Not nicht trennen ließen.

Ziel des Plädoyers Heckmanns, die Kirche unter die NGOs zu fassen, ist dabei, den Kirchen ihren Platz in der Öffentlichkeit zuzuweisen und damit ihrem Handeln einen breiteren Bekanntheitsgrad zu verschaffen. Wie die NGO habe die Kirche einen Auftrag, den sie zur Durchsetzung bringen möchte, warum solle man sie dann nicht als NGO begreifen?

So sehr man auch das Anliegen teilte, der Kirche ihren Ort in der Zivilgesellschaft zuzuweisen und ihr Wirkungsspektrum zu erhöhen, so kritisch war man in der Arbeitgruppe allerdings demgegenüber eingestellt, die Kirche rundum als NGO zu definieren. Verschiedene Stimmen wehrten sich dagegen, die Kirche in ihrem politischen Handeln aufgehen zu lassen. Der kirchliche Auftrag selbst ist vielfältiger. Vor allem aber unterscheide sich die Kirche dadurch von den NGO, dass sie ihre Existenz nicht menschlicher Eigeninitiative verdanke, sondern sie diese als Geschenk empfange. Als solche sei sie auch einem Auftrag verpflichtet, aber diesem Auftrag werde sie nur gerecht, wenn sie bei allem ihrem Handeln dem Geschenkcharakter ihrer Existenz verpflichtet bleibe. Dies bedeutet, dass auch bei entschiedener Parteiergreifung das Surplus eines offenen Zukunftscharakters aller jetzigen handfesten Maßnahmen zum Tragen kommen müsse. Der Werkzeug- und Vorläufigkeitscharakter kirchlicher Aktionen müsse sie von allen direkt politischen Aktionen unterscheiden. Unter ekklesiologischen Gesichtspunkten müsse daher – so ein Teil der Arbeitsgruppenteilnehmer – eine Differenz zum Charakter der NGO festgehalten werden.

2. Problem: Erschwert die mangelnde Einheit der Kirche ihre Handlungsfähigkeit in der Zivilgesellschaft?

Karl Gabriel thematisierte das Verhältnis von Weltzivilgesellschaft und Weltöffentlichkeit. Dabei hielt er in seinem Statement einleitend fest, es gehe weniger um Etikettierungsprobleme der Kirche. Man solle den Streit um begriffliche Einordnungen beilegen und die Zivilgesellschaft als Handlungsspielraum begreifen. Dafür müsse die Kirche im Dreieck Staat – Markt – Zivilgesellschaft neu verortet werden. Traditionell war die Staatsanalogie vorherrschend. Aber Organisationsgesellschaften seien ab einem bestimmten Differenzierungsniveau der Gesellschaft nicht mehr möglich. So müsse neu überlegt werden, welche Einflussformen auf die staatliche Politik möglich sind. Dabei könne sich die Kirche ihre langjährige Erfahrung als Global Player zunutze machen. Beide Kirchen müssten ihre weltgesellschaftliche Funktion stärker aufarbeiten. Einflussmöglichkeiten gäbe es nur, wenn Kirche sich in den Formen von public churches verstehe, die aber als solche auf Universalität nicht verzichten können. Um diese Funktion wahrnehmen zu können, müssen sie pluralismusfähig sein.

Kontrovers wurde in diesem Zusammenhang die Bedeutung der Einheit der Kirche diskutiert. Was bedeutet die Forderung der Pluralismusfähigkeit für die innere Struktur der Kirche? Hier wurde der Vorwurf vorgebracht, die innere Uneinigkeit der Kirche erschwere die Handlungsfähigkeit der Kirche. Insbesondere um Kompetenz und Diskussionsfähigkeit mit den Eliten erreichen zu können, käme es auf eine solche innere Einheit an. Daran schloss sich die Frage an, ob nicht gerade auch das ökumenische Konzept der Einheit in der Vielfalt dienlich sein könne, um das Einheitsverständnis weiter zu fassen? Könnte es nicht gerade einer Annäherung in der Lehre entsprechen, wenn man der Vielfalt Raum gäbe. So sei es doch genau auch der Facettenreichtum, der in der globalen Zivilgesellschaft Handlungsfähigkeit verspreche. Je vielfältiger Kirche sich gestalte, desto größer sei die Handlungsfähigkeit.

Einig war man sich darin, dass es zunächst um die Kompetenzgewinnung der Kirche geht. Nur so sei ein Gewinn an Öffentlichkeit zu erreichen. Nach Gabriel müsse die Kirche – er spricht für die katholische Kirche – hierfür ihr Wahrheitsverständnis modernisieren, und zwar so, wie es im 2. Vaticanum vorbereitet worden ist, aber sich bisher noch nicht durchgesetzt habe. Gemäß diesem besteht eine Freiheit, aber kein Zwang zum Heil.

Hieran schließt sich m.E. folgende Frage: Könnte in dieser neuen Offenheit vielleicht nicht nur ein Öffentlichkeitsgewinn, sondern auch ein Schritt hin zur Anerkennung der Konfessionen geleistet sein? Das Zulassen von Freiheit erfordert immer auch gedankliche Erweiterung, wenn es ein Zulassen von Differenzen unter Beibehaltung des Universalitätsanspruchs von Wahrheit ist. Genau darum, diesen Hiatus von Wahrheitsanspruch angesichts vielfältiger Differenzen offen zu halten, muss es m.E. der Kirche inhaltlich im globalen Spiel gehen. Dies ist ihr wesentlicher, unverwechselbarer Beitrag neben allen ebenfalls unverzichtbar wichtigen parteilichen Hilfen. Sie muss aber gegenüber allen politischen Handlungsweisen – auch ihren eigenen – deutlich machen, dass diese einer Quelle bedürfen und dass die Kirche zusätzlich zu allem, auch politischen, Handeln dazu da ist, das Sprudeln einer solchen Quelle zu bezeugen, zu bezeugen, dass sie und alle ihre Handlungen davon leben. Dies gehört zu allem parteilichen und darum auch politischen Handeln seitens der Kirche dazu. Einen Anspruch auf Öffentlichkeitsbedeutung gewinnt die Kirche nicht jenseits, sondern nur durch inhaltliche Bezogenheit auf diesen sie tragenden Sachverhalt. Denn gerade durch ihren besonderen Inhalt ist die Kirche in der Lage, die Erfahrungen der Ausgeschlossenen, der Leidenden und Elenden zu erfassen und zu Gehör zu bringen.

Joachim Wiemeyer

Globalisierung als Herausforderung der Christlichen Sozialethik

Beobachtungen und weiterführende Überlegungen

Das Evangelium verpflichtet die Kirchen die Botschaft des „Reiches Gottes“ zu verkünden, eine Botschaft, die bis zum Ende der Zeit ein unausgeschöpftes und unausschöpfbares Zukunfts- und Hoffnungspotential enthält.[1] Diese Botschaft hat in einer Zeit, wo die Variante des aufklärungsoptimistischen Liberalismus, der eine humane Gesellschaft rein durch negative Freiheit, Bildung und technischen Fortschritt, Marktsteuerung und Privateigentum realisieren will, an seine Grenzen gestoßen ist, zentrale Bedeutung. Denn auch das große Gegenmodell des Liberalismus, der Sozialismus, ist in der sozialen Realität gescheitert, hat aber bis heute gravierende negative Folgewirkungen hinterlassen. Wenn man weder in postmoderne Beliebigkeit verfallen noch einem reinen Pragmatismus folgen, vor Sachzwängen resignieren oder gar in Zynismus verfallen will, stellt die christliche Botschaft eine Zukunftsperspektive für die Welt dar. Es ist immer Aufgabe der heute und jetzt lebenden Christen, Anstöße zu je größerer Gerechtigkeit zu geben, um eine Gesellschaftsordnung anzustreben, in der ein gerechter Friede gesichert, soziale Gerechtigkeit erreicht und die Schöpfung für kommende Generationen bewahrt wird. Diese Aufgabe der Weltverantwortung werden die christlichen Kirchen aber nur dann wahrnehmen können, wenn sie die Gegenwart richtig deuten. Ein wesentliches Kennzeichen der Gegenwart ist die Globalisierung von Wirtschaft, Politik, Kultur, Medien, Wissenschaft und anderer Lebensbereiche.

1. Globalisierung als zentrales Kennzeichen der Gegenwart

Globalisierung[2] ist gekennzeichnet durch immer intensivere Verflechtungen der Ökonomien verschiedener Länder vor allem auf Finanz-, Güter- und Dienstleistungsmärkten bei weiter bestehenden Restriktionen auf Arbeitsmärkten. Motor der Globalisierung sind transnationale Konzerne mit einer Vielzahl von Niederlassungen in verschiedensten Ländern. Rund ein Drittel des Welthandels besteht aus Transaktionen innerhalb solcher Konzerne. An einem weiteren Drittel sind sie beteiligt. Mit der Globalisierung wird zunehmend die Frage gestellt, ob denn noch Systemgestaltung möglich ist oder ob weltwirtschaftliche Zwänge im Standortwettbewerb nur noch passive Anpassungen möglich machen.

Die Globalisierung der Wirtschaft beruht auf zwei wesentlichen Aspekten, zum einen technologischen Entwicklungen wie der Kommunikations- und Informationstechnologie und dem Sinken von Transportkosten, zum anderen aber auch politischen Entscheidungen, wie der bewussten Liberalisierung des Welthandels und der Liberalisierung der internationalen Finanzmärkte etwa durch die Aufhebung nationaler Kapitalverkehrskontrollen und der bewussten Zuwendung zur Marktwirtschaft in früheren kommunistischen Ländern (Ostblock, China) und Lateinamerika. Dies zeigt schon, dass Globalisierungsprozesse politisch gesteuert sind und politisch gestaltet werden können.

Die zentralen Ordnungsaufgaben der Gegenwart liegen in der institutionellen Gestaltung jenseits des nationalen Horizonts. Es geht darum, transnationale Organisationen zu stärken, internationale Regelwerke auszubauen und das im Zeitalter der Globalisierung obsolet gewordene Leitbild des souveränen Nationalstaates zu relativieren, zugleich aber im Sinne des Subsidiaritätsprinzips die Eigenständigkeit des einzelnen Staates so weit wie möglich zu erhalten, um eine Freiheit und Selbstständigkeit gefährdende und Ineffizienz und Verschwendung fördernde Zentralisierung und Bürokratisierung auf weltweiter Ebene zu verhindern. Die Globalisierung kann nur angemessen mithilfe der Sozialwissenschaften erfasst und gestaltet werden.

2. *Die Bedeutung der Sozialwissenschaften für die christliche Sozialethik*

Die sozialwissenschaftlichen Theorien haben für die christliche Sozialethik zunächst die Funktion, ihr eine angemessene Problemanalyse zu ermöglichen und dann aber auch aufzuzeigen, wie und wo normativ geleitete Gesellschaftsgestaltung möglich ist. Moderne Gesellschaften sind ausdifferenzierte Gesellschaften, die ihre Komplexität und Produktivität der Tatsache verdanken, dass die einzelnen gesellschaftlichen Subsysteme nach jeweils bestimmten Koordinationsverfahren ablaufen.[3] In der Wirtschaft ist die zentrale Kategorie die Bereitschaft zu zahlen oder nicht zu zahlen. Eine Intervention in diese Subsysteme, indem unmittelbar an das moralische Handeln von Individuen appelliert wird, ist unwirksam bzw. in bestimmten Konstellationen unproduktiv: In einem harten ökonomischen Wettbewerb wird z.B. ein moralisch hoch stehender Unternehmer, der besonders hohe Umweltschutzaufwendungen tätigt, durch Unterbietung durch seine Konkurrenten aus dem Markt verdrängt.

Eine der modernen Gesellschaft angemessene Sozialethik[4] hat daher nicht primär am individuellen Handeln und den individuellen religiösen und moralischen Einstellungen anzusetzen. Insofern ist das Küng'sche Konzept vom Weltethos sozialwissenschaftlich unterkomplex.[5] In ausdifferenzierten Gesellschaften ist der Ort der Ethik die Gestaltung der institutionellen Rahmenordnung der einzelnen Subsysteme. So kann etwa ein wirksamer Umweltschutz durch Umweltsteuern, Mengenbegrenzungen (Zertifikate), gesetzliche Auflagen usw., die jeweils alle Marktteilnehmer betreffen, durchgesetzt werden.

Gerade der internationale Vergleich von Institutionen zwischen verschiedenen Ländern zeigt, dass normativ geleitete Gesellschaftsgestaltung möglich ist, wenn man etwa die unterschiedlichen sozialstaatlichen Systeme, den Staatsaufbau (Föderalismus), das Bildungswesen, die Wirtschaftsordnung usw. verschiedener Industrieländer vergleicht. Durch eine Untersuchung solcher institutioneller Unterschiede sind in gewisser Hinsicht auch zwischengesellschaftliche Lernprozesse möglich, indem einmal erfolgreich etablierte institutionelle Problemlösungen von anderen nachgeahmt werden. So stellte etwa die Einführung der Sozialversicherung unter Bismarck, der sich später viele Länder anschlossen, eine solche institutionelle Innovation dar. Ebenso gilt dies für die Unabhängigkeit der Deutschen Bundesbank, die der dauerhaften Sicherstellung des zentralen Gemeinwohlerfordernisses der Preisstabilität dient. Diese Regelungen waren auch Vorbild für die neue Europäische Zentralbank.[6]

Die Sozialwissenschaften können der christlichen Sozialethik zeigen, wie solche komplexen Institutionen funktionieren und welche Folgen gesellschaftliche Entscheidungen für bestimmte institutionelle Arrangements haben. Die Rolle der christlichen Sozialethik ist es, dann sich nach ihren Wertvorstellungen für normativ vorzuziehende Institutionen zu entscheiden. Die christliche Sozialethik kann darüber hinaus auch Impulse für die Sozialwissenschaften geben, nämlich nach neuen, humaneren institutionellen Arrangements zu suchen. Dies gilt vor allem für den institutionellen Gestaltungsbedarf auf der globalen Ebene. Andererseits ist es aber auch möglich, dass die Sozialwissenschaften die christliche Sozialethik darüber belehren, dass die praktische Umsetzung normativ erwünschter Ziele (z.B. gleich hohe Einkommen für alle) verheerende ökonomische Folgen (kollektive Armut) hätte.

3. Christliche Sozialethik und Ethik der globalen Ordnung

Aufgrund des zurückgehenden Einflusses der Kirchen in westlichen, traditionell christlich geprägten Gesellschaften, noch mehr aber auf der Weltebene, wo verschiedene Religionsgemeinschaften und Weltanschauungen aufeinander treffen, ist für die christliche Sozialethik die Entwicklung einer ethischen Konzeption unerläßlich, die zwar mit der Botschaft des Alten und Neuen Testaments und der kirchlichen Tradition übereinstimmt, nicht aber auf spezifisch christliche Argumente zurückgreift, sondern versucht, die normativen Zielsetzungen rein rational vermittelbar und in verschiedenen Kontexten kommunikabel zu machen. Daher muss die christliche Sozialethik mit ihren Grundlagen kompatible sozialphilosophische Konzepte rezipieren.[7] Die von allen Staaten zumindest verbal anerkannten Menschenrechte[8] können die Basis eines universalen ethischen Konzepts bilden. Dabei kann die letzte Begründung der Menschenrechte, die für Christen auf der Gotteskindschaft aller

Menschen beruht, zwischen den verschiedenen Religionsgemeinschaften und Weltanschauungen offen bleiben. Auf der Basis und in Kompatibilität mit dem Menschenrechtsethos sind dann normative Kriterien für die Interaktion von Staaten auf globaler Ebene zu entwickeln und in institutionelle Arrangements umzusetzen. Für den weltwirtschaftlichen Bereich ist an anderer Stelle[9] versucht worden, Gerechtigkeitskriterien zu entwickeln, die Anhaltspunkte für die Fortentwicklung globaler Institutionen bieten können.

4. Armut und Bewahrung der Schöpfung als zentrale Herausforderungen der Globalisierung

Zentrale Sachprobleme, auf die sich die institutionelle Gestaltung auf globaler Ebene richten müsste, sind die verbreitete Armut und die globalen Umweltprobleme. Auf globaler Ebene betrifft absolute Armut, d. h. ein Einkommen von weniger als 1 Dollar pro Tag, nach dem weltweit weitgehend anerkannten Armutsmaß der Weltbank rd. ein Viertel der Weltbevölkerung von ca. 1,5 Mrd. Menschen. Diese hungern und sind unzureichend ernährt, sie haben häufig keinen Zugang zu sauberem Wasser, ihnen fehlt medizinische Versorgung, sie sind nicht alphabetisiert, sind unzureichend gekleidet und haben nur notdürftige Unterkünfte. Not und Elend dieser Menschen stellt für eine christliche Sozialethik, die sich gemäß der Botschaft des Evangeliums (vgl. Matth 25, 31–46) einer vorrangigen Option für die Armen verpflichtet weiß, eine zentrale Herausforderung dar. Sie ist es aber auch für jede nicht christliche, aber an den Menschenrechten orientierte Ethik. Nach dem Subsidiaritätsprinzip ist es zuerst und vor allem Aufgabe der betroffenen Länder selbst, durch Eigenanstrengungen Armut zu überwinden, indem sie die institutionellen Strukturen in ihren Ländern zugunsten der Armen ändern. Die Chancen zur Armutsüberwindung in einzelnen Ländern hängen aber auch von weltwirtschaftlichen Bedingungen ab. Auch bei günstigen weltwirtschaftlichen Rahmenordnungen kann ein Land so gravierende Probleme (z.B. nach Kriegen, Diktaturen, Naturkatastrophen) haben, dass es ohne externe Hilfe nicht in der Lage ist, die Armutsüberwindung zu erreichen. Der sozialethische Gestaltungsbedarf bezieht sich u.a. auf folgende Felder:

1) Die Regeln des Welthandels müssen so gestaltet sein, dass die Entwicklungsländer, in den Produktbereichen, in denen ihre komparativen Vorteile liegen, Marktzugang zu den Märkten der Industrieländer bekommen. Daher sind die hohen Zollsätze für Produkte der Entwicklungsländer zu senken, die Zolleskalation, d.h. die mit steigendem Verarbeitungsgrad steigenden Zollsätze, ist abzubauen, das Anti-Dumping-Instrumentarium und weitere protektionistische Maßnahmen der Industrieländer sind einzuschränken. Innerhalb der Industrieländer führt dies zum Strukturwandel, der durch regionale Initiativen zu bewältigen ist.[10]

2) Die Weltfinanzmärkte müssen so gestaltet sein, dass sie Entwicklungsländern ermöglichen, durch externe Finanzierung ihre Entwicklung schneller, als dies bei dem Rückgriff auf rein inländische Ersparnis der Fall wäre, vorantreiben zu können. Durch mehr Transparenz und andere institutionelle Regelungen müssen die internationalen Finanzmärkte so gestaltet sein, dass kurzfristige Marktschwankungen (Volatilität) eingedämmt werden, sodass von diesen Übertreibungen der Finanzmärkte nicht länger destabilisierende Wirkungen auf die Realwirtschaft von Entwicklungsländern ausgehen können.

3) Ausländische Entwicklungshilfe muss gerade die ärmsten Länder befähigen, erst die Mindestvoraussetzungen für eine produktive Teilhabe am Weltmarkt schaffen zu können. Dies setzt voraus, dass der Staatsapparat ein Mindestmaß an Leistungsfähigkeit für seine gesellschaftlichen Ordnungsaufgaben hat, um eine funktionstüchtige Wirtschaftsordnung zu installieren, dass in einem Land Humankapital gebildet wird, die Infrastruktur funktioniert etc. Im Gegensatz zum Rückgang der öffentlichen Entwicklungshilfe in den letzten Jahren müssten sich die Industrieländer zu einer mittelfristigen Unterstützung der ärmsten Länder mit einem ausreichenden finanziellen Volumen verpflichten.

Wenn es in den meisten Ländern der Erde eine erfolgreiche ökonomische Entwicklung geben würde und eine größere Anzahl von Ländern die gegenwärtigen Konsum- und Produktionsstandards der Industrieländer übernehmen würden, könnte dies schnell auf ökologische Grenzen stoßen. Nach unserem heutigen Kenntnisstand ist die Übertragung des gegenwärtigen Pro-Kopf-Verbrauchs an Energie- und Rohstoffen in den Industrieländern und das Ausmaß der Emissionen nicht auf die Mehrheit einer noch wachsenden Weltbevölkerung übertragbar, weil dann Rohstoffmangel und/ oder ökologischer Kollaps zu einem Ende der Wachstumsprozesse führen müsste. Dann könnte eine Minderheit der Weltbevölkerung versuchen, um das eigene Wohlstandsniveau zu verteidigen, sich, etwa bei ökonomischen Schlüsselprodukten wie Erdöl, einen privilegierten Zugang zu Ressourcen zu sichern und andere auszuschließen. Da dies aus sozialethischen Gründen abzulehnen ist, ist ein globales Umweltregime notwendig, das in den ärmsten Ländern Freiraum für wirtschaftliches Wachstum zur Armutsüberwindung eröffnet, zugleich aber Ressourcenverbrauch und Umweltbelastung in den reicheren Industrieländern so mindert, dass eine globale Übernutzung von Rohstoffen wie der Aufnahmefähigkeit von Umweltmedien verhindert wird.[11]

Sowohl für die Herausforderung der Armut wie zur Bewältigung der ökologischen Problematik sind gravierende Änderungen gesellschaftlicher Strukturen nötig.

5. *Strukturänderungen in modernen Gesellschaften*

Aufgrund ihrer vielfältigen institutionellen Regelungen, die sich in der Vielzahl von Gesetzesbestimmungen, Behörden, Organisationen usw. ausdrücken und wegen der Interdependenzen und Rückwirkungen zwischen verschiedenen institutionellen Regelungen, des Eigeninteresses von Organisationsmitgliedern usw. sind institutionelle Reformen innerhalb von Nationalstaaten nicht leicht durchsetzbar. Noch schwieriger ist – dies zeigen die Erfahrungen der Europäischen Integration – die Einführung bzw. Änderung institutioneller Regelungen auf internationaler Ebene, weil diese Regelungen auch mit Souveränitätsverzichten der Nationalstaaten verbunden sind. Zwar kann ein Teil der Globalisierungsprobleme, da der ökonomische Austausch in Wirtschaftsblöcken (EU) am intensivsten ist, dort bearbeitet werden. Es bleiben aber erhebliche globale Regelungserfordernisse.

Institutionelle Änderungen auf nationaler Ebene, indem alte Institutionen abgeschafft, vorhandene Institutionen verbessert und neue Institutionen geschaffen werden, ergeben sich in der Regel dadurch, dass bestimmte gesellschaftliche Zustände von mehreren Personen als Problem empfunden werden, die sich organisieren, dieses Problem in die Öffentlichkeit tragen, Mitstreiter suchen, gesellschaftliche Lernprozesse initiieren und Politiker bzw. Parteien für diese Thematik gewinnen bzw. eigene Parteien gründen. So sind im Umweltbereich häufig lokale Bürgerinitiativen entstanden, die sich an einem lokalen Kraftwerksprojekt, einer Müllentsorgungsanlage, einer Straßenführung etc. entzündet haben. Die Aktivisten haben dann gelernt, dass ihr lokales Problem die nationalstaatliche Energiepolitik, die Abfallwirtschafts- und die Verkehrspolitik betrifft, sodass nicht – nach dem St. Florians-Prinzip – ihr lokales Problem nur lokal verschoben werden sollte, sondern gesamtgesellschaftliche Politikänderungen notwendig sind. Durch die Bündelung lokaler Aktivitäten können sich bundesweite Organisationen zusammenfinden, die dann nach alternativen institutionellen Regelungen suchen und diese politisch umsetzen wollen.

An solchen neuerdings als zivilgesellschaftlich bezeichneten Aktivitäten[12] haben sich christliche Organisationen beteiligt bzw. Christen haben bewusst als solche in weltanschaulich nicht gebundenen Organisationen mitgewirkt, um sich für solche Änderungen einzusetzen. Häufig war die Durchsetzung institutioneller Änderungen nicht ohne gesellschaftliche Konflikte möglich. Sie erforderte von den involvierten Personen Einsatzbereitschaft und Durchhaltevermögen.

Angesichts des Zusammenwachsens in Europa und dem Gestaltungsbedarf auf globaler Ebene bedarf es eines Zusammenwirkens von zivilgesellschaftlichen Akteuren (Nicht-Regierungs-Organisationen) aus verschiedenen Ländern, die identische Probleme und identische Problemlösungsvorschläge gleichzeitig in ihren Gesellschaften thematisieren und damit die Öffentlichkeit mobilisieren und zugleich politische Akteure für solche Anliegen gewinnen. Ein erfreuliches Beispiel für solche transnationalen Aktionen sind die Kampagnen zum Weltwirtschaftsgipfel in Köln 1999, wo es gelang, bei den führenden Wirtschaftsnationen einen neuen Weg der Schuldenerleichterung für die ärmsten der hoch verschuldeten Länder durchzusetzen.

6. *Die Rolle der Kirchen im Einsatz für eine gerechtere Weltordnung*

Da die christliche Botschaft jeden nationalistischen Verengungen entgegensteht, sondern vielmehr eine Botschaft der universalen Solidarität ist, sind die christlichen Kirchen verpflichtet, sich öffentlich für eine gerechtere Weltordnung einzusetzen.[13] Sowohl die katholische Kirche wie auch die im Ökumenischen Rat der Kirchen zusammengeschlossenen protestantischen, orthodoxen und anderen christlichen Kirchen weisen bereits seit längerem eine weltweite Dimension auf. Als solche „Global players" könnten die Kirchen durch ihre Sozialverkündigung auf die Gestaltung der Globalisierungsprozesse auf folgenden Wegen einwirken:

1) Die Kirchen können das bereits vorhandene Bewusstsein für globale Solidarität (vgl. die entsprechenden Hilfswerke) bei ihren Gläubigen wach halten und stärken.

2) Die Kirchen können Fragen der weltweiten Verantwortung auch in die allgemeine Öffentlichkeit tragen.

3) Die Kirchen können ihre Mitglieder ermuntern, sich gesellschaftlich zu organisieren, um durch eigene Aktivitäten wie durch politische Einflussnahme auf die Gestaltung globaler Entscheidungen einzuwirken.

Dies setzt voraus, dass in die Dokumente der kirchlichen Sozialverkündigung sowohl die Erfahrung wie das Wissen derjenigen kirchlichen Organisationen bzw. Einzelpersonen eingehen, die in diesem Umfeld besonders engagiert sind. Darüber hinaus ist der innerhalb der Kirchen vorhandene erhebliche Sachverstand zu mobilisieren und für die Entwicklung von Konzeptionen der Weltgestaltung auf transnationaler Ebene zu nutzen.[14]

Kirchen müssten dabei im Vorgriff auf eine Weltgesellschaft mit partizipativen Strukturen der Einbeziehung aller ein Vorbild sein. Innerhalb der katholischen Kirche erfordert dies eine stärkere Einbeziehung der einzelnen Ortskirchen sowie der kontinentalen Bischofskonferenzen an der Formulierung der gesamtkirchlichen Sozialverkündigung. Damit könnte die Rezeption entsprechender weltkirchlicher Dokumente in den einzelnen Ortskirchen gestärkt werden, sodass sich die einzelnen Ortskirchen stärker ermuntert fühlen, sich für die entsprechenden Anliegen in ihren Gesellschaften einzusetzen. Dies ist bei den Initiativen zu Schuldenerleichterung gelungen, wo sich sowohl der Papst, Bischöfe vieler Ortskirchen, kirchliche Hilfswerke sowie die verschiedenen Justitia et Pax-Kommissionen[15] sowie auf ökumenischer Basis die „Gemeinsame Konferenz Kirche und Entwicklung"(GKKE) in Deutschland für entsprechende Maßnahmen eingesetzt haben.

7. Schluss

Im globalen Kontext werden die christlichen Stimmen dann bevorzugt Gehör finden, wenn es den verschiedenen Kirchen gelingt, ihre sozialethischen Anliegen und die daraus folgenden institutionellen Reformen gemeinsam zu formulieren. Unterschiedliche theologische Traditionen und sozialethische Ansätze, die Bevorzugung von je verschiedenartigen Redeweisen wie erstens prophetischer Kritik, Mahnrede und Anklage, zweitens grundsätzlicher Wertorientierung sowie drittens eher pragmatischer Vorschläge innerhalb einzelner Konfessionen sowie zwischen den Konfessionen, erfordern auf der theoretischen Ebene den intensiven Dialog der Theologen verschiedener Konfessionen. Darüber hinaus ist aber für die christliche Sozialethik der Austausch zwischen Theologie, Sozialphilosophie, Sozialwissenschaften und anderen Einzelwissenschaften unverzichtbar.

Anmerkung

1 Vgl. Karl Homann, Die gesellschaftliche Funktion kirchlicher Sozialverkündigung: Perspektiven für das 21. Jahrhundert, in: André Habisch u.a. (Hrsg.) Umweltethik und Entwicklungsprobleme: Die ökonomische Perspektive, Münster – Hamburg – London 1997, S. 173–216.

2 Vgl. Rolf Eschenburg/ Martin Drabowski (Hrsg.) Konsequenzen der Globalisierung, Ökonomische Perspektiven für Lateinamerika und Europa, Münster 1998.

3 Vgl. dazu: Michael Schramm, Wirtschaftsethik als Kritische Moralpragmatik; und ders. Globale Kooperation und Weltwirtschaftsordnung, in: Josef Römelt, Jenseits von Pragmatismus und Resignation, Perspektiven christlicher Verantwortung für Umwelt, Frieden und soziale Gerechtigkeit, Regensburg 1999, S. 220–312.

4 Vgl. Arno Anzenbacher, Christliche Sozialethik, Einführung und Prinzipien, Paderborn München Wien Zürich 1997.

[5] So der Beitrag in diesem Band von Urs Baumann.

[6] Vgl. Sachverständigengruppe „Weltwirtschaft und Sozialethik", Gutes Geld für alle, vorgelegt von Franz Furger/ Joachim Wiemeyer, Bonn 1991 und dieselbe, Der EURO: Stabilität und soziale Gerechtigkeit, Bonn 1999.

[7] Vgl. für ein solches Konzept den Beitrag von Walter Schweidler in diesem Band.

[8] Vgl. Thomas Hoppe, Menschenrechte: international verpflichtende Minimalstandards oder Manifestationen säkularisierter Religiosität? in: Andreas Fritzsche/ Manfred Kwiran (Hg.) Der Mensch, München 1998, S. 26–36.

[9] Vgl. Joachim Wiemeyer, Europäische Union und weltwirtschaftliche Gerechtigkeit, Münster 1998, bes. S. 74ff.

[10] Vgl. den Beitrag von Gerhard Prätorius in diesem Band.

[11] Vgl. den Beitrag von Günter Altner in diesem Band.

[12] Vgl. den Beitrag von Jörg Fingerle in diesem Band.

[13] Vgl. Joachim Wiemeyer/ Wilfried Lochbühler/ Judith Wolff (Hg.) Der Öffentlichkeitsauftrag der Kirchen, Münster 1999.

[14] Auf nationaler Ebene stellt das Wort zur wirtschaftlichen und sozialen Lage einen entsprechenden Beitrag dar: Vgl. Rat der Evangelischen Kirche in Deutschland / Deutsche Bischofskonferenz, Für eine Zukunft in Solidarität und Gerechtigkeit, Bonn/ Hannover O.J. (1997).

[15] Vgl. Deutsche Kommission Justitia et Pax, Neue Wege zur Lösung der internationalen Schuldenfrage, Bonn 1999.

Autoren

Prof. Dr. Urs Baumann - Professor für Ökumenische Theologie, Universität Tübingen, Institut für Okumenische Forschung

Jörg Fingerle - persönlicher Referent von Bischof Wolfgang Huber, Berlin-Brandenburg.

Dr. Andreas Fritzsche - Philosoph und katholischer Theologe, Akademiedirektor des St. Jakobushauses, Akademie der Diözese Hildesheim.

Dr. Wolfgang Gleixner - Referatsleiter im Bischöflichen Generalvikariat Hildesheim.

Dr. Elisabeth Gräb-Schmidt - evangelische Sozialethikerin, Münster-Altheim.

Prof. Dr. Friedrich Heckmann - evangelischer Sozialethiker an der Ev. Fachhochschule Hannover.

Bischof Dr. Josef Homeyer - Diözesanbischof der Diözese Hildesheim.

Prof. Dr. Wolfgang Klein - Lehrstuhlinhaber für katholische Soziallehre an der Universität Osnabrück.

Bischof Dr. Christian Krause - Bischof der Ev.-luth. Landeskirche Braunschweig.

Prof. DDr. Manfred Kwiran - Akademiedirektor der Evangelischen Akademie der Ev.-luth. Landeskirche Braunschweig.

Dr. Gerhard Prätorius - Geschäftsführer der regionalen Entwicklungsagentur für Südost-Niedersachsen e.V. reson.

Prof. Dr. Josef Römelt - Moraltheologe am Philosophisch-Theologischen Studium Erfurt.

Prof. Dr. Walter Schweidler - Philosoph und Jurist, Universität Dortmund, Fachbereich Gesellschaftswissenschaften, Philosophie und Theologie (14).

Prof. Dr. Hans Günther Ulrich - Lehrstuhlinhaber für evangelische Sozialethik an der Universität Erlangen.

Priv.-Doz. DDr. Bernd Wannenwetsch - evangelischer Sozialehtiker, Universität Erlangen.

Prof. Dr. Joachim Wiemeyer - Lehrstuhl für katholische Soziallehre, Universität Bochum.